세상에서 가장 짧은 세계사

일러두기

· 본문 주석은 모두 옮긴이의 글이다.

· 인명을 포함한 외국어표기는 국립국어원의 외국어표기법과 용례에 따라 표기했으며 최초 1회 병기를 원칙으로 했다.

· 전집, 총서, 단행본, 잡지 등은 《 》로, 논문, 작품, 곡명, 편명 등은 〈 〉로 표기했다.

Lorem ipsum dolor sit amet, consectetur adipiscing elit, sed do eiusmod tempor incididunt ut labore et dolore magna aliqua. Ut enim ad minim veniam, quis nostrud exercitation ullamco laboris nisi ut aliquip ex ea commodo consequat. Duis aute irure dolor in reprehenderit in voluptate velit esse

세상에서 가장 짧은 세계사

존 허스트 지음 · 김종원 옮김

Lorem ipsum dolor sit amet, consectetur adipiscing elit, sed do eiusmod tempor incididunt ut labore et dolore magna aliqua. Ut enim ad minim veniam, quis nostrud exercitation ullamco laboris nisi ut aliquip ex ea commodo consequat. Duis aute irure dolor in reprehenderit in voluptate velit esse cillum dolore eu fugiat nulla pariatur. Excepteur sint occaecat cupidatat non proident, sunt in culpa qui officia deserunt mollit anim id est laborum.

위즈덤하우스

결말이 너무나 궁금해서 책의 끝부분을 먼저 살펴보는 것을 좋아하는 사람이라면, 이 책을 읽는 일이 즐거울 것이다. 책이 시작하자마자 곧 결말이 등장한다. 그리고 다시 처음으로 돌아가 매번 다른 각도에서 여섯 차례에 걸쳐 유럽의 역사를 이야기한다. 마지막으로 유럽은 물론 전 세계를 뒤흔든 사건들이 일어난 19세기와 20세기를 상세하게 다룬다.

 일반적인 역사책과 달리 독특한 구성을 띠게 된 것은 애초에 이 책이 오스트레일리아 대학생들에게 유럽의 역사를 소개하기 위한 강의에서 비롯되었기 때문이다. 대학에서 만난 학생들이 오스트레일리아의 역사를 배우기 위해 많은 노력과 시간을 할애하지만 세계사에 대해서는 너무나 아는 게 없다는 사실에 매우 놀랐다. 물론 자국의 역사를 잘 아는 것은 매우 중요하다. 그러나 세계 역사의 흐름과 맥락을 알지 못하면 급변하는 세계와 현재 우리 삶의 모습을 제대로 이해할 수 없을 뿐만 아니라 자기 자신의 역사마저 오독하는 위험한 실수를 저지르게 될 수도 있다. 게다가 오스트레일리아의 역사는 유럽의 역사에 뿌리를 두고 있다. 자신의 일부를 구성하는 문명에 대해서 잘 모른다면, 아무리 열심히 오스트레일리아의 역사를 공부한다고 해도 거기에는 분명 구멍이 있지 않겠는가?

40년이라는 긴 세월 동안 역사를 가르치면서 역사라는 학문 자체에 대한 관심이 줄어들고 있다는 것을 몸소 실감했다. 시간이 지날수록 점점 더 심해진다. 공부해야 할 것들도 많은데 주의를 끌 만한 재미있는 것들이 점점 더 늘어나기 때문일 테다. 반면에 이런 학생들에게 세계사를 가르치기에는 시간이 너무나 부족하다. 이런 열악한 상황 속에서 내가 나름대로 고민하고 연구한 결과가 바로 이 책이다.

나는 처음부터 시작해서 차근차근 결말로 나아가지 않고 신속하게 전체적인 상과 뼈대를 제시하고 그다음에 좀더 세세한 부분으로 돌아가는 방법을 택했다. 처음 1부에서는 유럽 역사 전반에 대한 개요를 설명한다. 이 부분이 진정으로 가장 짧은 역사로, 시간이 부족한 사람이라면 매우 만족스러울 것이다. 다음 2부는 처음으로 되돌아가 침략, 정치 형태, 종교 등과 같은 특정 주제를 가지고 더 깊이 들여다본다.

이야기는 구성을 지닌다. 즉, 시작과 중간과 끝이 있다. 문명은 이런 의미의 이야기를 가지고 있지 않다. 어떤 문명이 끝났다고 하더라도, 흥망성쇠를 지닐 것이라고 생각한다면 우리는 내러티브의 노예가 된 것이다. 또한 대부분의 역사책은 수많은 사건과 수많은 사람을 다룬다. 물론 이점은 역사라는 학문이 지닌 강점들 가운데 하나로 우리가 역사를 통해 삶을 더 깊이 이해하도록 이끈다.

하지만 이 모든 것이 의미하는 바는 무엇인가? 정말로 중요한 것은 무엇인가? 이것이 내가 항시 염두에 두고 있는 질문들이다. 즉 내게는 구체적인 하나하나의 사건보다 문명의 본질적인 요소들을 포착하고 그것들이 시간의 흐름에 따라 어떻게 변화하는지를 보는 것이 더 중요하다. 나는 이 책을 통해 어떻게 새로운 것들이 낡은 것에서 비롯되었으며, 낡은 것들은 어떻게 지속되고 복원되는지를 보여 주고자 했다. 이런 이유로 여기에는 다른 역사책에 등장하는 수많은 사람과 사건이 등장하지 않는다.

고전 시대 이후부터 이 책은 주로 서유럽을 다룬다. 나는 문명의 형성에 있어 유럽의 모든 부분이 똑같이 중요하다고 생각하지 않는다. 세계사에 미친 영향력을 따지자면 이탈리아의 르네상스, 독일의 종교개혁, 잉글랜드의 의회정치, 프랑스의 혁명적 민주주의가 폴란드의 분할보다 더욱 중요하다.

나는 역사사회학자들, 특히 마이클 만Michael Mann과 페트리샤 크론 Patricia Crone의 연구에 크게 의존해 왔다. 크론 교수는 이슬람을 전공했으며 유럽사 전문가가 아니다. 그런데 그녀의 책《산업화 이전 사회들 Pre-Industrial Societies》에서 〈유럽의 기이함The Oddity of Europe〉이라는 장 하나에 유럽 역사를 다뤘다. 이 부분은 불과 30페이지밖에 되지 않는데, 유럽의 전체 역사를 정리한 역작으로 내가 정리한 것만큼이나 짧다. 이 책은 나에게 '유럽 혼합체의 형성과 재가공'이라는 개념을 제공헌했다. 그녀에게 아주 큰 빚을 진 셈이다.

또한 멜버른에 있는 라트로브 대학교La Trobe University에서 에릭 존스 Eric Jones 교수를 동료로 두는 행운을 누렸다. 존스 교수는 역사에 대한 거시적 접근을 고취하는 데 앞장섰던 사람으로 그의 책《유럽의 기적 *The European Miracle*》에서도 많은 도움을 받았다.

구성을 제외하고는 이 책에 독창적인 것은 전혀 없다고 생각한다. 짧고 명쾌하게 세계사의 흐름을 배우고 싶은 독자들에게는 분명 유용하겠지만 반대로 책에서 구체적으로 다루지 못한 것들에 대한 아쉬움을 느끼는 독자들도 있을 것이다. 당신이 어느 쪽이든 이 책이 더 깊고 넓은 세계사를 이해하기 위한 발판이 된다면 바랄 것이 없겠다.

존 허스트

차례

3부│ 세계를 뒤흔든 사건들

1부

단숨에 정리하는
2,000년 세계사

모든 것은 그리스와 로마에서 시작되었다

유럽 문명은 세계의 나머지 부분들이 자신의 존재를 받아들이게 한 유일한 문명이라는 점에서 비길 데 없이 독특하다. 유럽은 정복과 정착을 통해서, 자신의 경제력과 사상의 힘으로 다른 세계에 영향을 미쳤다. 다른 모든 세력이 원했던 것을 지니고 있었기 때문에 가능한 일이었다. 오늘날 지구상의 모든 나라가 과학상의 발견과 거기에서 비롯된 기술을 사용하고 있는데, 바로 그 과학이 유럽의 발명품이다.

초기 유럽 문명은 세 가지 요소로 구성되어 있었다.

1. 고대 그리스와 로마 문화.

2. 기독교. 이 종교는 유대인의 종교로, 유대교의 기묘한 분파다.

3. 로마제국을 침략한 게르만 전사들의 문화.

유럽 문명은 이 요소들의 혼합물이며 이 사실이 얼마나 중요한지는 뒤로 가면서 명확해질 것이다.

■ 고대 그리스와 로마 문화

만약 우리가 우리의 철학, 예술, 문학, 수학, 과학, 의학, 정치사상에 대한 기원을 찾는다면, 모든 지적인 노력 끝에 고대 그리스로 돌아가게 된다.

전성기의 고대 그리스는 하나의 국가가 아니었다. 이른바 도시국가들이라고 부르는 작은 국가로 구성되어 있었다. 이 도시국가들은 주변에 넓은 토지가 있는 타운이 하나 있고 모든 사람이 걸어서 하루면 타운 안으로 들어올 수 있는 크기였다. 그리스 사람들은 일종의 동료의식을 갖고 있어서 우리가 어떤 동호회에 속해 있듯이 어떤 국가에 소속되기를 원했다. 첫 번째 민주국가가 출현한 것은 바로 이런 작은 도시국가들에서였다. 이 국가들은 의회 의원을 선출하는 대의제 민주주의의 형태를 띠지 않았다. 모든 남성 시민들이 한 장소에 모여 공공의 업무에 대해서 이야기하고, 법률과 정책에 투표했다.

그리스 도시국가들은 인구가 증가함에 따라 지중해의 다른 지역에 식민지들을 설립하기 위해 사람들을 파견했다. 그리스인들은 오늘날 터키에 해당하는 지역, 북아프리카 해안 지대, 심지어는 서쪽 멀리 에스파냐, 프랑스 남부, 이탈리아 남부에 정착했다. 그리고 바로 거기 이탈리아에 로마인들이 있었다. 로마인들은 로마 주변에 작은 도시국가를 이루며 매우 낙후된 삶을 살고 있었다. 로마인은 이때 처음으로 그리스인들을 만났고 그들에게 배우기 시작했다.

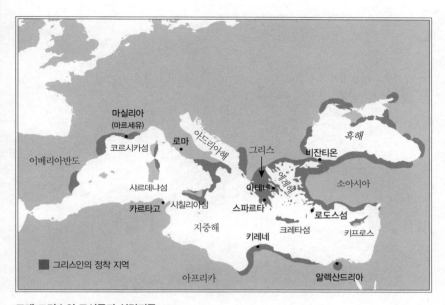

고대 그리스의 도시들과 식민지들
그리스 문명은 지중해와 흑해 주변에 있는 무역과 농업 식민지에서 번창했다.

머지않아 로마인들은 그리스와 그리스의 모든 식민지들을 포함하는 거대한 제국을 건설했다. 제국의 북쪽 경계는 두 개의 큰 강, 라인강과 다뉴브강이었는데 가끔 이 강들을 넘어가기도 했다. 서쪽 경계는 대서양이었다. 잉글랜드는 로마제국의 일부였지만 스코틀랜드나 아일랜드까지 포함되지는 않았다. 남쪽으로는 북아프리카의 사막이 있었다. 동쪽 경계가 가장 불확실했는데 이쪽에는 경쟁하는 또 다른 제국들이 있었기 때문이다. 로마제국은 지중해를 둘러싸고 있었다. 오늘날 유럽의 일부만을 포함하고 있었으며 터키, 중동, 북아프리카처럼 유럽이 아닌 지역을 많이 포함하고 있었다.

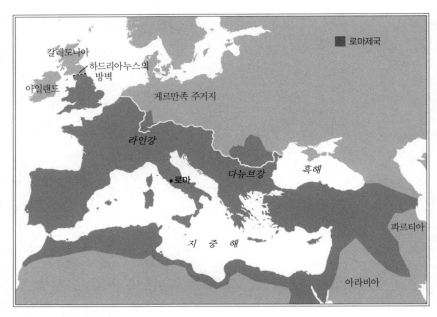

2세기경 로마제국의 범위

로마인들은 그리스인들보다 싸움을 잘했다. 그들은 그리스인들보다 법률에 더 능통해서 법률을 이용해 제국을 운영했다. 또한 그리스인들보다 공학 기술이 뛰어났는데 이런 점은 전투를 하고 제국을 운영하는 데 매우 유용했다. 하지만 다른 모든 점에서 그리스인들이 자신들보다 뛰어나다는 사실을 인정했고 그들을 그대로 모방했다. 로마 엘리트의 구성원은 로마인들의 언어인 라틴어와 그리스어를 모두 말할 수 있었다. 아들은 아테네로 보내 대학에 진학시키거나 그리스인 노예를 고용하여 집에서 가르치게 했다. 우리가 로마제국을 그리스-로마Greco-Roman[1]라고 말하는 것은 로마인들이 그것을 원했기 때

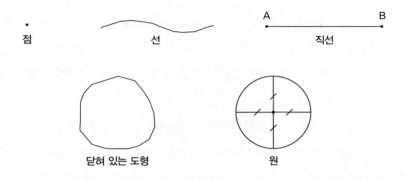

점   선   직선

닫혀 있는 도형   원

문이다.

　기하학은 그리스인들이 얼마나 총명한지를 논증하는 가장 빠른 방법이다. 현재 학교에서 가르치는 기하학도 그리스식이다. 대부분의 사람들이 기하학을 잊어버렸을 테니 기초에서 시작해 보자. 말하자면 기하학이 어떻게 작동하는지를 살펴보려는 것인데, 기하학은 몇 가지 기본 정의를 기반으로 개념을 확장시킨다. 기하학의 기본은 '점'에서 출발한다. '점'은 위치는 있지만 크기는 지니지 않은 것으로 정의한다. 물론 종이 위에 점을 크게 찍으면 점의 너비가 존재해서 크기가 없다고 할 수는 없으나 기하학은 일종의 환상의 세계, 순수하게 이론적인 세계다. 두 번째로 '선'은 길이를 지니지만 폭은 지니지 않는다. '직선'은 두 점 사이를 잇는 가장 짧은 선으로 정의한다. 이 세 가지 정의에서 당신은 '원'의 정의를 끌어낼 수 있다. 선 하나를 그어 닫혀 있는

---

1) 그리스의 영향을 받은 로마

도형을 그린다면 그릴 수 있는 도형의 모습은 다양하다. 그러나 어떻게 원을 정의할까? 생각해 보면 원은 정의하기가 매우 어렵다. 기하학을 이용하면 도형 내부의 한 점에서 도형까지 그은 직선들은 항상 길이가 같다는 말로 정의할 수 있다.

이외에도 아무리 연장해도 영원히 만나지 않는 평행선, 다양한 삼각형, 정사각형과 직사각형 그리고 다른 등변형들이 있다. 선들로 이루어진 물체 모두가 정의되고, 특징이 정확하게 드러나며, 교차하거나 포개지면서 생길 수 있는 가능성들도 탐구된다. 모든 것이 앞서 확립된 정의로부터 증명된다. 예를 들어 평행선의 성질을 이용하여 삼각형 내각의 합이 180도라는 것을 증명할 수 있다(옆의 상자를 볼 것).

기하학은 단순하고, 정연하고, 논리적인 체계이며, 만족감을 주고, 아름답다. 아름답다고? 그리스인들은 기하학이 아름답다는 것을 깨달았으며 그렇게 생각했다는 사실이 그리스인들의 정신을 이해하는 실마리다. 그리스인들은 우리가 학교에서 기하학을 하는 것처럼 단지 연습 문제로 풀기 위해 혹은 측량이나 항해에서 유용하게 사용하기 위해 기하학을 연구한 것이 아니다. 그들은 기하학을 우주의 본질로 안내하는 길잡이로 간주했다. 우리 주변을 둘러보면 우리가 보고 있는 것들의 다양성에 놀라게 된다. 모두 상이한 모양과 상이한 색상을 지니고 있다. 온갖 종류의 일들이 동시에 무작위로 무질서하게 일어나고 있다. 그리스인들은 이 모든 것에 대한 아주 간단한 설명이 있다고 믿었다. 모든 다양성 밑에는 모든 것을 설명해 주는 단순하고, 규칙적이고, 논리적인 어떤 것이 있을 것이라고 믿었다. 바로 기하학 같은 것 말이다.

기하학의 작동

평행선은 만나지 않는다. 평행선의 정의는 '두 개의 평행선과 교차하는 한 선은 동일한 엇각을 만든다'이다. 그 각들이 같지 않다면, 선들은 합쳐지거나 아니면 갈라져 멀어질 것이다. 그러므로 그 선들은 평행하지 않다. 각을 식별하기 위해 그리스 알파벳의 문자들을 사용해 보면 아래 왼쪽 도해에서 α는 크기가 같은 두 각을 나타낸다. 기하학에서 기호에 그리스 알파벳의 문자들을 사용하는 것은 그 기원이 무엇인지를 상기시켜 준다. 여기서 우리는 그리스의 첫 세 문자 알파$_\alpha$, 베타$_\beta$, 감마$_\gamma$를 사용한다.

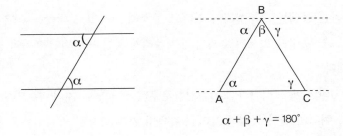

$$\alpha + \beta + \gamma = 180°$$

이 정의로부터 삼각형 내각의 합을 밝혀낼 수 있다. 위 오른쪽 그림처럼 평행한 두 선 내부에 삼각형 ABC를 그려 넣자. 미지의 것을 풀기 위하여, 이미 알려진 것을 활용하는 것이 기하학의 비결이다. 점 A의 각 α는 점 B의 각 α와 크기가 같은데, 이는 그 둘이 평행선들과 교차하는 선이 만든 엇각이기 때문이다. 마찬가지로 점 C의 각 γ는 점 B의 각 γ와 크기가 같다. 따라서 점 B를 지나는 맨 위쪽의 평행선은 세 개의 각으로 구성된다. 다시 말해, 각 α, 각 β, 각 γ 세 개가 모여 직선을 구성하는데, 우리는 직선은 180도의 각을 이룬다는 것을 알고 있다.

즉 $\alpha + \beta + \gamma = 180°$다. 평행선을 사용하여 삼각형 내각의 합 역시 $\alpha + \beta + \gamma$라는 것을 입증했다. 그래서 삼각형의 내각의 합은 180도다.

이렇게 평행선을 이용하여 삼각형에 관해서 몇 가지를 증명할 수 있다.

그리스인들은 지금 우리가 하는 것처럼 가설을 세우고 실험을 통해 검증하는 방식으로 과학을 연구하지 않았다. 그들은 사람이 자신의 정신을 제대로 작동시키고 열심히 생각한다면 올바른 답을 얻게 될 것이라고 생각했다. 영감에 의거한 직관적인 추측을 한 것이다. 한 그리스 철학자는 모든 물질은 물로 구성되어 있다고 말했는데, 이는 그들이 얼마나 간절하게 단순한 답을 찾고자 했는지를 보여 준다. 어떤 철학자는 모든 물질은 네 가지 물체 즉 흙, 불, 공기, 물로 구성되어 있다고 말했다. 또 다른 철학자는 모든 물질이 그가 '원자atoms'라고 칭한 작은 물체들로 구성되어 있다고 주장해 그야말로 대박을 터트렸다. 그는 우리가 20세기의 과학을 떠올리게 하는 직관적인 추측을 수행했다.

400년 전에 그러니까 그리스인들로부터 2,000년이 지난 후, 그때까지도 여전히 권위 있었던 그리스 과학의 가장 중요한 가르침들을 전복시키면서 지금 우리가 알고 있는 현대 과학이 시작되었다. 하지만 현대의 과학은 '해답은 단순하고 논리적이며 수학적일 것'이라는 그리스인들의 직감을 따름으로써 그들을 넘어섰다. 위대한 17세기 과학자 아이작 뉴턴Isaac Newton과 20세기 과학자 알베르트 아인슈타인Albert Einstein 모두 답이 단순해야만 올바른 답에 근접하게 될 것이라고 말했다. 두 사람은 물질의 구성과 움직임을 묘사하는 수학 방정식으로 답을 제시할 수 있었다.

그리스인들은 종종 잘못된 추측, 그것도 크게 잘못된 추측을 할 때가 있었다. 답은 단순하고 수학적이고 논리적일 것이라는 근본적인 직감 역시 잘못된 것일 수 있었다. 하지만 그들의 직감은 옳은 것으로 판명이 났고 이것은 유럽 문명이 여전히 그리스인들에게 빚지고 있는 가장 위대한 유산이다.

그리스인들이 그렇게 총명했던 이유를 우리가 설명할 수 있을까? 나는 할 수 없다고 생각한다. 대체로 역사가들은 어떤 사건에 대한 설명을 제시하곤 하지만 이처럼 작은 도시국가들에 그렇게 대단히 논리적이고, 기민하고, 예리한 정신들이 있었던 이유와 같은 거대한 문제에 직면했을 때는 설득력 있는 설명을 내놓지 못한다. 역사가들이 할 수 있는 것은 다른 사람들처럼 그저 감탄하는 것뿐이다.

▌기독교의 탄생

여기 또 하나의 기적이 있다. 유럽 혼합체의 두 번째 요소인 기독교의 등장이다. 유대인들은 신이 오직 하나뿐이라고 믿었는데, 이것은 아주 이례적인 견해였다. 그리스인과 로마인은 신은 여럿이라는 좀더 일반적인 믿음을 지니고 있었다. 게다가 유대인들은 이 유일신이 자신들을 특별히 보살펴 주고 있다는 훨씬 더 독특한 믿음, 다시 말해 자신들은 선택받은 민족이라는 믿음을 지니고 있었다. 그 대가로 유대인은 신의 율법을 지켜야 했다. 율법의 기초는 십계명Ten Commandments으로 이집트에서 노예 생활을 하고 있던 유대인들을 탈출시킨 모세Moses가 신에게 받은 것이었다. 기독교인들은 십계명을 간직했고 지금까지도 서양의 주된 도덕적 가르침으로 남아 있다. 사람들은 십계명을 번호로 인식한다. 당신이 어떤 사람에 대해 이야기할 때, 그가 여덟 번째 계명은 결코 어기지 않지만 일곱 번째 계명은 가끔 위반한다고 말하는 식으로 말이다. 구약성경의 〈출애굽기〉 20장에

기록되어 있는 십계명의 내용은 다음과 같다.

하나님이 이 모든 말씀으로 말씀하여 이르시되, 나는 너를 애굽 땅, 종 되었던 집에서 인도하여 낸 네 하나님 여호와니라.

너는 나 외에는 다른 신들을 네게 두지 말라.

너를 위하여 새긴 우상을 만들지 말고 또 위로 하늘에 있는 것이나 아래로 땅에 있는 것이나 땅 아래 물속에 있는 것의 어떤 형상도 만들지 말며, 그것들에게 절하지 말며 그것들을 섬기지 말라. 나 네 하나님 여호와는 질투하는 하나님인즉 나를 미워하는 자의 죄를 갚되 아버지로부터 아들에게로 삼사 대까지 이르게 하거니와 나를 사랑하고 내 계명을 지키는 자에게는 천 대까지 은혜를 베푸느니라.

너는 네 하나님 여호와의 이름을 망령되게 부르지 말라. 여호와는 그의 이름을 망령되게 부르는 자를 죄 없다 하지 아니하리라.

안식일을 기억하여 거룩하게 지키라. 엿새 동안은 힘써 네 모든 일을 행할 것이나 일곱째 날은 네 하나님 여호와의 안식일인즉 너나 네 아들이나 네 딸이나 네 남종이나 네 여종이나 네 가축이나 네 문안에 머무는 객이라도 아무 일도 하지 말라. 이는 엿새 동안에 나 여호와가 하늘과 땅과 바다와 그 가운데 모든 것을 만들고 일곱째 날에 쉬었음이라. 그러므로 나 여호와가 안식일을 복되게 하여 그 날을 거룩하게 하였느니라.

네 부모를 공경하라. 그리하면 네 하나님 여호와가 네게 준 땅에서 네 생명이 길리라.

살인하지 말라.

간음하지 말라.

도둑질하지 말라.

네 이웃에 대하여 거짓 증거하지 말라.

네 이웃의 집을 탐내지 말라. 네 이웃의 아내나 그의 남종이나 그의 여종이나 그의 소나 그의 나귀나 무릇 네 이웃의 소유를 탐내지 말라.[2]

십계명은 도덕률의 시작에 지나지 않았다. 유대인들은 법률이 통상적으로 다루는 범죄, 상속, 결혼과 같은 사안뿐 아니라 식사, 청결, 가정의 운영, 신전에서 신에게 제물을 바치는 방법 등도 포함하는 매우 복잡하고 상세한 법체계를 지니고 있었다.

그들은 자신이 선택받은 민족이라고 믿었지만, 꿈을 실현시키지는 못했다. 유대인들은 빈번하게 굴욕을 당했고 정복당하여 추방되었다. 하지만 하느님이 존재한다거나 자신들을 보살핀다는 것을 의심하지 않았다. 재앙이 닥치면 율법을 제대로 따르지 않았으며 그래서 하느님의 노여움을 샀다고 결론 내렸다. 유대교와 기독교에서 종교와 도덕은 긴밀하게 연결되어 있는데 모든 종교가 이렇지는 않다. 로마인과 그리스인의 신은 부도덕하게 행동하고 불륜을 저지르며 서로에 대해 음모를 꾸미곤 했다. 로마인의 신은 도덕적으로 잘못된 행위에 대해서는 벌을 내리지 않았다. 신들이 벌을 내렸다면 아마도 제대로, 즉 충분히 자주 제물을 바치지 않았기 때문이었을 것이다.

기독교의 창시자인 예수는 유대인이었으며 첫 추종자들도 모두 유대인이었다. 예수가 가르침을 전할 때 유대인들이 살고 있던 팔레스타인 지방은 로마의 지배를 받고 있었다. 예수의 추종자들 중 몇몇은

---

2) 번역은 대한성서공회의 개역개정판을 따름.

예수가 로마에 대한 반란을 이끌기를 기대했기 때문에 그를 반대하는 사람들은 속임수를 써서 예수가 반란을 선언하도록 유도했다. 그들은 예수에게 로마에 세금을 납부해야 하는지를 물었고 예수는 이렇게 답했다.

"내게 동전을 주시오. 동전 속에 누구의 형상이 그려져 있습니까?"

"가이사의 형상입니다" 하고 답하자 예수는 이렇게 말했다. "가이사의 것은 가이사에게 주고, 하나님의 것은 하나님께 바치라."

예수는 유대인의 법률과 가르침을 매우 잘 알고 있었으며 여기에서부터 자신의 가르침을 발전시켰다. 그의 사상 중 일부는 유대인 법률의 진수를 요약한 것으로 다음 문구가 그중에 하나다. "네 마음을 다하며 목숨을 다하며 힘을 다하며 뜻을 다하여 주, 너의 하나님을 사랑하고 또한 네 이웃을 네 자신 같이 사랑하라."

예수가 요약만 받아들이고 세부적인 것은 잊어버려도 좋다고 말했는지는 분명하지 않다. 또한 청결, 제물, 그 밖의 다른 것들에 대한 세부적인 사항이 중요하지만, 요약이 가장 중요한 사항에 대한 지침이라고 말했는지도 분명하지 않다. 학자들은 예수가 어느 정도까지 유대교의 영향을 받았고 어느 정도까지 벗어나려고 했는지에 대하여 논쟁을 벌인다. 그러나 한 가지는 분명하다. 그는 옛 도덕적 가르침이 요구하는 바가 지나치게 많으며 모두 따르는 것이 불가능하다고 생각할 정도로 그것을 확장시켰다. 예수가 산상수훈Sermon on the Mount에서 원수를 사랑하는 것에 대해 이야기한 바를 한번 생각해 보라. 이것은 〈마태복음〉 5장에 기록되어 있다.

네 이웃을 사랑하고 네 원수를 미워하라 하였다는 것을 너희가 들었으나. 나는 너희에게 이르노니 너희 원수를 사랑하며 너희를 박해하는 자를 위하여 기도하라. 이같이 한즉 하늘에 계신 너희 아버지의 아들이 되리니 이는 하나님이 그 해를 악인과 선인에게 비추시며 비를 의로운 자와 불의한 자에게 내려 주심이라. 너희가 너희를 사랑하는 자를 사랑하면 무슨 상이 있으리요? 세리[3]도 이같이 아니하느냐. 또 너희가 너희 형제에게만 문안하면 남보다 더하는 것이 무엇이냐? 이방인들도 이같이 아니하느냐. 그러므로 하늘에 계신 너희 아버지의 온전하심과 같이 너희도 온전하라.

이를 통해서 예수는 유대인의 법전을 보편적인 사랑 체계로 변형시키고 있었다.

이 당시 예수는 수많은 교사와 예언자들 가운데 한 사람에 지나지 않았다. 유대교 신앙 지도자들은 교사나 예언자를 자처하는 인물들을 불신했고 그래서 로마인들과 협력하여 예수가 처형되도록 만들었다. 하지만 예수는 죽은 후에 다시 살아났기 때문에 혹은 추종자들이 정말로 그렇게 믿었기 때문에 다른 교사들과 달랐다. 이로 인해 예수는 교사나 예언가, 훌륭한 사람 그 이상이 되었으며 오늘날 교회를 나가는 많은 사람들도 그렇게 믿고 있다. 그의 추종자들은 그가 '하나님의 아들'이며 십자가에 못 박혀 죽었을 때 어마어마하게 중대한 일이 벌어졌다고 믿었다. 예수는 지옥에 떨어지는 천벌에서 인류를 구하기 위해 자기 자신을 희생했는데, 이 벌은 세상에 악을 초래한 인간의 원

---

3) 로마의 세금 징수자들로 유대인의 미움을 받았다.

죄에서 비롯된 것이다. 만약 당신이 그리스도를 믿는다면 당신 자신을 구원할 수 있으며 죽은 후에 지옥의 불에 떨어지지 않고 천국에서 영원히 하느님과 함께할 수 있다.

이 종교가 유대인들만을 위한 것이었을까, 아니면 모든 사람을 위한 것이었을까? 예수가 죽은 후에 이 문제를 두고 추종자들 사이에 의견이 갈렸다. 전통주의자들은 먼저 유대인이 되어야 하며 유대인을 위해 마련된 구약성서의 모든 엄격한 규율을 따라야만 기독교도가 될 수 있다고 말했다. 그 규율에는 할례라는 성인 남성을 위한 다소 고통스러운 수술도 포함된다. 전통주의자들의 의견이 전적으로 받아들여졌다면 기독교는 유대인들의 신앙 가운데 아주 작은 분파로 남았을 것이며, 어쩌면 멸종되었거나 별로 중요하지 않은 것이 되었을 게 분명하다. 승리한 다른 쪽은 이렇게 이야기했다. 이것은 전적으로 새로운 종교다. 당신이 유대인이 되어야 할 필요는 없으며 모든 법적인 제한은 사라질 수 있다. 그리스도는 모든 것으로부터 우리를 해방시켰다. 사랑에 대한 그리스도의 가르침은 법률이 제공할 수 있는 그 어떤 것보다도 우월하다. 이것이 바울Paul의 견해였다. 그는 초기 기독교의 위대한 전도사이며 어떤 사람들에게는 기독교의 창시자다. 예수가 죽었을 때 이 신앙은 단지 유대인의 문제였기 때문이다. 예수는 유대인이었고, 그의 추종자들도 유대인들이었으며, 그들 중 일부는 그 상태를 유지하기를 원했다. "이것은 모든 사람을 위한 종교다" 하고 가장 분명하게 말한 사람은 바울이었으며 그 이후로 기독교는 세계적인 종교가 될 가능성을 지닐 수 있게 되었다. 그리고 300년 만에 기독교는 로마제국 전체로 완전히 확산되었다.

▌게르만족의 등장

혼합체의 세 번째 요소는 로마제국을 침략한 게르만 전사들이다. 그들은 북쪽 경계 지역에 살고 있었는데 400년대에 물밀 듯이 밀려들어왔다. 그들은 476년에 서쪽 제국을 붕괴시켰고 프랑스, 에스파냐, 이탈리아 지역에 유럽 문명의 혼합체가 형태를 갖추기 시작했다.

게르만족은 글자를 몰랐으며 성문화된 기록을 전혀 남기지 않았다. 그래서 우리는 그들이 로마를 침입하기 전에 대한 정보가 거의 없다. 우리에게 남겨진 최상의 설명은 1세기에 로마 역사가 타키투스Tacitus가 작성한 보고서인데 이것도 그가 직접 경험한 것은 아닐 것이다. 그는 함께 살면서 함께 싸우고, 싸움을 위해 사는 족장과 동료들에 대해서 이렇게 썼다.

전투가 벌어지는 곳에서 족장이 자신의 동료들보다 용기가 부족한 것은 수치스러운 일이다. 그리고 동료들이 족장의 용기에 필적하지 못한 것도 불명예다. 전투에서 족장이 전사한 후에 전투에서 살아남는 것은 평생의 오명이요 치욕을 의미한다. 족장을 방어하고 보호하는 것, 자신의 영웅적인 행위를 그의 신뢰 덕분으로 돌리는 것, 이것이 그들이 말하는 충성의 진정한 의미다. 족장은 승리를 위해서 싸우고 동료들은 족장을 위해서 싸운다. 그들이 태어난 땅에 평화가 오래 지속되어 침체했다면 일부러 전쟁을 벌이고 있는 다른 부족들을 찾아낸다. 게르만족은 평화를 좋아하지 않는다. 명예는 위험 속에서 더 쉽게 쟁취할 수 있으며, 당신은 폭력과 전쟁 없이 대규모 동료들을 유지할 수 없다. 동료들은 항상 자기 족장에게 물건을 요구한다. 내게 그 군마를 주시오. 아니면 내게 그 피로 물든 승리의 창을 주시오. 식사는 일종의 보수로 소박한 음식이지만 풍족하게 먹는다. 이런 좋은 인심은 전쟁과 약탈이 있어야 충족된다. 당신은 게르만족 사람을 설득하여 밭을 갈게 하고 인내심을 가지고 그해의 생산물을 기다리게 만들기란 적에게 도전하고 싸우다 입은 상처에 대한 보상을 얻게 하는 것보다 더 어렵다는 것을 깨닫게 될 것이다. 그는 피로 얻을 수 있는 것을 땀으로 얻는 것은 기백이 없으며 비천한 짓이라고 생각한다.

이들이 300년 후에 로마제국을 장악할 민족이다.

지금까지 세 가지 요소를 검토했으니 이제 요약해 보자. 그리스인들의 생각은 '세계는 단순하고 논리적이며 수학적이다'는 것이었다. 기독교도의 생각은 '세상은 악이고 그리스도만이 세상을 구원하리라'는 것이었다. 게르만 전사들의 생각은 '전투는 재미있다'는 것이었다. 불가능해 보이지만 유럽 문명을 형성한 것은 바로 이 세 요소의 혼합이다.

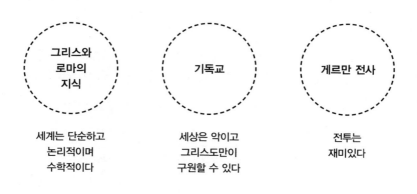

그리스와
로마의
지식

기독교

게르만 전사

세계는 단순하고
논리적이며
수학적이다

세상은 악이고
그리스도만이
구원할 수 있다

전투는
재미있다

유럽 문명을 형성한 세 요소

▌그리스-로마 세계와 기독교의 융합

세 가지 요소가 어떻게 합쳐졌나? 먼저 그리스-로마 세계와 기독교의 연결을 생각해 보자. 로마 당국은 때때로 기독교를 근절하려고 시도했다. 성서를 압수했고, 교회 재산을 몰수했으며, 기독교도들을 체포하고 고문했다. 또한 그리스도를 부정하지 않겠다는 사람들을 처형했다.

본래 로마인들은 매우 관용적이다. 그들은 다양한 인종과 갖가지 종교로 구성된 제국을 통치했다. 평화를 유지하기만 한다면 당신이 자신의 길을 가도록 내버려 둘 준비가 되어 있었다. 당신의 일은 당신이 결정할 수 있었다. 로마인은 황제를 신과 같은 존재로 믿어서 황제에게 제물을 바쳐야 한다는 조항만 지킨다면 자신의 종교를 준수할 수 있었다. 제물은 사소한 것이었다. 황제의 초상화나 조각상 앞에 있는 불꽃에 소금을 조금 떨어트려서 불꽃이 확 타오르게 하는 것이 전부였다. 그것은 국기에 대한 경례나 국가 제창과 같은 것이었다. 하지만 기독교도들은 유대인들처럼 하나의 신만을 숭배해야 했고 황제를 신으로 여기지 않기 때문에 그 의식을 하지 않으려 했다. 원래 로마인들은 유대인들에게는 황제를 찬양하는 것을 면제해 주었다. 그들은 유대인을 기이하고 변덕스럽지만 쉽게 알아볼 수 있는 아주 오래된 민족, 나라의 일정 지역을 차지하고 있으면서 자신만의 사원과 신을 지니고 있는 민족이라고 생각했다. 그에 반해서 기독교도들은 새로운 종교를 추종하고 있었으며, 누구나 기독교도일 수 있고, 어디에나 존재할 수 있었다. 로마인들은 기독교도를 제거해야 할 위험 분자들로 여겼다. 기독교도를 지속적으로 박해했다면 제거에 성공했을지

콘스탄티누스
313년에 기독교를 공인한 로마 황제.

모른다.

그때 기적이 일어났다. 콘스탄티누스Constantinus 황제가 313년에 기독교도가 되었거나 아니면 적어도 기독교 교회를 공식적으로 후원했다. 그는 신이 자신을, 그리고 무엇보다도 제국을 보살펴 줄 것이라고 생각했다. 기독교가 아직 다수의 신앙이 아니었을 때에 국가의 통치자가 먼저 받아들인 것이다. 그는 교회에 자금을 지원했으며 주교의 지배를 승인해 주었다. 50년 후에 또 한 사람의 기독교도 황제[4]가 다른 모든 종교를 법으로 금했다. 예수가 로마제국의 소란스러운 변방에서 가르침을 펼친 지 400년이 지난 후, 기독교는 제국의 유일한 공식 종교가 되었다. 이제 주교들과 사제들은 도시 이곳저곳을 뽐내며 돌아다녔고 지방으로 거침없이 행진해 가서 이교도 사원을 파괴했다.

---

4) 요비아누스jovianus 황제.

이것이 세 가지 요소들 사이의 첫 번째 연결이다. '로마제국이 기독교화되다.'

이제 교회는 초창기의 모습과 아주 달라졌다. 처음에 기독교도 집단은 개인의 집에서 모임을 가졌다. 그런데 3, 4세기가 지난 후 사제, 주교, 대주교로 구성된 정규직 공직자들의 위계 조직이 되었다. 여러 주교들 중에 하나였던 로마 주교는 스스로 교황이 되어 교회를 통치했다. 교회는 자체의 법체계와 그 법을 집행할 법정과 감옥을 지니고 있었다. 또한 교회를 유지하기 위해서는 모든 사람이 돈을 내야만 했기 때문에 교회는 자체의 조세제도를 운용하고 집행했다.

로마제국이 붕괴되었을 때, 그 자체로 하나의 정부였던 교회는 살아남았다. 교황은 로마 황제에 필적하는 인물로, 자기 밑에 있는 공직자들의 위계 제도를 지배했다. '교회가 로마화되다.' 이것이 두 번째 연결이다.

로마제국이 붕괴된 후에 교회는 그리스와 로마의 지식을 보존했다. 이 움직임은 제국의 붕괴 전부터 이미 시작된 것이었는데, 아주 놀라운 발전이다. 고대 그리스와 로마의 모든 작가, 철학자, 과학자가 기독교도가 아니라 이교도였기 때문이다. 기독교 교회가 이 사람들에게 신경을 쓴 이유가 무엇일까? 물론 기독교 내부에는 "그들에게 신경 쓰지 말아야 한다. 그들의 저작은 거짓이며 유일한 진리는 그리스도 안에 있다"고 이야기한 집단이 있었다. 기독교 연구가 테르툴리아누스Tertullianus는 "아테네가 예루살렘과 무슨 관련이 있는가?"라고 말하기도 했다. 그러나 이러한 견해는 널리 확산되지 못했다.

기독교도들은 자체의 교육제도를 수립하지 않았다. 그래서 신앙을 정리하고 체계화하기 시작했을 때 기독교는 그리스-로마 전통에 따라 교육받은 사람들에 의존했다. 그들은 기독교 신앙을 설명하고 옹호하기 위해서 그리스 철학과 논리학을 이용했다. 이 학자들은 그리스와 로마의 위대한 철학자들과 윤리학자들이 어느 정도 진리를 파악하고 있다고 생각했다. 물론 그들이 보기에 기독교는 완전한 진리이지만 그리스 철학자들을 논쟁하는 데 끌어들여서 진리로 인도하는 안내자로 이용할 수 있다고 여겼다. 이런 논리로 비록 그리스 철학자들은 이교도였지만 그들의 저작을 보존하고 이용했다. 이것이 세 번째 연결이다. '교회가 그리스와 로마의 학문을 보존하다.'

■ 게르만족과 기독교

게르만족이 로마제국에 침입했을 때 제국을 파괴할 의도는 없었다. 그들은 약탈하기 위해, 최고의 땅을 얻고 정착해서 이 세상의 좋은 것을 누리기 위해서 왔다. 게르만족은 황제의 통치를 기꺼이 인정했다. 문제는 400년대에 아주 많은 게르만족이 몰려와 너무나 많은 토지를 취했기 때문에 황제가 통제할 것이 아무것도 남지 않았다는 것이었다. 통치할 것이 없었으므로 사실상 로마제국은 끝났다.

게르만 전사들은 자신이 침입한 사회를 스스로 운영해야 한다는 사실을 깨달았는데, 그것은 그들이 기대했던 바가 정말 아니었다. 게다가 상황이 아주 어려웠다. 그들은 문맹이었는데 스스로가 야기한 혼란 속에서 로마 행정부는 붕괴되었고 무역과 도시는 위축되었다. 전사 족장들은 직접 왕이 되어 작은 왕국을 설립했다. 자기들끼리 싸움을 거듭하는 동안 왕국들이 순식간에 세워졌다가 몰락하고는 했다. 프랑스, 에스파냐, 잉글랜드를 포함하는 서유럽 근대국가들의 윤곽이 드러나기까지는 여러 세기가 걸렸다.

이러한 상황에서 정부들은 극도로 허약했고 심지어 세금을 징수할 능력조차도 없었다(우리에게 이 문장은 용어상의 모순처럼 보인다. 세금을 거두지 못하는 정부라니!). 게르만 전사는 족장이 되는 대신에 스스로 왕이 되어 동료들에게 토지를 할당해 주었고, 토지를 할당받은 자들은 귀족계급으로 변하고 있었다. 토지를 받던 초기에는 왕이 필요로 하면 귀족은 군대를 제공한다는 조건이 딸려 있었고, 아주 많은 병사를 보내야 했다. 그러나 귀족들은 시간이 흐를수록 그 토지를 마치 자신의 토지인 것처럼 생각하기 시작했으며, 얼마나 많은 수의 병사들을 보낼지, 어떤 자질을 갖춘 병사를 어떤 목적을 위해 보낼지에 대해서 자신만의 의견을 지니기 시작했다.

오늘날 국가의 수장들은 의장대를 사열한다. 그들은 대오를 따라 움직이며 병사들을 세밀하게 살피고 경우에 따라서는 한두 마디 말을 하기도 한다. 이런 사열식은 왕이 파견된 병사들을 직접 세밀하게 살피면서 "이번에는 그들이 도대체 어떤 쓰레기들을 보냈을까?" 하고 중얼거리던 중세 초의 관행에서 나온 잔재다.

왕들은 더 많은 권력을 획득하기 위해 오래 싸워야 했다. 다시 말해 귀족들의 손에 좌우되지 않고 통치하기 위해서, 왕의 고유한 조세제도를 확립하기 위해서, 왕이 완전히 통제하는 군대를 갖기 위해서 싸웠다. 하지만 허약한 지위에서 출발했기 때문에 왕이라고 해도 결코 위협할 수 없는 어떤 것들이 있었다. 사유재산은 신성불가침한 것이 되었다. 귀족은 조건부로 차지한 토지를 사유재산으로 전환시켰다.

이런 점은 언제나 정부에 걸림돌이 되었고 유럽의 왕은 권력을 가진 뒤에도 동방의 전제군주처럼 될 수 없었다. 동방의 전제군주는 영토 안에 있는 모든 것을 소유했다. 재산이 필요하다면 누군가의 재산을 강탈하거나 군대를 저잣거리로 보내서 팔고 있던 물건을 빼앗아 오라고 명령하면 그만이었다. 유럽의 정부들은 '절대적'이라고 불릴 때조차도 결코 그와 같이 행동할 수 없었다.

'모든 것이 왕의 것은 아니다'가 정부에 대한 유럽식 사고의 기초였다. 정부가 제한되어야 한다는 관념은 최초의 정부가 제한된 능력을 가지고 있었기 때문에 생긴 것이다. 그리고 사유재산에 대한 권리에서 개인의 권리라는 관념이 나오는데, 이는 서유럽 전통의 핵심이다.

정부에 대한 제한은 경제 발전에도 중요한 역할을 했다. 유럽의 경제가 다른 어느 곳과도 비교할 수 없는 방식으로 발전할 수 있었던 것은 상인들의 자유로운 활동이 보장되었기 때문이었다.

게르만 전사들과 그들의 태도를 어떻게 해석해야 할지를 알았다면, 그들이 제국을 침략하자마자 곧바로 기독교도가 되었다는 사실이 놀랍지 않다. 교회는 로마제국의 멸망을 견뎌 내고 살아남은 유일한 기구였다. 전사 무리들이 도착하여 약탈에 여념이 없을 때 그들과 교섭하러 나간 것은 주교였다. "당신들은 강 저편의 땅을 가질 수 있습니다. 하지만 나머지 땅은 우리에게 남겨 주셨으면 합니다." 이렇게 말이다. 주교가 예전 로마 총독의 궁전에 대한 소유권을 언급했을 수도 있는데, 분명 족장이 먼저 그것을 요구했을 것이다. 그러면 주교가 그곳을 운영하는 것을 돕기 위해 곧 방문하겠다고 제안했을지 모른다. 주교들은 기독교 신을 받아들인다면 더 많은 적을 죽이게 될 것이라는 점을 전사들에게 아주 빠르게 납득시킬 수 있었다. 이들은 자신들이 정복한 사람들의 종교를 받아들였다는 점에서 특별한 부류의 정복자였다. 교회는 이 새로운 통치자들, 즉 왕과 귀족들에게 기독교 신앙을 받아들이는 것이 그들의 의무 가운데 하나라는 점을 아주 분명히 했다. 이것이 우리의 마지막 연결이다. '게르만 전사들이 기독교를 지원하다.'

이 모든 연결점들을 요약하면 아래와 같은 결론에 도달한다.

로마제국이 기독교를 믿게 되다
기독교 교회가 로마화되다
교회가 그리스와 로마의 지식을 보존하다

게르만 전사들이 기독교를 믿게 되다

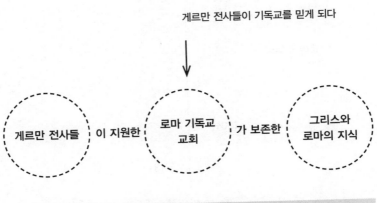

그리스 로마 지식, 기독교, 게르만 전사의 혼합

▌유럽의 중세

그리스와 로마의 지식, 기독교, 게르만 전사가 혼합되었다니, 아주 기교한 혼합물이지 않은가? 이 세 가지 요소들의 혼합은 자연스러운 동맹이 아니었고, 아주 불안정했다. 결국에는 깨어지지만 로마제국이 멸망한 서기 476년경부터 약 1400년까지, 거의 1,000년 동안 결합되어 있었다. 이 시기가 역사가들이 중세 또는 중세 시대라고 부르는 기간이다. 거시적인 시각을 취하는 역사가들은 1400년을 근대의 시작으로 간주한다. 이 시각에 따르면 유럽 역사는 고대 또는 고전, 중세, 근대, 이렇게 시대가 구분된다.

중세 시대 내내 세 가지 요소들은 기묘하게 결합되어 있었지만, 각각의 요소들은 변화한다. 기독교에 대해 살펴보자. 기독교가 상황에 따라 형태는 조금 달라졌지만 기본적으로 호전적인 종교는 아니었다.

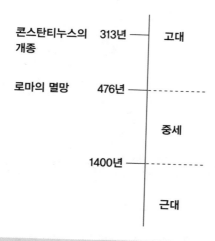

유럽 역사의 시대 구분

예수가 "네 원수를 사랑하라"고 말한 것을 봐도 그렇지 않은가. 초기 기독교도들은 병역을 거부했는데, 이것이 로마인들이 기독교도들을 의심한 이유 중 하나였다. 그런데 이제 기독교도들은 게르만 전사들과 제휴를 맺었다. 원수에게 다른 뺨을 내미는 종교가 냉혹하고 무쇠 같은 사람들의 지원을 받는다. 이 모순은 도대체 뭔가? 모순은 보기보다 그리 크지 않은데, 일단 기독교가 콘스탄티누스에 의해 인정받고 국가의 공식 종교가 되고 난 뒤에는 폭력에 대한 견해를 바꾸어야만 했기 때문이다. 정부는 싸워야 했고, 교회가 정부의 지원을 원한다면, 교회는 정부가 때로는 정당하게 싸울 수 있다는 데에 동의해야만 했다.

그러나 교회가 처음 이 전사들과 협력할 때는 그들의 가치를 완전히 수용하지 않았다. 몇 세기에 걸쳐서 전사는 천천히 기사로 변화했다. 기사는 게르만 전사들처럼 싸움을 사랑했으며 자신의 싸움 능력을 자랑스럽게 여겼지만, 대의명분을 위해 싸운다는 것이 차이점이었다. 교회는 기사들에게 비기독교도들과 싸울 것을 독려했는데, 이는

프랑크족의 왕 샤를마뉴Charlemagne가 롤랑Roland에게 검을 채워 주고 있다. 전설에 따르면 롤랑은 에스파냐에서 이슬람교도와 싸우다가 전사했다.

실로 매우 훌륭한 대의였다. 교회가 먼저 당시 무슬림의 수중에 들어가 있던 성지를 탈환하기 위한 십자군 운동을 촉진했고, 그곳에 가서 싸우는 사람에게는 특별한 허가를 내려 주었다.

또한 기사는 약자, 특히 상류층 여성을 보호했다. 기사의 싸움은 약자를 지킨다는 새로운 도덕적 함의를 얻었고, 남자는 일종의 종교 의식을 통해 기사가 되었다. 그의 검을 교회의 제단에 올려놓았다가 다시 기사에게 채워 주었다. 그러면 그는 그 검으로 선행을 행할 것이었다.

유럽 문화에서 숙녀를 보호하고 존중하는 태도는 오랫동안 지속되어, 기사들이 사라진 후에도 기독교도 기사의 후예인 '젠틀맨gentleman'의 태도가 되었다. 젠틀맨은 여성이 방으로 들어올 때 자리에서 일어나고, 여성이 서 있는 동안은 자리에 앉지 않고, 여성에게 인사할 때는 모자에 손을 대어 여성에 대한 존경을 표시했다. 나는 학교에서 이런 것을 배웠는데 좀처럼 잊히지 않는다. 이런 점에서 나는 살아 있는 중세의 유물이다.

최근 페미니스트들은 이러한 존경에 반대하며 싸웠다. 그들은 받침대 위에 고이 받들어 모셔지는 존중이 아닌 평등을 원했다. 그러나 역설적이게도 평등을 위한 운동에서 높이의 이점이 작동한다. 바닥에 있는 것보다는 받침대 위에서 시작하는 것이 더 낫다. 그만큼 여성이 존경을 받고 있어서 그들의 발언도 존중될 확률이 높기 때문이다. 유럽 문화에서 페미니즘이 상대적으로 손쉽게 수용된 것은 이런 맥락 덕분이며 다른 문화에서는 이야기가 달라진다.

이 혼합 안에 있는 또 다른 긴장 관계를 살펴보자. 기독교 교회가

기독교 교회는 그리스와 로마의 지식을 보존했으며 이를 교회의 교리를 뒷받침하는 데 이용했다.

그리스와 로마의 지식을 보존한 것은 상당히 적극적인 행위였다. 단순히 우수한 책들을 벽장 안에 집어넣고 내버려 둔 게 아니었다. 그 책들이 살아남은 것은 교회가 중세 시대 내내 베껴 쓰고 또다시 베껴 썼기 때문이었다. 우리가 지금 그 책들을 읽을 수 있는 것도 그 덕분이다. 인쇄물은 전혀 없었고, 당시의 책들은 부식되고 삭아 없어지기 일쑤였다. 그토록 많은 그리스와 로마의 보물들을 보존한 것은 수도원의 수도승들이었는데, 그들은 자신들이 베껴 쓰고 있는 것이 무엇인지 모르는 경우가 종종 있었고 그래서 수많은 실수를 범하기도 했다.

만약 그리스와 로마의 책을 원문의 의도대로 읽는다면 이 문헌들은 비기독교적이고 이교적인 철학, 가치 체계, 삶에 대한 태도를 담고 있다. 그러나 중세 시대에 교회는 지적 생활에 대한 통솔력을 매우 잘 유지하고 있어서 아무도 이 문헌을 원문 고유의 용어로 읽지 않았다.

그 대신에 교회가 원한 것을 빌리고, 그렇게 가져온 조각들을 새로 짜 맞추고, 성경의 구절들과 함께 적었다. 그런 식으로 교회는 기독교 신학, 즉 하느님과 하느님의 세계, 그리고 그의 구원 계획에 대한 설명을 구성했다. 그래서 그리스의 철학, 지식, 논리학 모두가 기독교를 뒷받침하기 위해 동원되었다. 고대의 문서들이 새롭게 발견되더라도 학자들은 혼란에 빠지지 않고 새로 발견한 것들을 신학의 새로운 판본으로 짜 넣었다.

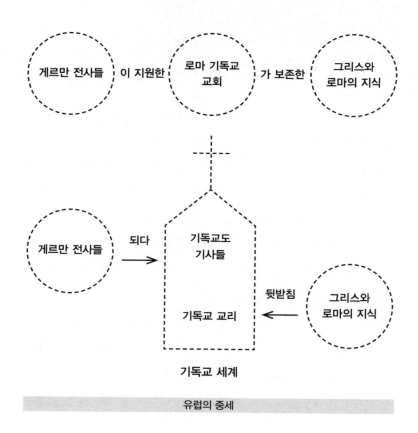

유럽의 중세

이 혼합이 중세 시대에 어떻게 작동했는지 요약해 보자. 기독교도 기사가 되어 가는 전사들이 있었고, 기독교를 뒷받침하는 그리스와 로마의 지식이 있었다. 이 기묘한 동맹의 중간에서 교회가 이럭저럭 모든 것을 결속시키고 있다. 지식은 기독교적이고, 기사들은 기독교도들이고, 세계는 기독교 세계, 즉 그리스도의 영토다.

1400년 이후, 이 이상한 동맹은 쪼개지기 시작하고 역사가들이 근대라고 부르는 것이 시작된다.

2. 근대
세계를 제패한 유럽의 힘은 어디서 오는가

유럽 문명을 형성한 혼합물은 불안정한 것이었다. 중세 내내, 즉 1,000년 동안 지속되었지만 그 구성 요소들은 서로 조화를 이루지 못했다. 1400년 즈음에 혼합물은 부서지기 시작했다. 바로 르네상스에서 처음 발생한 일이었다.

▌르네상스: 유럽의 세속화

르네상스는 종종 그리스와 로마 지식의 발견 또는 재발견으로 묘사된다. 그러나 이 시기에 몇 가지 새로운 발견이 이루어지기는 했지만, 잊혀졌다가 재발견되어야만 했던 지식이 그리 많은 것은 아니었다. 가장 큰 변화는 오로지 신학을 뒷받침하기 위해 고대의 지식을 이용한 교회 대신에 교회 외부에서 신학과 무관하게 연구하는 학자들이 생겼다는 것이다. 그들은 그리스와 로마의 지식이 탄생했던 시기의 그 모습 그대로 고대를 상상하는 데 흥미가 있었다. 그들은 고대 예술가들이 하듯이 작품을 만들고, 그들처럼 건물을 짓고, 그들처럼 라틴어로 글을 쓰고 생각하기를 원했다. 그들은 사색을 통해 교회가 교회의 목적을 달성하기 위해 지식을 이용하고 숨겨 왔던 세계로 되돌아갔다. 비기독교적이고 이교적이었던 과거의 세계 말이다.

그것은 또한 더욱 '세속적인' 세계였다. 고대인들은 죽음 이후의 삶보다는 인간과 인간이 하는 행위에 훨씬 더 많은 관심이 있었다. 인간의 재능과 능력을 찬양했으며 인간의 타락에 대해서는 깊이 고민하지 않았다. 그런 의미에서 르네상스 학자들이 진입한 세계는 당시의 기준으로는 상당히 열린 사고를 지닌 세계였다. 고대 철학자와 윤리학자 사이에는 어떻게 사는 것이 최선이며 어떻게 사고해야 하는지에 대해서 아주 다양한 견해가 있었다. 그들의 토론과 추론은 교회가 당시 사람들의 사고에 부과했던 구속에서 벗어나 있었다.

하지만 르네상스의 학자들은 기독교를 직접적으로 공격하지 않았다. 그들의 개인적인 태도는 다양했지만, 대체로 고대인들이 종교에 대해 지녔던 견해와 유사한 종교관을 취했다. 말하자면 종교는 별로 문제 삼을 것이 없는 것으로, 대체로 좋은 것이거나 아니면 필요한 것이지만 종교 말고도 관심을 가질 만한 것이 많이 있다고 생각했다. 종교는 삶과 사고 전체를 통제할 수 있는 것이 아닌데, 바로 이러한 통제가 그 당시까지 교회의 목적이었다. 일단 통제가 깨지고 나자 유럽의 사고는 과거 그 어느 때보다 훨씬 더 모험적이고, 도량이 더 넓고, 확실성에 덜 매몰되게 되었다.

르네상스와 더불어 유럽 사회의 세속화라는 긴 과정이 시작된다. 세속적인 세계는 그 안에 종교가 존재할 수는 있지만, 지금 우리가 살고 있는 세계처럼 사적인 일이거나 특정한 신념에 애착을 느끼는 사람들의 연합체로서 존재하는 세계다. 종교가 사회를 지배하지는 않는다. 종교가 모든 사람에게 종교의 규율과 의식을 강요하거나 사고를 통제하지는 않는다.

르네상스에서 일어난 일은 어떤 문화와 전통을 지닌 사람들이 사색을 통해 스스로 또 다른 문화와 전통 속으로 들어갔다는 것이다. 일단 그렇게 하고 나면 당신은 결코 예전과 같은 존재가 아니게 된다. 확실하고 고정된 것처럼 보이는 것은 아무것도 없었다. 이런 변화가 일어난 것이 역사상 마지막은 아니지만, 유럽의 사상가들은 갑작스런 충격에 놀라서 펄쩍 뛰었다.

르네상스 시대의 사람들은 그리스와 로마를 고전 시대classical era라고 부른 첫 번째 사람들이었다. 여기서 고전classic이라는 것은 최고 수준이라는 의미다. 클래식 캐치[5], 클래식한 공연, 이런 말은 뛰어넘을 수 없는 어떤 것을 뜻한다. 그들은 문학, 예술, 철학, 과학에서 고대인들이 이루어 낸 업적은 누구도 능가하지 못했고 능가할 수도 없는 최고의 수준이라고 믿었다. 그들 자신은 거기에 필적할 정도만 되어도 잘하는 것이라고 여겼다. 르네상스는 다음과 같은 메시지를 통해 그 혼합물을 붕괴시켰다. "고전이 최고다."

우리의 시간 체계는 두 가지 토대 위에서 작동하는데, 이것은 우리

---

5) 크리켓 경기에서 멋지게 공을 잡을 때 쓰는 말.

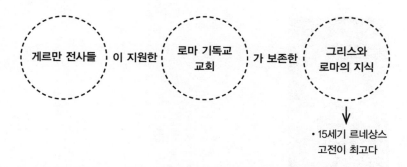

게르만 전사들 → 이 지원한 → 로마 기독교 교회 → 가 보존한 → 그리스와 로마의 지식

↓

• 15세기 르네상스 고전이 최고다

15세기 유럽 문명의 변화

문명이 혼합된 것이라는 특성을 끊임없이 상기시켜 주는 장치다. 우리는 그리스도의 탄생일로부터 연도를 적음으로써 우리 자신을 기독교 문명으로 인정한다. 서기를 나타내는 AD는 라틴어 *Anno Domini*, 즉 '예수님의 해에'의 약자다(실제로 탄생한 날은 서기 1년이 아니라 기원전 6년이나 4년일 가능성이 더 높다). 반면에 우리가 고대, 중세, 근대로 시대를 구분하는 방식은 기독교와 아무런 관련이 없다. 이것은 '고전적 세계는 그 자체로 완전함에 도달했으며 그다음에 인류는 길을 잃고 그 유산과 멀어지고 말았다'는 르네상스의 견해에서 비롯되었다. 이 '중단'의 기간이 이른바 중세 시대인데, 교회가 지적·사회적 삶에서 최고의 위치에 올랐던 바로 그때다. 그래서 고대, 중세, 근대는 상당히 비기독교적인 명칭이다.

조각 작품들을 보면 고대, 중세, 근대 이 세 시대의 차이점을 설명할 수 있다.

고대 그리스의 프락시텔레스Praxiteles가 만든 조각상은 아기 디오니소스를 안고 있는 헤르메스 신을 조각한 것으로 한쪽 팔이 남아 있

프락시텔레스의 헤르메스

지 않다. 그리스 조각 작품 가운데 원본이 그대로 남아 있는 것은 많지 않다. 우리가 가지고 있는 것들은 대개 로마인들이 복제한 것으로 원본에 훨씬 못 미친다. 아름답고 완벽한 것으로서 인간의 신체는 그리스의 발명품이다. 예술사가 케네스 클라크Kenneth Clark에 따르면 누드는 나체와 구별되어야 한다. 누드는 그 자체로 충분하고 적절하다. 나체는 옷을 입지 않은 상태이며 옷이 없다는 사실이 중요하다. 물론 대부분 남성의 신체는 이렇게 보이지 않는다. 그리스인들은 특정인의 신체를 묘사하고자 한 것이 아니다. 그들은 신체의 완벽함을 찾기 위해 노력했으며 수학을 이용하여 가장 매력적이고 아름다운 비율을 확증하려고 했다.

　다음으로 독일 힐데스하임에 있는 대성당의 문에 새겨진 인물들은 인간의 형상에 대한 중세의 관점이다. 하느님이 먹지 말라고 이야기한 과일을 먹고 난 이후의 아담과 이브의 모습이다. 아담은 이브를 비

독일 힐데스하임 대성당의 청동 문 일부분(왼쪽), 미켈란젤로의 다비드상(오른쪽)

난하고 있고, 이브는 뱀을 비난하고 있다. 그리고 둘 다 자신의 벌거 벗음을 부끄러워하며 몸의 일부를 가리고 있다. 이 인물들은 절대로 누드가 아니다. 그들은 육체는 사악하며 악의 원천이라는 기독교의 가르침을 구현하고 있다.

근대 르네상스 시대의 미켈란젤로Michelangelo Buonarroti는 그리스인들을 자신의 모범으로 삼고 그들의 누드 이념으로 돌아간다. 그는 다비드상을 인간의 완전한 형태로서 표현한다. 다시 말해 인간을 활기차고, 숭고하고, 아름다운 것의 구현체로 표현한다. 햄릿Hamlet의 말로 표현하면 이렇다. "행동은 얼마나 천사 같고, 이해력은 얼마나 신 같은지."

누드에서 나체로 그리고 다시 누드로 옮겨 온 흐름은 고대에서 중세 그리고 근대로 나아가는 흐름을 상징적으로 표현하는데, 이것이 르네상스의 자기 이해 방식이다.

▌종교개혁: 기독교 교회의 붕괴

르네상스는 중세 세계의 첫 번째 거대한 붕괴였다. 두 번째는 16세기 프로테스탄트 종교개혁이었다. 종교개혁은 교회에 대한 직접적인 공격으로, 기독교 교회를 로마화되기 이전으로 되돌리려는 것이 목적이었다. 앞에서 보았듯이 교회는 로마제국 내에서 성장했기 때문에 로마의 특징을 지니고 있었다. 제국이 붕괴되었을 때도 교회는 교황과 함께 계속되었는데 교황은 마치 황제와 같은 인물이었고, 대주교와 주교들은 옛 로마제국의 행정관들과 똑같았으며, 그들 밑으로는 지역마다 사제들이 있었다. 이 신성한 단체는 그 자체의 법률, 형벌, 교도소 그리고 조세제도를 지니고 있었다.

교황과 주교들이 교회를 통치하고 교리를 결정했다. 교회는 당신에게 구원을 제공했지만 교회가 통제하는 수단이 있어야만 했고 사제와 주교가 필요했다. 성찬식, 즉 미사에 참석해야 했고, 빵과 와인을 예수의 살과 피로 바꾸는 마법을 일으키기 위해 사제가 필요했다. 당신의 신앙고백을 들어 주고, 죄를 용서해 주고, 고해성사를 하려면 사제가 있어야 했다. 사제는 당신에게 수없이 성모송Hail Mary을 읊조리라거나 순례 여행을 떠나라고 지시했을 것이며, 심각한 위반 행위에 대해서는 성찬대 앞에서 매질을 당하는 것을 감수하라고 했을지도 모른다. 당신이 부자고 죽음이 임박했다면, 사제는 교회에 많은 재산을 맡기지 않으면 천국에 갈 수 없을 것이라고 아주 확고하게 이야기했을 것이다.

중세 시대에 대부분의 사제, 주교, 대주교는 그들이 특별히 경건하거나 신앙심이 깊어서 교회에 들어간 것이 아니었다. 그 시절에는 교회가 가장 크고 가장 부유한 조직이었기 때문에 사람들이 교회에 들어갔다. 오늘날 당신이 공무원 조직이나 대기업이나 정계나 대학에 들어가는 것과 똑같은 이유에서 신성한 성직에 취임했다. 다시 말해 안정적인 직업을 얻기 위해, 흥미로운 일을 경험하기 위해, 고액의 급료를 받기 위해, 잘살기 위해, 권력을 행사하기 위해 성직자가 된 것이다. 교회에는 당신을 부유하게 만들고 주변의 친구와 친척들에게 직업을 줄 기회가 많이 있었다.

하지만 이처럼 부유하고, 약탈을 일삼고, 부패한 조직이 예수의 가르침과 초기 기독교도들에 관한 이야기를 보존하는 사람들이기도 했다. 예수와 그의 제자들은 비천한 사람들이었지만 이제 교황과 주교들은 궁전에서 살았다. 예수는 재물의 위험에 대해 경고한 바 있으며 초기 기독교도들은 서로의 집에서 모임을 가졌다. 이 모든 것이 성서에 기록되어 있었기 때문에 교회의 신성한 문서는 비평가들의 수중에 들어가면 다이너마이트가 될 수 있었다. 그런데 교회가 어떻게 그토록 오랫동안 치명적인 비판을 모면했을까?

성서는 라틴어로 되어 있어서 극히 소수의 사람만이 읽을 수 있었다. 교회는 "성서를 해석할 처음이자 마지막 권한을 지닌 것은 교회뿐이다"라고 말했다. 누군가가 교회의 가르침이나 관행을 비판하기 위하여 성서를 이용하고 그래서 교회에 폐를 끼친다면, 그들은 이단으로 규정되어 화형에 처해졌다. 이단이란 거짓 신자들로서 자신들과 기독교 세계에 위험 요소였다. 그런데 16세기 종교개혁을 통해 화형을 모면한 이단자가 있었다. 그의 이름은 마르틴 루터Martin Luther였다.

루터는 자신의 종교를 매우 진지하게 받아들인 수도승이었다. 그는 자신의 구원에 대해 고뇌했다. 죄 많은 그가 구원받기 위해서 할 수 있는 일이 무엇일까? 그런데 루터는 성서에서 로마교회에 보낸 바

마르틴 루터
1532년 루카스 크라나
흐Lucas Cranach 그림.

울의 편지를 읽다가 갑자기 마음의 위안을 얻었다. 바울은 그리스도에 대한 믿음이 당신을 구원할 것이라고 말한다. 이것으로부터 루터는 구원받기 위해서는 어떤 것을 행해야만 하는 것이 아니라는 점, 특히 사제의 지배하에 들어가서 그의 지도를 따라야만 하는 것이 아니라는 점을 추론해 냈다. 당신이 해야 할 일은 믿는 것, 신앙심을 가지는 것뿐이었다. 믿음만이 당신을 구원해 줄 것이다. 이것이 루터파의 중심 메시지다. "그리스도를 믿어라, 그러면 구원받을 것이다." 당신이 그리스도를 믿는 사람으로서 당연히 하느님을 기쁘게 하기 위해 무언가를 하고 싶을 것이며, 교회가 이야기한 대로 좋은 일을 하고 싶고, 그리스도가 명한 대로 행동하고 싶을 것이다. 그러나 그런 일 자체가 구원에 도움이 되는 것은 아니다. 이것이 프로테스탄트와 가톨릭의 교리가 근본적으로 다른 지점이다. 가톨릭교도는 구원을 받기 위한 과정의 일부로써 선행을 강조했다. 성지순례를 떠나고 가난한 사람들에게 기부를 하면 구원에 도움을 줄 것이다. 루터는 이런 일은 도움이 되지 않는다고 말했다. 죄 많고 타락한 우리가 어떤 일을 하든, 그것이 어떻게 하느님을 만족시킬 수 있겠는가? 우리가 할 수 있는 유일한 것은 믿는 것이며, 믿음을 지닌다면 구원받게 될 것이라고 하느님께서 약속하셨다는 게 루터의 주장이었다.

이것은 일종의 스스로 믿는 종교다. 여러 세기에 걸쳐서 교회가 설립해 놓은 그토록 거대한 기구는 쓸데없는 것이라고 말하는 것이다. 루터의 주장은 로마에서는 잘 수용되지 않았다. 교황은 루터의 비판과 구원에 대한 그의 새로운 해석을 거부했다. 루터는 교황을 공개적으로 맹렬히 비난하는 것으로 맞섰다. "이 사람은 자신이 누구라고 생각하는가? 그는 지상에서 그리스도의 대리인이라는 이야기를 듣지만 사실 그리스도의 적, 적그리스도다. 그는 화려하게 생활하고, 3중관을 쓰고 있으며, 그의 앞에 가면 당신은 그의 발에 입을 맞추어야 하고, 그가 움직일 때는 시종들이 어깨 높이로 들어서 옮긴다. 그렇지만 우리는 그리스도가 걸어서 돌아다니셨다는 사실을 성서를 통해서 알고 있다." 성서는 루터의 교회 비판에서 핵심이었다. 어떤 것이 성서에 나와 있지 않다면 교회가 그것을 주장하거나 실행하는 것은 정당화되지 않았다. 성서가 유일한 권위였다. 로마와 단절한 이후에 루터가 처음 한 일은 성서를 독일어로 번역하는 일이었다. 그래서 모든 사람이 그것을 읽고 자기 자신의 구원을 관리하는 사람이 될 수 있게 했다.

프로테스탄트 종교개혁은 교리와 관행을 성서에 기초하게 함으로써 교회를 개혁하려는 운동이었다. 그것은 초기 교회의 삶을 회복하기를 원했다. 종교개혁의 메시지는 이러했다. "기독교는 로마의 것이 아니다."

루터는 어떻게 이단자로 몰려 화형당하는 것을 피했을까? 몇 가지 이유가 있다. 그중 하나는 인쇄술의 발명이었다. 교회에 대한 루터의 모든 비판과 고발이 바로바로 인쇄되어 유럽 전역으로 널리 유포되었다. 인쇄술은 새로운 발명품으로, 루터가 교회에 대한 공격을 시작했을 때는 인쇄술이 발명된 지 고작 50년이 지난 후였다. 교황이 루터를 무너뜨리기 위해 조직을 꾸리기 전에 모든 사람이 이미 그의 비판 글을 읽고 있었다. 예전에 여러 차례 있었던 것처럼 한 나라 안에서 아주 소수의 추종자들만 있는 이단자가 아니었다. 루터는 아주 빠르게 국제적인 추종 세력을 확보했다.

루터가 살아남은 또 다른 이유는 독일 제후들 가운데 일부가 로마에 대한 그의 공격을 환영했다는 사실이다. 당시 독일은 한 나라가 아니라 여러 국가들의 모임이었다. 그래서 프랑스나 잉글랜드처럼 통일된 나라에서보다 교회의 영향력이 더 컸다. 교회는 엄청난 양의 토지를 소유했는데, 어떤 지역에서는 거의 절반을 차지하고 있었다. 그리고 교회는 사람들로부터 거액의 돈을 거두어들였으며 교황은 제후들에게 발언권을 주지 않은 채 주교를 임명했다. 제후들은 루터를 따름으로써 교회의 토지를 장악할 수 있었고, 주교를 직접 임명할 수 있었으며, 로마로 돈이 유출되는 것을 막을 수 있었다. 그들은 기꺼이 루터의 보호자가 되었으며 그들의 지역에서 루터파 교회가 시작되었다. 독일의 절반 정도에서 루터파 교회가 설립되었고 루터교는 독일에서부터 북쪽으로 스웨덴, 덴마크, 노르웨이로 확산되었다. 잉글랜드는 자체의 프로테스탄티즘 형태인 잉글랜드 국교회를 채택했다.

얼마 지나지 않아 로마교회에 대한 경쟁자들이 여럿 생겨났다. 프로테스탄트 교회들은 나라마다 몇 가지 상이한 형태를 취했다. 그 교회들은 자신의 나라 안에서 자족적인 국가 교회였으며 그에 반해 가톨릭교회는 국제적인 조직이었다. 루터와 다른 종교개혁가들의 장려에 따라 사람들이 스스로 성서를 읽기 시작하자마자 그들은 곧 루터역시 비판받을 수 있는 근거를 발견했다. 성서를 해석하고 믿음을 규제할 중앙 권력이 더는 존재하지 않았기 때문에 프로테스탄트 운동은 새로운 교회들을 파생시키고 있었다.

가톨릭교도와 프로테스탄트들은 100년이 넘게 서로 싸웠는데, 문자 그대로 서로 싸웠다. 저마다 다른 쪽을 완전히 잘못된 것으로 생각했다. 다른 유형의 기독교도나 비기독교도로 간주하지 않고 반기독교도 그러니까 진정한 교회의 적으로 간주했으며 진정한 교회는다른 쪽이 제거되어야만 지킬 수 있다고 생각했다. 이렇게 살의를 품은 교리는 살육을 초래했다. 가톨릭교도나 프로테스탄트가 하느님에게 극도로 모욕적이며 이 땅의 교회에 손상을 입히는 교리를 전도하게 내버려 두기보다는 그들을 살해하는 것이 더 나았다. 그러나 100년동안 싸우고도 어느 한쪽이 승리하지 못한 후, 양쪽은 오랜 휴전 상태에 도달했으며 서서히 관용이라는 관념이 생겨났다. 맨 먼저 프로테스탄트 국가와 가톨릭 국가가 있을 수 있다는 사실이, 그다음에는크게 도약하여 여러 종류의 기독교도들이 한 나라 안에서 평화롭게살 수 있다는 사실이 받아들여졌다. 이것은 프로테스탄트들과 가톨릭교도 모두 처음에는 믿지 않던 것이었다.

르네상스와 종교개혁은 양쪽 모두 회고적인 운동으로 하나로 주조되고 있는 혼합물에서 한 부분을 떼어 내려고 하고 있었다. 르네상스

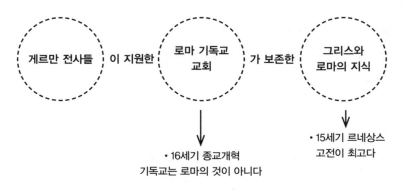

게르만 전사들 이 지원한 로마 기독교 교회 가 보존한 그리스와 로마의 지식

• 16세기 종교개혁
기독교는 로마의 것이 아니다

• 15세기 르네상스
고전이 최고다

16세기 유럽 문명의 변화

는 그리스와 로마의 지식을 되돌아보고 있었다. 프로테스탄트 개혁가들은 교회가 로마적 구조를 취하기 전의 기독교 교회를 되돌아보고 있었다. 가톨릭교회는 두 운동에 중심이 되는 문서들을 깊숙이 보관하고 있었다. 가톨릭교회가 보존한 그리스와 로마의 지식으로 르네상스는 교회의 지적 권위에서 벗어났다. 가톨릭교회가 만들고 신성시한 성서로 프로테스탄트 개혁가들이 가톨릭교회의 신학과 통일성을 붕괴시켰다.

▌근대과학과 진보

우리는 이제 유럽 문화가 미래 지향적으로 변화하는 과정을 보아야 한다. 시간이 흐르면 사태가 더 좋아질 것이라는 진보를 믿는 것은 너무 낙관적이라 이상해 보이기도 하다. 그런데 어떻게 유럽 문화가 진보를 믿게 되었을까? 진보에 대한 믿음은 17세기 과학혁명의 결과로 생겨났다. 17세기는 우리의 근대과학이 시작된 시기다.

17세기 초에 우주와 우주의 작동 방식에 대한 권위는 여전히 그리스인들이 가지고 있었다. 그들의 핵심적인 가르침은 지구가 우주의 중심이며 달과 태양을 포함한 다른 모든 행성들은 지구 주위를 돈다는 것이었다. 그리스인들에 따르면 지구는 가만히 정지해 있고 움직이는 것처럼 보이지 않았다. 과연 어떤 힘이 지구를 움직일 수 있을까? 지구는 고정되어 움직이지 않으며 순수하지 않은 영역으로 인식했다. 지구상의 사물은 변화하고 쇠퇴하는 반면에 하늘은 순수하고 완전하고 변하지 않는 영역이다. 왜 행성들은 원을 그리며 돌까? 원이 완전한 형태이기 때문이다. 그리스 기하학의 학설 가운데 하나가 '완전한' 형태가 존재한다는 것이었다. 정사각형이나 원이 그 완전한 형태였다. 그래서 행성들은 원을 그리며 돌고 이것은 완전한 영역이기 때문에 외부의 힘을 필요로 하지 않는다. 행성들은 완전한 원형의 조화를 이루며 회전하고 있다.

17세기에 들어서서 이런 견해는 지금 우리가 진리라고 여기는 사실

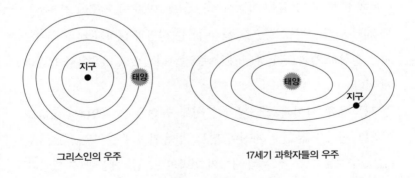

그리스인의 우주   17세기 과학자들의 우주

우주관의 변화

에 의해 전복되었다. 태양이 체계의 중심에 있다. 행성들은 태양의 둘레를 도는데, 원이 아니라 타원을 그리며 돈다. 지구는 태양의 주위를 도는 행성 중에 하나이며 지구 주위에는 달이 돌고 있다. 이 체계는 단일 체계다. 불순한 지구와 순수한 하늘이라는 분리된 영역들은 사라졌다. 전체적으로 완전히 하나의 체계라서 하나의 법칙 또는 한 계열의 법칙들이 모든 것을 설명한다.

지구와 태양을 움직이게 하는 것은 무엇인가? 뉴턴은 우주에 있는 모든 것은 다른 어떤 것이 그것에 힘을 작용하지 않으면 계속해서 직선 운동을 할 것이라고 말했다. 언제나 존재하는 어떤 것은 우주에 존재하는 다른 모든 물체 사이에 끌어당기는 힘으로 존재한다. 모든 물체는 서로 끌어당기고 있어서 이 책은 지구로 이끌리고 있고, 달은 지구로 이끌리고, 지구는 태양으로 이끌리고 있다. 지구 표면 위의 물은 지구와 달 사이에서 끌어당기는 힘의 변화 때문에 올라갔다 내려갔다 하면서 밀물과 썰물이라는 현상이 생긴다. 하나의 체계가 모든 물질을 조화시키고 있다. 우리는 이제 행성들이 왜 그런 식으로 움직이는지 밝힐 수 있다(오른쪽 페이지의 그림을 참고하라). 지구에 작용하는 두 개의 힘이 있다. 직선으로 움직이려는 성향과 태양과 서로 끌어당기는 성향의 결과로 행성은 태양 주위를 타원으로 기울여서 회전하게 된다.

모든 물체 사이의 끌어당기는 힘에 뉴턴은 '만유인력gravitation'이라는 명칭을 붙였고 자신이 만든 '만유인력의 법칙Universal Law of Gravitation'으로 모든 두 물체 사이의 인력의 크기를 계산할 수 있었다. 이 법칙은 물체의 질량과 거리 그리고 만유인력 상수를 가지고 수학

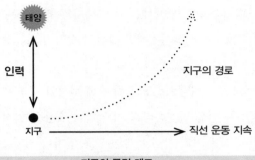

태양

인력

지구의 경로

지구

직선 운동 지속

지구의 공전 궤도

방정식 하나로 표현할 수 있다. 인력의 크기는 물체가 클수록 증가하는 정비례 관계이며 거리가 증가할수록 더 약해지는 반비례 관계다. 따라서 인력은 두 물체의 질량이 커지면 증가하고 둘 사이의 거리가 멀어지면 감소한다. 여기서 거리는 멀어지면 제곱만큼 약해져서, 거리가 2배가 되면 힘은 4배로 약해진다. 공식은 아래와 같은데, 아마도 이 책에서 내가 당신을 성가시게 만드는 유일한 방정식일 것이다. 뉴턴은 지구와 태양 사이의 인력을 측정하기 위하여 이 공식을 사용했다.

뉴턴의 방정식은 수학이 과학의 중심이라는 것과 세계는 단순하며 세계를 지배하는 법칙은 수학적 형태일 것이라는 그리스인의 직감이

만유인력의 법칙

$$F = G \times \frac{m_1 \times m_2}{r^2}$$

F: 두 물체 사이의 인력의 크기
G: 만유인력 상수
m_1: 첫 번째 물체의 질량
m_2: 두 번째 물체의 질량
r: 두 물체 사이의 거리

사실로 판명되었음을 상기시킨다. 17세기 과학자들은 우주에 대한 그리스인의 지식을 전복시켰지만 그들의 수학 방법을 가지고 그렇게 했다.

우리가 있는 곳, 태양으로부터 세 번째 행성인 지구 위에서 전체 체계가 작동하는 법을 발견하다니 이 얼마나 훌륭한 업적인가! 인간들이 우주의 중심에 자기 자신을 놓는 것은 얼마나 자연스러운 일인가. 감각의 증거를 따르고 그래서 지구는 정지해 있다고 추정하는 것은 얼마나 자연스러운 일인가. 격조 높은 그리스인들의 지식을 존경하는 것은 얼마나 지당한 일인가. 이 모든 자연스러운 경향에도 불구하고 17세기에 과학은 승리를 이루었다.

과학혁명의 메시지는 그리스인들이 틀렸다는 것이었다. 고전에 대한 크나큰 존경이 깨졌다. 우리는 그리스인들에 필적하는 것을 넘어

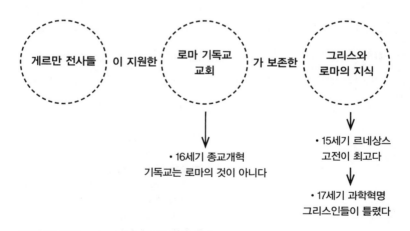

17세기 과학의 등장

서 그들보다 더 잘했다. 우리는 그들을 능가했다!

이 과학자들은 얼마나 총명했던가. 그런데 그 총명함이 그들을 어디로 데리고 갔는가? 과학자들은 인간이 주변적인 존재이며, 우주의 중심에 있지 않다는 사실을 발견했다. 이것이 서양 세계가 공통적으로 처한 곤경이다. 우리는 아주 총명하지만 하찮은 존재라는 사실을 계속해서 발견하고 있다. 찰스 다윈Charles Darwin이 인간과 원숭이가 공통의 조상을 지니고 있다는 견해를 제기한 19세기에는 사태가 더욱 악화되었다. 이 주장은 인간과 인간의 추론 능력을 더 강등시키는 것이었다. 우리는 우주의 중심에 있지 않고, 특별한 창조물이 아니며, 우연한 일들의 체계에 의해 동물의 왕국에서 계통을 이어받은 후손들이다.

프로테스탄트 교회와 가톨릭교회 양쪽 모두 태양이 우주의 중심이며 지구는 그 주위를 회전한다는 새로운 학설에 반대했다. '하나님'이 지구를 창조했으며, 그다음에 하늘에 태양과 달과 별들을 올려놓으셨다고 성서에 나와 있었다. 그렇지만 결국 교회는 항복하고 과학자들이 옳다고 선언해야 했다. 마찬가지로 다윈과도 논쟁하다가 항복을 선언했는데, 두 경우 모두 교회는 권위에 큰 손상을 입었다.

▍계몽주의: 이성의 발견

과학혁명 다음 세대는 과학혁명의 발견들이 인간의 의미를 축소시켰다고 생각하지 않았다. 반대로 이성으로 전체 체계가 어떻게 작동하는지 이해하고 수학으로 정확하게 기술할 수 있다면, 이성을 사용해서 앞으로 더 나아갈 수 있을 것이라고 생각했다. 그리고 이성이 인간의 삶에 영향을 미칠 수 있으며 그로 인해 삶이 완전히 몰라볼 정도로 개선될 수 있다고 생각했다. 이성을 최고의 권력으로 만들려는 이러한 바람이 계몽주의, 즉 사회 개혁, 정부, 도덕, 신학에 이성을 적용하는 것을 목표로 한 18세기 지적 운동에 활기를 불어넣었다.

계몽주의는 프랑스에서 시작되었으며 그곳에서 가장 강력했다. 계몽주의 시대의 학자들은 세계를 무지와 미신이 지배하는 곳으로 보았다. 그 사회에서 두 가지 거대한 비이성적인 세력은 가톨릭교회와 왕, 즉 프랑스 절대군주였다. 교회와 왕은 인민의 무지에 의존하여 그들의 지위를 유지했다. 교회는 인민이 규율을 지키도록 만들기 위해서 기적 이야기와 지옥에서 당할 영원한 형벌 이야기를 퍼뜨렸다. 왕들은 자신이 하느님에 의해 임명되었으며, 왕의 권위에 이의를 제기하는 것은 불경한 짓으로 복종하는 것 말고는 다른 도리가 없다는 주장을 퍼뜨렸다. 계몽주의 시대의 인물들 가운데 어떤 이는 계몽주의의 계획을 다음과 같이 요약했다. "나는 마지막 성직자의 내장으로 목졸려 죽은 마지막 왕을 보고 싶다." 물론 이 말은 의심할 여지없이 극단적인 견해다.

계몽주의는 혁명운동이나 정치적 운동이 아니었다. 계몽주의는 이성과 교육이 확산되면 미신과 무지가 사라지고, 사람들이 기적 혹은 왕은 하느님의 재가를 받아 통치하는 것이라는 허튼소리를 믿지 않게 될 것이라고 확신한 학자, 작가, 예술가, 역사가들의 무리였다. 일단 당신이 사람들을 가르치기만 한다면, 계몽이 뒤따를 것이다. 그러나 계몽주의의 주도적인 인물들은 민주주의자가 아니었다. 그들은 계몽된 통치자가 이성이 지배하는 사회를 위한 계몽주의자들의 계획을 시행하는 것을 아주 만족스럽게 바라보았다. 세간에서 이야기하는 것처럼 18세기 유럽의 군주들 가운데 몇몇은 계몽된 전제군주들이었다. 그들은 야만적인 형벌과 고문을 없애고 자신의 법률을 성문화했다. 인민의 교육에 관해서 무언가를 하기 시작했다.

프랑스 계몽주의의 위대한 업적은 백과사전을 제작한 것이다. 이 방대한 규모의 백과사전은 첫 번째 근대적인 백과사전으로 오늘날 우리가 백과사전에 대하여 생각하는 것처럼 저명한 학자들이 작성하고 고루한 권위를 지닌 것이 아니었기 때문에 주목할 만하다. 이 책은 모든 것에 이성을 적용했으며 지식 내부에 그 어떤 계층적 분류도 하지 않았기 때문에 급진적인 백과사전이었다. 즉, 교회가 좋아할 듯한 신학과 하느님으로 시작하지 않았다. 이 백과사전에서 하느님을 찾으려면 어디를 보아야 할까? D항목(하느님*Dieu*)이다. ABC순 색인으로 지식을 정리했는데, 이렇게 만드는 행위가 교회와 지고의 진리를 갖추고 있다는 교회의 주장에 대한 저항이었다. 모든 지식이 동일한 방식으로 다루어졌으며 모든 것이 동일한 시험을 받았다. 예배에 관해서 백과사전은 다음과 같이 충고했다. "진정한 하느님을 숭배하는 방법은 결코 이성에서 벗어나지 말아야 한다. 하느님은 이성의 창조자이기 때문이다."

편집자들은 교회나 왕을 직접적으로 공격하는 것을 매우 조심해야만 했는데, 18세기 프랑스에서는 여전히 검열제도가 가동되고 있었기 때문이다. 물론 검열관이 작업에 공감하고, 자신의 집에 다음 판본을 위한 도판을 숨기기에 가장 안전한 장소가 있다는 제안을 한 경우가 있기는 하다. 노아의 방주가 어떻게 설명되고 있는지를 보면 백과사전이 어려운 영역을 어떻게 처리했는지 알 수 있다. 설명은 노아의 방주가 얼마나 컸는지를 질문하는 것으로 시작된다. 틀림없이 대단히 컸을 것이다. 유럽의 동물들을 각각 두 마리씩 수용했을 뿐 아니라 다른 지역의 동물들도 그렇게 실어야 했다. 동물들뿐인가. 오랜 기간 방주에 머물면서 살아남기 위해서는 그 동물들이 먹을 사료가 필요하다. 사자들을 먹이기 위해서는 양 두 마리로 충분하지 않았을 것이다. 수백 마리의 어린 양이 있어야 했을 것이다. 그러니 아주 거대한 배였음에 틀림없는데 성서에 따르면 그 배를 만든 사람은 오직 네 명뿐이다. 그들은 아주 크고 강한 사람들이었음에 틀림없다! 백과사전은 마치 성실하게 조사를 수행하는 것처럼 하면서 그 이야기가 불합리하다는 것을 보여 주었다.

계몽주의 시대의 사람들이 우주가 시작될 때 창조주나 추동자로서 하느님의 존재에 대해 반드시 이의를 제기한 것은 아니었다. 계몽주의자들은 자신들이 미신이라고 부른 것과 교회가 사람들의 정신을 통제하기 위하여 미신을 이용하는 방법에 반대했다. 그들은 교회가 사람들에게 순종하지 않으면 지옥 불에 떨어질 것이라고 말하는 것을 싫어했다. 계몽주의의 메시지는 이러했다. "종교는 미신이다." 따라서 한때 유럽 문명의 중심이었던 종교는 무대에서 사라져야 한다. 이성이 그 자리를 대체할 것이다. 우리가 이성과 과학을 추구한다면 진보가 있을 것이다. 어둠에서 나와 빛을 향하여 가는 움직임이었다.

진보는 새로운 관념이었다. 고대인들은 진보를 믿지 않았다. 그들은 성장과 쇠퇴의 순환이 있다고 믿었고, 제도와 사회는 젊어서는 신선하고 왕성하지만 그다음에 부패의 과정이 시작된다고 믿었다. 역사

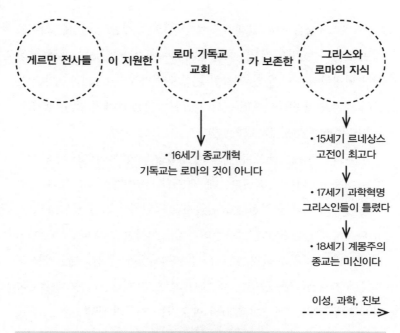

는 순환할 것이었다. 교회는 진보를 믿지 않았거나, 아니면 적어도 하느님으로부터 독립적인 인간의 노력에 의한 진보를 믿지 않았다. 교회는 인간이 근본적으로 사악하다고 믿었기 때문이다. 오직 이성에 의해서만 인도되는 인간은 결코 완전한 사회를 생산할 수 없다고 생각했다.

▌낭만주의와 민족주의

계몽주의의 이념은 18세기 말 프랑스혁명에서 시험을 치렀다. 이성이 할 수 있는 것에 대해 큰 기대를 걸었던 사람들에게는 애석한 일이지만, 프랑스혁명은 왕과 교회가 일소된 새로운 계몽의 시대를 가져오지는 못했다. 혁명은 유혈 사태, 전제정치, 독재 정권을 초래했다. 하지만 혁명이 일어나기 전, 기묘한 혼합물의 마지막 요소, 게르만 전사들이 묶여 있던 밧줄로부터 풀려나왔다. 이것은 18세기 말, 19세기 초의 낭만주의 운동과 함께 발생했다.

낭만주의 운동은 감정, 정서, 모든 정념을 믿었다. 이 점에서 낭만주의는 계몽주의와는 정반대였는데, 계몽주의는 이성을 신뢰했다. 낭만주의는 유럽 전역에 걸친 운동이었지만 독일에서 가장 강력했고, 가장 완전하게 발현되었다. 낭만주의자들은 이성이 우리의 정서와 정념을 통제하는 것을 원하지 않았다. 그들은 위대한 작가나 예술가는 고전에서 가져온 낡은 주제를 세련된 방식으로 재생산하는 사람이 아니라고 생각했다. 대신에 작가나 예술가는 자신의 내면을 드러내고, 자신의 격정과 고통과 절망을 전면에 내세워야 한다. 예술은 감성적이고, 표현하며, 고도로 격정적이어야 한다.

이러한 독일적 이념은 계몽주의의 프랑스적 이념에 대한 의식적인 반발에서 발전했다. 독일 사람들은 인류는 그가 속한 나라에 따라 다르기 때문에 인간과 사회를 추상화해서 이야기할 수는 없다고 선언했다. 낭만주의 작가들의 이야기에 따르면, 우리는 우리의 언어와 역사에 의해서 형성되었고 그것들은 우리 안에 깊이 새겨져 있다. 그래서 자신만의 역사와 자체의 언어를 가지고 있는 독일 사람들은 프랑스인들과는 항상 다를 것이다. 프랑스 살롱의 지식인들이 믿고 있는 보편 이성 같은 것은 없다. 우리는 독일인이고, 독일인이 되게 하는 독일성이 무엇인지 알아내기를 원한다. 독일 낭만주의 작가들은 게르만 전사들이 문명과 혼합되고 로마와 기독교와 혼합되기 전에는 어떠했는지를 알고 싶어 했다. 그들은 여러 요소의 혼합에서 게르만족을 떼어 놓고 있었다. 낭만주의자들은 이 숲속의 사람들, 그들의 활력과 생명력, 미숙함을 좋아했고, 나약한 지식인들을 따르고 싶어 하지 않았다. 토지와 긴밀한 관계를 가지며 살았던 게르만족, 독일인이 어떤 사람인지를 알고 있었던 게르만족을 존경했다.

근대적으로 문화를 바라보고 존중하기 시작한 것은 바로 이 시점, 즉 지식인들이 처음으로 민속 문화를 수집하기 시작했을 때다. 건방진 프랑스 지식인들이 이성에 대해 재잘거릴 때 그에 대한 대답은 부츠를 신고 도보 여행을 떠나는 것이었다. 가서 독일의 인민이 되고, 농민이 되어, 그들의 이야기와 노래를 기록하라. 그곳에서 진정한 계몽을 발견하게 될 것이다. 낭만주의의 메시지는 이러했다. "문명은 인위적이다." 그리고 문명은 우리를 속박하고 억누른다. 제대로 된 삶은 전통문화 안에서 가능하다.

이러한 견해는 이후 서양 사회에서 견고한 위치를 점해 왔다. 1960년대에 인위적인 문명에 대해 저항하는 거대한 폭발이 있었다. 이 움직임이 취한 한 가지 형태는 해방에 대한 간절한 요구다. 어떠한 규칙도 만들지 말자, 단순하고 솔직하고 소박하게 살자, 자신의 먹거리는 자신이 재배하고 자신의 옷은 자신이 만들자. 머리를 기르자, 공동체 생활을 하자, 자신의 감정에 솔직하고 서로를 솔직하게 대하자. 그리고 노동자나 농민이나 '고결한 야만인들'처럼 더욱 믿을 만한 사람들에게서 삶의 방식을 차용해 오자.

또한 낭만주의 작가들은 민족주의에 공식적인 사고, 즉 이데올로기를 제공했고 민족주의는 여전히 근대 세계에서 막대한 영향력을 지니고 있다. 민족주의는 자신만의 문화와 언어를 지니고 있는 뚜렷이 구별되는 사람들이 함께 살면서 자기들만의 정부를 지녀야 한다고 선언한다. 어떻게 해야 좋은 정부에 기여할 수 있는지 추상적인 결론을 이끌어 내는 것만으로는 충분하지 않다. 정부가 자기 국민의 정부가 아니라면 좋은 정부일 수 없다. 세르비아 사람들은 함께 살면서 세르비아 정부를 지녀야 한다. 크로아티아 사람들은 함께 살면서 크로아티아 정부를 지녀야 한다. 세르비아 사람과 크로아티아 사람이 함께 사는 나라는 세르비아 사람과 크로아티아 사람으로서 우리가 우

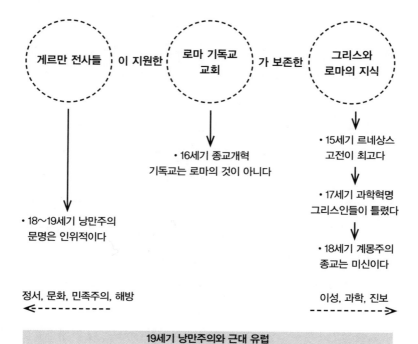

19세기 낭만주의와 근대 유럽

리 자신을 완전히 표현할 수 없다는 사실을 의미할 것이다. 세르비아 사람의 본질은 자신만의 국가를 가지지 못한다면 꽃피울 수 없다. 이 것이 민족주의 이데올로기다.

낭만주의 운동은 정서, 문화, 민족주의 그리고 해방을 믿었고 이것 은 이성, 과학, 진보와 반대로 향하는 움직임이었다.

▌근대 유럽의 그림자

우리의 도표가 완성되었다. 당신은 이제 1400년 이후에 일어났던 일 들을 볼 수 있다. 교회는 중세 시대에 문명의 중심에 있었는데 교회가 있던 중앙 자리에 빈틈이 생겼다. 르네상스, 종교개혁, 과학혁명, 계몽 주의, 낭만주의 운동 이 모두가 상이한 방식으로 교회의 권위를 약화 시켰다.

교회, 즉 가톨릭교회는 오늘날에도 여전히 얼마간의 권위를 지니 고 있다. 그래서 만약 당신이 계몽된 사람이라면 교황을 공격하는 일 이 여전히 그럴 만한 가치가 있다고 생각할지 모르겠다. 지금 시대에 서 교육받은 사람들은 산아제한이 필요하다고 믿지만, 교황은 그것 이 하느님의 가르침에 반하는 것이며 실용적이라는 이유로 정당화할 수 없다고 말한다. 서양의 가톨릭교도 대부분이 이 문제에 관해 교황 의 말을 무시하고 있지만 그래도 산아제한은 옳지 않은 것이다. 그러 나 대체로 우리는 거대한 세속화의 과정을 따라왔다.

쌍둥이처럼 한쪽에는 과학과 진보, 다른 한편에는 정서와 해방이라 는 두 힘이 매우 강력하게 작용하고 있다. 두 힘은 서로를 강화시키기 도, 반대편에 서기도 한다. 어떻게 이 힘들이 아직도 우리를 갈라놓고 있는지 생각해 보라. 먼저 인류의 창조에 대해 성서는 어떻게 설명하는지 보자.

여호와 하나님이 땅의 흙으로 사람을 지으시고 생기를 그 코에 불어넣으시니 사람이 생령이 되니라. 여호와 하나님이 동방의 에덴에 동산을 창설하시고 그 지으신 사람을 거기 두시니라. (…) 여호와 하나님이 이르시되 사람이 혼자 사는 것이 좋지 아니하니 내가 그를 위하여 돕는 배필을 지으리라 하시니라. (…) 여호와 하나님이 아담을 깊이 잠들게 하시니 잠들매, 그가 그 갈빗대 하나를 취하고 살로 대신 채우시고, 여호와 하나님이 아담에게서 취하신 그 갈빗대로 여자를 만드시고 그를 아담에게로 이끌어 오시니. 아담이 이르되 이는 내 뼈 중의 뼈요 살 중의 살이라 이것을 남자에게서 취하였은즉 여자라 부르리라 하니라. 이러므로 남자가 부모를 떠나 그의 아내와 합하여 둘이 한 몸을 이룰지로다.

내가 생물학과 진화론을 빼고 성서의 설명을 학교에서 가르치자고 제안한다면 당신은 어떻게 하겠는가? "절대로 안 돼"라고 말할 것이다. 당신은 계몽되고 진보적인 사람이기 때문이다. 이것이 우리가 이야기하고 있는 교육이다. 만약 부모가 자식들에게 성서의 설명을 알려 주고 싶다면 직접 이야기할 수 있다. 그러나 학교에서 생물학과 진화론을 가르치면서 기독교적 설명도 가르친다면 어떨까? "절대로 안 돼." 과학은 우리가 동물에서 진화했으며 그것이 우리가 가르칠 수 있는 전부임을 보여 준다. 사방에 정신 나간 창조론자들이 있어서 그들에게 학교로 들어올 기회를 열어 줄 만한 여유가 없다.

이제 다른 이야기를 읽어 보라. 오스트레일리아 원주민 이야기다.

예전에 조카를 끔찍이 사랑한 노인이 있었다. 그의 조카는 젊은 여인과 사랑에 빠져서 함께 먼 나라로 떠나 버렸다. 그 여인이 부족의 노인 중 한 사람과 결혼하기로 약속되어 있었기 때문에 부족의 원로들이 두 사람을 뒤쫓았다. 그들은 젊은이를 창으로 찔러 죽였다. 노인은 자신이 사랑한 조카의 죽음을 전해 듣고 몹시 슬펐다. 나이 든 몸이지만 시신을 집으로 가져오기 위해 집을 떠났다. 그는 늙었고 조카는 장성한 청년이라 시신은 큰 짐이었다. 하지만 그는 기어코 그 일을 해내어, 시신을 집으로 가져와 제대로 묻어 주었다.

당신은 그 노인이 걸어간 길을 따라가며 흔적을 발견할 수 있다. 그가 멈춰 서서 모래 바닥에 시신을 내려놓았던 곳은 샘이 되었다. 그리고 바위 지대에 시신을 내려놓았던 곳은 노인의 눈물로 채워진 작은 바위 웅덩이가 되었다.

전통 오스트레일리아 원주민들은 마법의 세계에서 살고 있다. 영토의 모든 곳이 그들의 조상과 현재 자신들의 삶을 연결시켜 주는 이야기를 가지고 있다. 당신은 이런 이야기들이 보존되어야 한다고 생각하는가? 당신은 "네" 하고 대답할 것이다. 원주민 어린아이들에게 가르쳐야 할까요? "네, 물론이죠." 학교에서 가르쳐야 할까요? "네." 그래서 이 이야기들을 학교에서 가르치고 있다.

그런데 내가 계몽주의적인 인간의 역할을 수행하기 위해 "어린아이들이 샘과 바위 웅덩이의 발생에 대해서 배우고 싶다면, 지질학을 공부해야 한다"고 말하면 어떨까?

당신은 이렇게 대답할 것이다. "뭐라고요? 요점이 그게 아니잖아요."

내가 계속 계몽주의적 인간인 척하면서 "오스트레일리아 원주민들은 어둠과 마법의 공포 속에서 살았다"라고 말하면 아마 더 들으려 하지 않을 것이다. 당신은 마법에 걸려 있다. 오스트레일리아 원주민은 더 완전하고 건강에 좋은 자연적인 삶을 살고 있는 것처럼 보인다. 당신은 낭만적인 감정에 빠져 있다.

분열되고 모순된 것 아닌가? 당신은 아이들을 위해서 그들이 과학만 배우길 원하면서도, 전통적인 믿음이 붕괴되지 않은 채 과학 없이 살아가는 사람들을 부러워하는 것처럼 보인다.

찢어지고, 분열되고, 혼란을 겪는 것이 우리의 운명이다. 다른 문명들은 세 요소가 기묘하게 혼합된 문명이 아니라 단일한 전통을 지니고 있다. 그러한 문명들은 우리가 도덕적·지적 삶에서 겪고 있는 소란과 전도, 혼란을 경험할 여지가 그리 크지 않다.

우리는 아주 많이 혼합된 부모에게서 나왔으며 우리가 고향이라고 부를 수 있는 장소는 아무 데도 없다.

고전은 어떻게 최고가 되었나

르네상스 시대 학자, 저술가들은 그리스와 로마의 예술, 문학, 지식에 필적할 수 있을지는 몰라도 결코 능가할 수 없을 것이라고 생각했다. 그래서 그것을 고전 즉, 최고라고 불렀다. 두 세기 동안 사람들은 근대인들의 성취에 반하는 것으로서 고대인들의 업적에 대해 논쟁했다. 그 논쟁은 그리스 과학이 태양, 지구, 행성들, 별들에 대해서 틀렸다는 사실이 드러난 17세기에 해결되었다. 그때부터 고전에 대한 존경은 줄어들고 우리 근대인들이 성취할 수 있는 것에 대한 희망이 증대되었다. 하지만 몇몇 분야에서 우리의 출발점은 여전히 그리스와 로마의 저술가들이다. 이 거장들을 보고 있으면 아직도 '고전적 감수성classic feeling'을 얻을 수 있다.

■ 소크라테스

아테네의 위대한 철학자 소크라테스Socrates, 플라톤Plato, 아리스토텔레스Aristotle는 철학에서 거대한 세력이다. 모든 서양철학은 플라톤에 대한 각주라는 이야기도 있다. 이 세 사람은 밀접하게 연결되어 있다. 소크라테스는 동료들과 토론하며 철학을 논했고, 플라톤은 소크라테스의 말을 기록했다. 그리고 아리스토텔레스는 플라톤의 제자였다.

소크라테스는 진리를 가르친다고 주장하지 않았다. 그는 진리에 이르는 방법을 제시했는데, 그 방법이라는 것은 근본적으로 모든 것에 대해 이의를 제기하고, 액면 그대로 받아들이지 않고, 통상적인 견해라고 해도 아무런 합리적인 토대를 지니지 않을 것이라고 추정하는 것이다. 소크라테스는 겉보기에 단순한 질문을 던졌다. 선한 사람이란 어떤 사람인가? 그의 동료들 가운데 한 사람이 대답을 하면 소크라테스는 그 답에 큰 결함이 있음을 보여 주었다. 그러면 이 사람이든 다른 누군가든 더욱 신중하게 다른 시도를 했을 것이다. 이의 제기가 이어지고 대화가 반복되면 논리는 더욱 다듬어질 것이다. 소크라테스는 정신이 맑고 예리하다면 진리에 도달할 수 있다고 믿었다. 당신이 진리를 찾아내거나 조사할 필요가 없다. 진리는 그저 존재하고 있어서 당신은 진리를 파악하기 위해 정신을 연마하기만 하면 된다.

이 방법에는 그의 이름이 붙어 있다. 바로 '소크라테스의 문답법'이다. 이 대화는 마치 대학에서 지도 교수와 면담하는 것처럼 보이는데, 지도 교수는 강압적으로 이야기하기 위해 있는 것이 아니라 학생들이 명확하게 생각하고 풍부한 토론을 하는 것을 돕는 역할을 한다. 그래서 다음과 같은 대화가 이루어진다.

지도 교수: 아만다, 혁명이란 무엇인가요?

아만다: 폭력으로 정부를 전복하는 것입니다.

지도 교수: 왕이 통치하는 국가가 있는데 왕의 동생이 그를 살해하고 자신이 왕이 된다면 어찌 되나요, 그것은 혁명인가요?

아만다: 아니오, 그렇지 않습니다.

지도 교수: 그렇다면 정부를 변화시키기 위해 폭력이 사용된 모든 경우가 반드시 혁명인 것은 아닌가요?

아만다: 네, 모든 경우가 혁명은 아닙니다.

지도 교수: 그렇다면 혁명을 하기 위해서는 폭력이 사용되는 것 말고 다른 무엇이 필요한가요?

이 방법에는 함정이 있다. 똑똑한 사람은 아는 게 별로 없어도 잘할 수 있다.

소크라테스, 플라톤, 아리스토텔레스는 기원전 5세기와 4세기에 민주정이었던 아테네에서 살았다. 그들은 모두 민주정치에 비판적이었고 소크라테스는 민주적인 아테네와 갈등을 겪었다. 그는 신들을 경시하고 젊은이들의 도덕관념을 타락시켰다는 이유로 재판에 회부되었다. 소크라테스는 자신은 그저 사람들이 맹목적인 믿음을 지니지 않도록 그들에게 질문을 던졌을 뿐 누구나 내 주장을 받아들여야 한다고 주장한 적이 없다고 변론했다. 그는 501명의 시민으로 구성된 배심원단에 의해 유죄로 판결을 받았지만, 표 차이는 크지 않았다. 배심원단은 어떤 형벌을 부과할지 결정해야 하는데, 기소 측은 사형을 요청했다. 보통 이 시점에 피고인은 사죄하고, 아내와 아이들을 앞세

우며, 관대한 처분을 바란다고 간청해야 한다. 소크라테스는 굽실거리기를 거부했다. 그는 이렇게 물었다. "사람들에게 정신적·도덕적 행복을 향상시키도록 고무한 사람에게 적합한 형벌이 무엇이겠는가? 평생 연금을 받는 것이다!" 당당한 그의 태도에 법정이 소란스러워졌다.

"여러분이 형벌로 추방을 부과할 수도 있지만, 한 도시에서 쫓겨나면 나는 그다음 도시에서도 똑같은 일을 할 것이다. 내가 어디에 살든지 이의를 제기하지 않고 살 수는 없다. 반성하지 않는 삶은 살 가치가 없다. 벌금을 부과한다고 해도 나는 낼 돈이 없다. 나는 부자가 아니다."

소크라테스의 이런 발언에 절망한 추종자들은 벌금도 대신 지불하겠다고 말했지만 배심원단은 사형을 선택했다.

보통 아테네에서 사형 집행은 바로 이루어지지만 이번 집행은 종교 축제 때문에 연기되었다. 소크라테스에게는 탈출할 시간이 충분했고 당국도 어느 정도는 그가 그렇게 하기를 바랐다. 그러나 그는 이 선택지를 거부하고 이렇게 말했다.

"영원히 살 수 없다면 목숨을 보존하려고 바둥거릴 이유가 무엇인가? 사는 것이 목적이 아니라 잘 사는 것이 목적이다. 나는 아테네의 법률 아래서 좋은 삶을 살아왔고 이제 내게 주어질 형벌을 받아들일 준비가 되었다."

그는 최후까지도 매우 철학적이었다. 사슬을 벗었을 때 "고통과 쾌락은 참으로 가깝구나" 하고 말했다. 처형 방식은 독미나리로 만든 독약을 그날 하루가 끝나기 전까지 마시는 것이었다. 동료들은 그에게 시간을 끌 것을 간청했지만 그는 자신이 삶에 집착한다면 스스로를 조롱거리로 전락시킬 뿐이라고 대답했다. 그는 싫은 기색도 없이 아주 평온하게 독약을 마셨다. 그리고 곧 숨을 거두었다.

나는 소크라테스의 죽음에 대해 이야기하면서 이 철학자에 공감하는 입장을 취했다. 그렇다면 여러분이 기소자 입장에 공감할 수 있도록 말하는 것이 가능할까? 기소자의 아들이 소크라테스의 철학 토론에 참석한 적이 있는데 중간에 그만두고 주정뱅이가 되었다. 기소자가 소크라테스는 위험한 인물이라고 말하는 게 옳지 않겠는가? 모든 것에 의문을 제기한다면, 사람들은 길을 잃고 말 것이다. 우리는 이성으로만 살 수 없다. 개인에게 방향을 제시해 주고 사회가 기능하려면 관습, 습관, 종교가 있어야 한다.

이것은 논쟁하기 어려운 주장이다. 우리 문화의 성향은 소크라테스를 지지하는 쪽이다. 항상 그랬던 것은 아니지만, 그의 죽음에 대한 플라톤의 설명이 살아남아 소크라테스를 질문의 수호성인으로 만들었다.

▌플라톤

플라톤은 여전히 철학에서 중요하게 다루는 문제의 출발점이다. 우리의 감각 경험이 실재에 이르는 진정한 안내자인가? 플라톤은 우리가 세상에서 보고 경험하는 것은 또 다른 영역, 고귀하고 영적인 세계에서 완전한 형태로 존재하는 것의 어렴풋한 표상에 지나지 않는다고 믿었다. 여기에 평범한 탁자들이 있지만, 다른 곳에 완전한 형태의 탁자가 있다. 옳음과 좋음 같은 추상적인 관념조차도 다른 곳에 완전한 형태로 존재한다. 인간은 완전한 형태가 존재하는 영역에서 왔고 이제 정신과 영혼을 통해 그 영역을 재발견해야 한다. 플라톤은 위대한 관념론 철학자였으며, 세계에 대한 유물론적 설명을 거부했다.

그는 상식적인 사람들은 자신의 가르침을 거부할 거라 생각해서 그들을 설득할 수 있는 대답을 제시했다. 그 답의 내용은 이렇다. 쇠사슬에 묶인 채 동굴에 갇혀 있는 사람들이 있다고 하자. 그들은 뒤쪽을 볼 수 없고, 오직 동굴 안쪽만을 볼 수 있다. 사람들 뒤쪽에는 길이 있고 위에 커다란 불이 있어서 불빛이 동굴 안을 비추고 있다. 사람이나 동물, 수레가 길을 따라 지나가면 불빛을 차단하기 때문에 그림자가 동굴 벽에 비춰진다. 쇠사슬에 묶인 사람들은 그림자만 보일 테니 그 그림자에 이름을 붙이고 그게 무엇인지 토론하고 추론할 것이다. 그림자들을 실재라고 생각할 것이다. 그런데 묶여 있던 사람들 중 한 사람을 동굴 밖으로 데리고 나온다면 어떨까? 그는 처음에는 빛 때문에 아무것도 보지 못하다가 차차 모든 것을 제대로 볼 수 있게 된다. 그림자가 아닌 색깔과 3차원을 지니는 물체들에 어리둥절하고 놀라면서 이렇게 말할 것이다. "하지만 저 동굴에서 우리가 생각한 것은……." 그렇다, 동굴에 있다면 당신은 진실을 볼 수 없다.

▌ 아리스토텔레스

플라톤의 제자인 아리스토텔레스는 자연 세계와 우주, 즉 지구와 천상의 영역들에 대한 지식을 체계적으로 정리한 인물이다. 아리스토텔레스의 대표적인 가르침인 '지구가 우주의 중심이다'는 17세기 과학혁명에서 전복되었지만 명료한 사고법에 대한 아리스토텔레스의 규칙은 살아남았다. 바로 연역적 삼단논법으로, 일반적인 진술과 특정한 진술 총 두 개의 전제로 시작해서 결론을 이끌어 낸다. 예를 들면 이렇다.

모든 고양이는 다리가 네 개다.
밀리건은 고양이다.
그러므로: 밀리건은 다리가 네 개다.

이것은 올바른 결론인가? 삼단논법이 올바른 결론을 내리기 위해서는 두 개의 전제가 참이고 논거가 타당해야 한다. 위의 예시에서 고양이들은 확실히 네 개의 다리를 가지고 있고 밀리건은 고양이라고 하자. 그러면 전제들은 참이다. 논거는 타당한가? 그렇다. 밀리건이 고양이라면, 그리고 모든 고양이가 네 개의 다리를 가지고 있다면, 밀리건은 분명 다리가 네 개다. 밀리건에 대해 타당하지 않은 주장은 이런 것이다.

모든 고양이는 다리가 네 개다.
밀리건은 다리가 네 개다.
그러므로: 밀리건은 고양이다.

전제들이 참일지라도 밀리건과 고양이 사이에 연결 고리가 없기 때문에 위의 결론은 올바르지 않다(밀리건은 개일지도 모른다). 주장은 타당하지만 올바르지 못한 결론이 나오는 경우도 가능하다. 전제 중 어느 하나가 참이 아닌 경우다. 보기를 들면 이러하다.

모든 고양이는 검정색이다.
밀리건은 고양이다.
그러므로: 밀리건은 검정색이다.

이 주장은 타당성이 있지만 첫 번째 전제가 참이 아니기 때문에 결론은 올바르지 않다. 삼단논법이 잘못된 추론을 했다면 그것을 알아채기 위한 공식적인 규칙이 있다. 그리스인들이 우리에게 합리적으로 생각하는 방식을 가르쳐 주었다고 말하는 이유가 바로 이것이다.

▌의학

현대 서양의학의 기원을 추적하면 그리스인들 특히 히포크라테스 Hippocrates에 이르게 된다. 히포크라테스는 아테네의 전성기인 기원전 5세기 사람으로, 후대 사람들이 방법론과 원칙에 따라 편집한 것이기는 하지만 저작들이 남아 있다. 그는 자연적 원인에 의해 질병이 생긴다고 가정하고 질병을 마술, 마법, 신의 개입으로부터 분리하고 이성을 적용해서 이해하려고 했다. 병의 경과와 사람들이 병에 감염되는 환경에 대하여 면밀하게 연구했으며, 질병이 발생하는 방식을 알아내기 위해 연구한 첫 번째 전염병학자다. 그는 의사들에게 자기 환자들의 안녕에 전념하는 도덕적이고 사려 깊은 사람이어야 한다는 막중한 책임감을 지웠다. 지금까지도 의대생들은 그가 만들었고 그의 이름을 딴 선서를 한다. 이름하여 히포크라테스 선서다. 이 선서를 보면 은연 중에 드러난 히포크라테스 시기의 의학 상태를 알 수 있다.

내가 선택한 섭생법은 나의 능력과 판단에 따라 환자를 이롭게 하기 위한 것이어야 하며, 환자에게 해를 입히거나 손상을 초래하는 것이어서는 안 된다. 나는 그 누가 요구해도 치명적인 약을 주지 않을 것이며, 그와 같은 조언을 해 주지도 않을 것이며, 특히 여성에게 낙태를 유발하도록 하는 행위를 하지 않을 것이다. 나는 어느 집이든 환자를 이롭게 하기 위해 방문할 것이며, 온갖 부정한 행위나 타락 행위, 특히 남자든 여자든 노예든 자유인이든 어떠한 성적 유혹 행위를 금할 것이다. 치료하는 중에는 물론이고 치료하지 않을 때조차도 사람들의 삶에 관해 내가 보거나 들은 것은 무엇이든 결코 발설해서는 안 되는 것으로, 나는 그러한 것들을 성스러운 비밀이라고 여기며 누설하지 않을 것이다. 나는 나의 삶과 나의 의술을 순수하고 경건하게 유지할 것이다.[6]

그러나 히포크라테스 역시 다른 그리스인들처럼 단순함을 추구하다가 중대한 오류를 저질러 서양의학을 부담스럽게 만들었다. 그는 신체의 건강은 네 가지 체액, 즉 혈액, 점액, 황담즙, 흑담즙이 균형을 유지하는 것에 달려 있다고 가르쳤다. 이로 인해 19세기까지도 피가 너무 많은 것이 병의 원인이라고 생각될 때는 거머리를 붙이는 치료법이 허용되었다. 이런 점에서 히포크라테스는 너무나 오랫동안 고전으로 받아들여졌다.

---

6) 현재 우리가 알고 있는 히포크라테스 선서와 약간 차이가 있다.

법학

거의 모든 지식 분야에서 로마인들보다 그리스인이 뛰어났지만 법학 분야에서는 그렇지 못했다. 로마법은 판사들의 판결과 법률 전문가들이 단 주석으로 구성되어 있다. 로마인들은 그리스인들보다 더욱 현실적인 사람들이었지만, 법학적 사고법에 있어서는 그리스인들보다 더 이상주의를 추구했다. 그들은 자신이 정복한 민족들의 법률을 검토하면서 공통점을 찾는 데 관심을 가졌다. 모든 사람이 동의하는 법률은 어떤 것일까? 이런 생각은 어떤 사회의 법을 개선하는 데 이용되어야 하는 자연법, 정의를 추구하는 사회라면 무시해서는 안 되는 완전한 형태의 법이 있다는 관념을 낳았다.

로마법의 가장 완전한 개요는 6세기에 유스티니아누스Justinianus 황제의 명령으로 정리되었는데, 유스티니아누스 황제는 게르만족의 침공에도 살아남은 동쪽 제국을 통치한 인물이다. 11세기에 유스티니아누스의 법전이 재발견되어 당시 법학에 막대한 영향을 미쳤다. 잉글랜드에는 자체의 관습법이 이미 확립되어 있어서 영향을 덜 받았지만 계약법은 유스티니아누스 법전의 영향을 받았다. 계약과 관련된 문제를 살펴보면 이렇다.

임대와 관련된 계약을 생각해 보자. 임차한 말을 누군가 훔쳐 갔다면, 임차한 사람은 어떤 책임을 져야 할까? 답은 이러하다. 그는 말을 돌봐야 할 책임이 있기 때문에 소유주에게 말의 값을 지불해야 한다. 오늘날 우리는 보험이 있지만 로마인들에게는 보험이 없었다. 하지만 길을 가다가 누군가에게 위협을 당해서 말을 빼앗겼다면 임차한 사람은 책임이 없다. 다른 사람의 말을 보호하기 위해서까지

위험을 감수할 필요는 없었다. 하지만 빌리기로 약속한 기한이 지났는데 말을 가지고 있었다면, 강탈당해 잃었다고 해도 손실에 대한 책임이 있었다.

세공인이 금반지를 만들어 주기로 한 계약이 있다고 해 보자. 이것은 매매계약인가 아니면 세공인의 고용계약인가? 계약을 어떻게 했느냐에 따라 다른 규칙이 적용되었는데 금을 제공한 사람이 누구인지가 답이었다. 만일 고객이 금을 제공했다면 계약은 고용계약이고, 세공인이 금을 제공한다면 매매계약이었다.

법률이 얼마나 포괄적이고 상세한지 그리고 온갖 다양한 인간의 거래에 적정한 원칙을 확립하기 위한 편집자들의 결의가 얼마나 굳세었는지 느껴지지 않는가. 물론 우리는 다른 방식으로 사태를 처리하기로 결정할 수도 있다. 하지만 어떤 문제에 직면하든, 그 방식이 이미 고려된 적이 있다는 사실을 알게 될 것이다. 여러 세기에 걸친 수많은 지적 성과와 위대함 앞에서 우리는 초라해 보인다. 이것이 고전적 정서다.

2부

조금 더 꼼꼼히
들여다본 세계사

1. 침략과 정복
이민족과의 전쟁이 만든 기독교 세계

유럽 사회가 맞은 세 가지 거대한 침입 가운데 첫 번째는 게르만족이 로마제국을 침입한 것이다. 다음에는 무슬림이, 마지막으로 노스인 또는 바이킹이 왔다. 수년간의 혼란을 겪은 후에 유럽 사회는 안정화되었고 그다음에는 유럽 자체가 팽창하기 시작했다. 기독교 성지로 나아간 십자군 운동, 에스파냐에서 이슬람교도 축출, 바다를 통해 세계의 보물들에 대해 권리를 주장한 것이 팽창에 해당한다.

▌게르만족의 침입과 로마의 흥망

우리는 로마제국의 멸망에 대해 이야기하고 그 날짜를 476년으로 지정했다. 하지만 이때 제국의 서쪽, 절반만 멸망했다. 그리스어를 쓰는 동쪽은 콘스탄티노플을 수도로 하여 이후 1,000년 동안 생존했다. 콘

		3세기	게르만족의 침입
로마의 멸망	476	5세기	게르만족의 침입
		6세기	
		7세기	무슬림의 침입
		8세기	
프랑크왕국의 샤를마뉴 통치	800	9세기	
			바이킹(노스인, 노르만족)의 침입
		10세기	
노르만족의 잉글랜드 정복	1066	11세기	무슬림이 지배하는 에스파냐에 대한 공격 시작
		12세기	십자군 운동 시작
콘스탄티노플 멸망	1453	15세기	바다를 통해 아메리카 대륙과 인 도양으로 팽창

침략과 정복으로 본 유럽 연표

스타티노플은 본래 그리스 도시로 비잔티온(라틴어로는 비잔티움)이라
는 이름을 가지고 있었다. 이 이름을 따서 동쪽 제국은 비잔틴제국 또
는 동로마제국이라고 불렀다. 이곳의 멸망에 대해서는 나중에 논할
것이다.

서쪽 제국에 대해 '멸망'이라는 말을 쓰고 단일한 날짜를 정하는 것
은 오해의 소지가 있다. 국경 지대에 야만인들이 집결하여 남쪽으로
꾸준하게 진군하고, 로마군의 후퇴가 계속되어 로마에서 최후의 저항
이 일어나는 일은 없었다. 사태는 그와 같지 않았다. 이것은 다소 특
이한 침략이다. 지도에서 게르만 부족들의 이동 경로를 확인해 볼 수
있다.

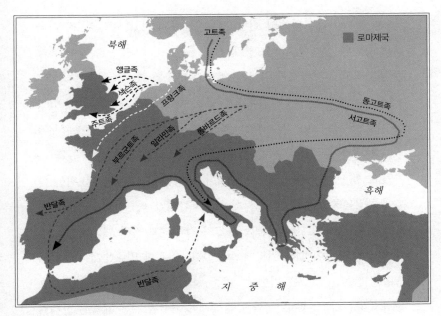

게르만족의 침입과 로마제국

북쪽 국경선은 완전한 장벽이었던 적이 없었다. 공인된 지역에서 로마 병사들의 감독하에 물품을 교환하는 식으로 게르만족과 항상 접촉이 이루어졌다. 로마는 통상적인 경계선을 넘어 밀고 올라갔다. 1세기에 로마 군대는 라인강을 건너 현재의 독일 지역으로 진군해 들어갔다. 게르만족이 이 부대를 격파했기 때문에 짧은 습격으로 끝났지만 이 일로 게르만족은 로마에 대해서 더 많이 알게 되었다.

3세기에 게르만족이 제국을 몇 번이나 침입해 거의 파괴시켰다. 로마의 통치가 불안정한 시기로 다수의 황제들이 빠르게 등장했다가 사라졌으며 침입자들에 대한 저항은 거의 이루어지지 않았다. 제국은 살아남았지만 게르만족의 집단 거주지들이 생겨났다. 313년에 기독교를 공인한 콘스탄티누스 황제가 이 혼돈의 시기를 이어받아 제국을 재조직하고 강화하기 위해 여러 가지 시도를 했다.

5세기에 게르만족이 침입해 들어왔을 때 제국 내부에 정착해 있었던 게르만족은 로마 군대에 징집되었고, 게르만족이 양쪽 편에서 싸우는 사태가 벌어졌다. 로마 병사들의 절반 혹은 그 이상이 게르만족이었고 게르만족 출신 장군도 있었다. 로마인들이 자신들을 위한 싸움에 게르만족을 동원한 것은 제국이 약화되었다는 자명한 징후처럼 보인다. 20세기 초기에 인종적 사고가 강력하게 지배했을 때는 로마가 멸망한 이유에 대해 이렇게 설명했다. "열등한 민족에게 자신들의 운명을 맡기는 실수를 범했다." 물론 지금은 이런 조잡한 사고가 통용되지 않는다. 그렇지만 신참자들에게 방어를 맡기는 제국은 상태가 좋다고 할 수 없다.

게르만족은 제국을 인수할 생각이 없었다. 그들은 정복자가 될 의향이 없는 침입자들로, 약탈품과 토지를 얻어 풍요롭게 생활하는 것이 목적이었다. 그들은 황제의 통치를 아주 만족스럽게 인정하고 있었다.

물론 황제들은 게르만족이 영토 여기저기를 약탈하며 돌아다니기를 원하지 않았다. 침입자를 물리치거나 내쫓기 위하여 군대를 파견했지만 이런 노력이 성공을 거둔 것은 아주 가끔뿐이었다. 마지막에는 게르만족이 거의 독립적인 집단 거주지에 살게 되었고, 황제의 통제하에 남은 것이 별로 없게 되었다. 그럼에도 게르만족은 황제가 있어야 한다고 생각해서 오랫동안 황제로 로마 사람을 지지했다. 결국에는 한 게르만 장군이 이 광대극의 종료를 선언했다. 꼭두각시들을 지원하는 대신에, 스스로 통치하기로 결정했다. 476년에 일어난 일이다. 크지는 않았지만 마지막으로 전투가 벌어졌고, 게르만족의 족장 오도아케르Odoacer가 책임을 떠맡았다. 그는 자신을 황제라 칭하지 않고 '이탈리아의 왕'이라고 칭했다. 그는 서로마 황제의 표식인 왕관과 장엄한 예복을 챙겨서 콘스탄티노플로 보냈는데, 그곳에는 여전히 황제가 존재하고 있었으며 그는 이 황제를 대군주로 인정했다. 게르만족은 그들이 무심코 정복한 곳의 영예에 사로잡혀 버렸다.

서쪽에는 제국을 대신해서 여러 게르만 부족들이 세운 소규모 왕국이 등장했다. 왕국들은 빠르게 흥했다 망하곤 했다. 그들은 옛 로마의 행정 기구를 유지할 수 없었고 그래서 세금 징수도 곧 중단되었다. 이 정복자들은 기본적으로 역량이 부족했으며 안정적인 국가를 운영해 본 경험이 없었다. 그들은 옛 로마의 토지 소유 계급과 주교들에게서 도움을 얻었다. 정상에서는 신구의 혼합이 일어나고 있었는데, 아래쪽은 어땠을까?

이 시기에 작성된 증거가 거의 없기 때문에 자세히 알기는 어렵다. 게르만족은 문맹이었다. 그리고 당시는 혼란과 무질서의 시기여서 살아남은 기록이 매우 적다. 게르만족이 대규모로 침략했다거나 남성 전사들만 습격해 온 것이 아니었다. 그들은 기존 주민들을 내쫓고 정착해서 살려는 의도를 가지고 여성과 아이들을 함께 데리고 왔다. 어떤 곳에는 많은 인구가 정착했고 또 어떤 곳에서는 아주 드문드문 흩어져 있었다. 누가 어디에 정착했는지를 규명하기 위해서 역사가들은 고고학적 증거를 찾았다. 게르만족과 로마인의 매장 방식이 다르기 때문에 다수의 사망자가 게르만 방식으로 매장되었다면 게르만족의 정착지가 상당히 조밀했다고 추정할 수 있다. 언어학자들도 도움을 줄 수 있다. 이 시기에 마을 이름이 게르만족의 명칭으로 바뀌었다면 게르만족이 많은 정착지였을 것으로 추정된다. 하지만 이러한 증거는 그리 강력하지 못하다. 게르만 장군의 한마디 말로 이름이 바뀌었을지도 모른다. 하지만 들판의 명칭이 바뀌었다면 이것은 더 나은 증거다. 사실상 게르만족이 들판의 이름을 바꾸어 나가고 있었다.

한동안 로마법과 게르만법이 나란히 운용되었고, 그 사람의 인종적 기원에 따라 재판을 받았다. 로마법은 명백한 정의의 원칙을 지니고 있었고 판사들이 원칙을 바탕으로 특정 사례를 판단했다. 초기 판사들은 법 제정자였으며 그들의 판결이 법전으로 집성되었다. 가장 거대한 법전은 동쪽 제국의 황제 유스티니아누스가 6세기에 정리한 것이었다. 한편 게르만법은 합법화된 형태의 복수로, 판사는 사태를 관망하는 입장이었다. 피해를 입은 당사자와 그들의 친족이 가해자와 그들의 친족으로부터 보상을 얻어 냈다. 심지어 살인의 경우에도 살해당한 사람의 친족에게 보상함으로써 문제가 해결되었다. 지불금의 크기는 피해자의 신분을 따랐는데 귀족은 보통 사람의 세 배의 가치가 있었다.

로마인들은 증거와 증인들을 조사해서 유죄나 무죄를 확정지었다. 게르만인들은 불이나 물, 전투의 시련을 통해 재판을 받았다. 예를 들어 용의자의 팔을 끓는 물에 담근다. 만약에 그 팔이 3일 후에 치유되지 않는다면, 용의자는 유죄였다. 또 용의자들을 물에 빠뜨리기도 했다. 물 위에 떠오르면 유죄, 가라앉으면 무죄였다. 토지를 둘러싸고 분쟁 중이면 두 당사자는 결투를 치러서 승자가 옳은 것으로 했다.

점차 두 법체계가 하나로 합쳐졌다. 로마법은 이탈리아와 남부 프랑스에서 일어난 혼합에서 더 큰 영향력을 행사했고, 게르만법은 북부 프랑스에서 더 큰 영향력을 발휘했다. 모든 지역에서 시련을 통한 재판을 진행할 때는 하느님께서 올바른 결과를 도출했다는 점을 보증하기 위해 성직자들이 참석했다. 로마교회는 12세기까지 게르만 방식을 따랐다. 그러나 유스티니아누스 황제의 법전이 재발견되면서 이에 영향을 받아 성직자들은 시련 재판에서 빠지게 되었다.

게르만족은 본래 그들 고유의 신이나 아리우스주의를 믿고 있었다. 아리우스주의는 기독교의 이단으로 예수가 하느님의 아들이므로 하느님과 동격일 수 없고 그보다 낮은 인물이라고 믿었다. 이 이단은 동쪽에서 세력이 강했는데 선교사들의 선교 활동으로 일부 게르만족에 퍼졌다. 로마 침입 전에 아리우스주의로 개종한 게르만족과 게르만족 고유의 신을 믿던 이들 모두 침입 후에 곧 기독교도가 되었다.

따라서 여러모로 '로마의 멸망'은 오해의 소지가 있는 말이며, 특히 종교와 관련해서 가장 오해의 소지가 크다. 로마제국의 공식 종교와 그 교회는 살아남았으며 둘 다 침입자들에 의해 수용되었다. 이것이 유럽 문명의 출발점이다. 우리는 이미 1장에서 이 점을 구체적인 문장으로 정리했다. '게르만 전사들이 그리스와 로마의 지식을 보존한 로마 기독교 교회를 지원했다.'

서쪽에 있던 게르만 부족 국가 하나만이 오래 지속되었는데 바로 프랑크족Franks의 왕국이다. 이 왕국은 점차 커져서 현대 프랑스와 독일, 에스파냐, 이탈리아의 일부를 포함하게 되었다. '프랑스France'라는 이름은 프랑크족에서 유래했으며 따라서 기원은 게르만이다. 프랑크 왕국은 카롤루스 대제 또는 샤를마뉴라고 불리는 왕의 통치하에서 가장 넓은 영토에 도달했다가 그가 죽은 후에 다시 분열되었다. 현대 프랑스는 프랑크왕국의 직접적인 후예가 아니며 우리가 알고 있는 프랑스는 이후의 왕들에 의해 천천히 만들어졌다.

게르만족이 영국을 침입한 양상은 조금 다르다. 현대 잉글랜드의 대부분은 로마제국에 포함되어 있었지만, 스코틀랜드는 그렇지 않았다. 로마인들은 1세기가 돼서야 영국으로 갔다가 410년에 영국을 떠났는

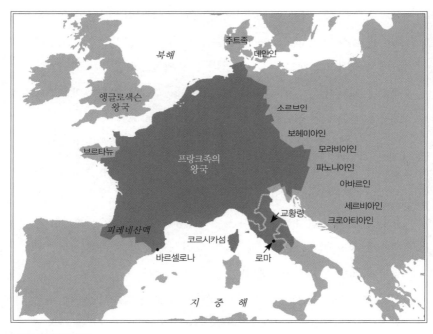

프랑크족 왕국 영토
현대 프랑스와 독일, 에스파냐, 이탈리아의 일부를 포함했다.

데, 로마제국에 침입한 게르만족을 방어하기 위해 황제가 그곳에 주둔한 군대를 소환했기 때문이다. 그때 브리튼 사람들의 토착 사회는 여전히 손상되지 않은 채 남아 있었다. 켈트어는 로마인들이 정착해 있던 300년의 기간을 거치면서도 말소되지 않고 생존했다. 그다음 5세기와 6세기에 게르만 민족들 즉 앵글족, 색슨족 그리고 주트족이 영국 해협을 건너 잉글랜드로 쳐들어왔다. 이때는 완전히 정복되었고 브리튼 사람들의 사회는 스코틀랜드, 웨일스 그리고 콘월에서만 살아남았다.

잉글랜드는 몇몇 독립된 왕국들과 이교도들이 존재하는 완전한 게르만족의 사회가 되었다. 앵글족, 색슨족 그리고 주트족은 어떤 종파의 기독교에도 속해 있지 않아서 아일랜드와 로마의 선교사들이 새로 온 사람들을 기독교로 개종하기 위해 잉글랜드로 갔다. 잉글랜드의 개종에서 아일랜드의 역할은 기독교가 유럽에서 살아남은 놀라운 이야기들 가운데 하나다. 기독교는 로마제국의 극동 지역에서 시작되어 제국 전역으로 확산되었다. 그런 뒤 제국의 경계를 뛰어넘어 아일랜드에 이르렀다. 로마의 영향을 받지 않은 사회에서 운영되었기 때문에 아일랜드의 기독교는 조금 특별한 종류의 기독교가 되었다. 서쪽 제국이 침략당했을 때도 아일랜드 사람들은 안전했다. 그 후 아일랜드 사람들은 잉글랜드에 기독교를 전파하고 유럽에도 선교사들을 파견했다. 잉글랜드 사람들은 아일랜드 사람들을 '아일랜드 놈Bog Irish'이라고 업신여겨 왔지만, 아일랜드 사람들은 자신들이 기독교 세계의 구원자라는 사실을 알고 있다.

▌무슬림의 침입

그다음의 거대한 침입은 이슬람의 침입으로 게르만족의 침입 직후의 두 세기, 7세기와 8세기에 일어났다. 이슬람교의 창시자는 무함마드Muhammad인데 이 사람은 신으로부터 예지력을 얻은 아라비아의 상인이었다. 신의 권고에 따라 그가 발전시킨 종교는 유대교와 기독교에서 갈라져 나온 분파다. 이슬람은 예수와 그에 앞선 유대인 예언자들을 진정한 예언자로 인정하지만 무함마드가 마지막 예언자이며 알라, 즉 유일신으로 인도하는 진정한 인도자라고 주장한다. 이슬람은 기독교보다 훨씬 더 간결한 종교다. 별개지만 동등하고, 별개지만 하나인 삼위일체의 신(성부, 성자, 성령)이라는 개념을 기독교에 제공한 그리스인의 영리함이 없다. 이슬람에게 신은 오직 하나, 알라뿐이다. 이슬람교도들은 기독교도와 유대인에 대해 아주 관대했다. 반면 기독교도들은 이슬람교도를 사기꾼이며 진정한 신앙을 파괴하는 자들로 간주했다.

무함마드는 이교도 부족들을 정복하고 그들에게 복종을 강요하여 자신의 새로운 신앙으로 아라비아 전역을 사로잡았다. 생전에 그는 예수보다 더 영향력 있는 인물이었다. 그는 종교를 창시하고 광대한 영토에 정착시켰다. 예수가 사망했을 때 기독교 같은 것은 없었다. 무함마드가 죽은 다음에는 그를 추종하는 사람들이 정복을 이어 나가 훨씬 더 큰 성공을 거두었다. 그들은 부족뿐 아니라 기존 국가들도 신속하게 정복했는데, 페르시아제국을 정복하고 중동, 북아프리카의 동로마제국의 상당 부분을 정복했다. 그들은 북아프리카를 따라 계속해서 나아가 게르만 침입자들이 설립한 국가들을 정복하고, 그다

음에는 에스파냐로 건너갔다. 이곳은 로마의 속주였다가 기독교로 개
종한 서고트족의 침입을 받은 지역이었는데, 이제는 이슬람 지역이 되
었다. 정복은 여기서 멈추었다. 무슬림 군대는 프랑스까지 계속 진군
했지만 투르Tours에서 프랑크족의 지도자이며 샤를마뉴의 할아버지인
카를 마르텔Charles Martel에게 패배했다. 프랑크족이 기독교 유럽을 구
했다.

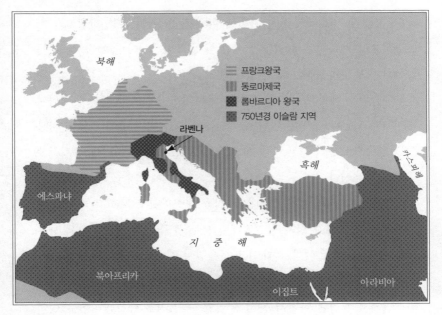

무슬림의 전진
동로마제국 중에서 발칸반도와 현재의 터키만이 생존했다. 동쪽 제국은 이탈리아에도 영토를 가지
고 있었는데 그곳은 서방 제국의 일부였던 곳이다. 이탈리아는 게르만족의 침입을 받았지만, 콘스탄
티노플의 황제는 이 땅을 탈환하는 것이 기독교인의 의무라고 생각했다. 그는 고립되어 있던 소규모
지역들을 되찾았지만 값비싼 대가를 치렀다. 재정복 시도로 인해 야기된 혼란과 유혈 사태는 게르만
족의 침입에 의한 것보다 훨씬 더한 것이었다. 이탈리아 북부의 라벤나는 고립 지역들 중에 하나였
는데, 이런 이유로 아직도 비잔틴 양식의 아름다운 모자이크들이 남아 있다.

이슬람교도들은 무자비한 정복자지만, 너그러운 통치자들이었다. 그들은 기독교도들이 계속해서 예배를 보는 것을 허락했다. 하지만 불신자들로서 세금을 납부해야만 했다. 이슬람교도는 세금을 내지 않았다. 이것은 이슬람으로 개종시키기 위한 유인책이었다. 동로마제 국의 기독교도들은 이슬람교도들을 환영하기도 했는데, 콘스탄티노 플이 강요하고 있던 기독교의 형태에 화가 나 있었기 때문이다. 이슬 람교도들의 지배하에서는 기독교도가 좋아하는 것을 실행할 수 있었 다. 하지만 기독교는 점차 사멸해 버렸다. 점점 더 많은 사람들이 이 슬람으로 개종하면서 세금에 대한 규정도 바뀌어야만 했다. 곧 모든 사람이 토지에 대한 세금을 납부했다.

무슬림 지배하의 에스파냐는 중세 시대에 유럽에서 가장 문명화된 지역이 되었다. 문맹인 아랍 부족민들은 정복 여정 중에 그들이 정복 한 민족으로부터 많은 것을 배웠다. 고도로 세련된 문명을 유지하고 있던 페르시아 사람들로부터 배우고, 비잔틴제국의 그리스인들로부 터 배웠다. 아랍인들은 그리스 지식을 에스파냐로 가지고 와서 그것 에 대해 기록하고 상세히 설명해서 북부 유럽의 학자들이 와서 사본 을 만들 수 있게 했다. 유대인은 무슬림이 지배한 에스파냐에서 높은 지위를 차지하고 있었는데, 대부분 번역자들이었다. 한 사람이 그리 스어에서 번역된 아랍어 문서를 읽고 큰 소리로 에스파냐어로 번역 했다. 두 번째 사람이 에스파냐어를 듣고 라틴어로 초고를 작성했다. 이 새로운 라틴어 판본에서 그리스 지식은 세 차례의 번역을 거친 셈 이다. 이 판본은 12세기부터 운영되기 시작한 기독교 유럽의 대학에 서 연구되었다. 이렇게 해서 서유럽은 논리학에 관한 아리스토텔레스의 저술과 그리스인들이 대가였던 학문들 즉 의학, 천문학 그리고 수학에 관한 저작들을 획득했다.

세 차례의 정복이 나은 결과를 요약해 보자. 첫째, 서유럽에서 게르만족과 옛 로마인과 기독교도의 혼합이 이루어졌다. 둘째, 잉글랜드에서는 게르만족이 이곳을 완전히 장악하고 기독교로 재개종이 일어났다. 셋째, 중동, 북아프리카 그리고 에스파냐에서 기독교는 사멸되었지만 그리스 지식은 보존되어 다시 기독교 유럽으로 전송되었다.

▌바이킹의 등장

바이킹 또는 노스인들은 침입자들 가운데 최후의 세력으로, 무슬림의 전진 직후인 9세기와 10세기에 유럽 전역을 약탈하고 다녔다. 그들의 본고장은 스웨덴, 노르웨이 그리고 덴마크였고 바다를 통해 왔다. 그들의 크고 길쭉한 배들은 두려움을 자아냈다. 이 배들은 물에 잠기는 부분이 아주 적어서 배 밑에 약 1미터 높이의 물만 있으면 배를 띄울 수 있었고 그래서 강을 거슬러 멀리까지 항해할 수 있었다. 강이 너무 얕으면 배에 싣고 다니는 보트를 띄워 계속 항해했고, 장애물과 마주치면 그것을 피해 보트를 옮긴 후에 계속 노를 저었다. 이런 식으로 내륙 깊은 곳까지 침투해 발트해에서 흑해까지 이동했다.

바이킹의 배는 갑판이 없어서 여름에만 대양을 항해할 수 있었기 때문에 여름이 지나면 고향으로 돌아갔다. 원래 그들의 목적은 약탈로 귀중한 물건들, 그들이 가지고 돌아갈 수 있는 것들을 약탈했다. 그러나 귀중한 물건들을 찾는 동안에 필요한 것 이상으로 식량, 말, 여자를 강탈했다. 그들은 단호한 테러리스트였다. 습격하고 빼앗을

바이킹의 크고 길쭉한 배
얕은 깊이에서도 배를 띄울 수 있어서 강을 거슬러 올라가 내륙지역을 습격할 수 있었다.

뿐 아니라 대규모로 약탈하고 불태웠으며 운반해 갈 수 없는 것들조차도 파괴해 버렸다. 그들은 무자비했고 완전한 공황 상태를 야기해서 사람들은 그들이 앞에 있으면 달아났다. 바이킹의 무용담들 중에는 창끝으로 어린아이를 찌르지 않았다는 이유로 아이들의 남자라고 찬양받는 전사가 있을 정도였다.

게르만족은 육로로 왔기 때문에 약탈자들로부터 가장 안전한 장소는 하천 내부의 고립지나 해안에서 떨어진 섬들이었다. 이런 곳에 수도원이 지어졌는데 이제는 이 바닷길로 오는 침입자들에 의해 약탈당하기 십상이었다. 수도원들은 금과 은으로 만들어진 귀중한 물건과 많은 양의 식량을 보유하고 있어서 아주 매력적이었다. 당시 수도원은 일종의 농업 기업으로, 100~200명의 수도사들이 먹고 살기에 충분한 양의 식량을 재배하여 보관하고 있었다.

프랑스의 루아르강 어귀 앞바다에 있는 섬에는 수도원이 하나 있었다. 여름마다 수도사들은 강을 거슬러 내륙으로 이동하곤 했는데, 바이킹이 길쭉한 배를 타고 그들을 뒤쫓았다. 그 수도원은 약 네다섯

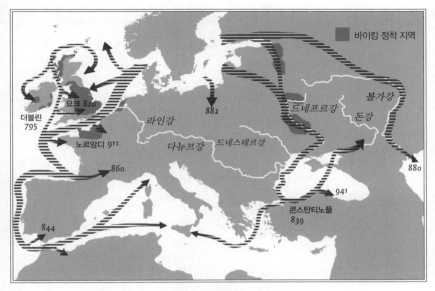

9세기, 10세기에 바이킹 또는 노스인들은 유럽 전역을 약탈했다.

차례 루아르강을 거슬러 올라가서 지금의 스위스에서 멈췄다. 수사들
이 옮긴 것은 황금 십자가와 예수가 못 박힌 십자가 조각과 그리스도
의 다리 일부였다.

정부가 매우 나약했기 때문에 노스인들은 방해를 받지 않고 아주
널리 돌아다닐 수 있었다. 또한 당시 정부는 정규적인 조세제도 같은
것을 전혀 가지고 있지 않았으며, 육군을 소집할 수는 있었지만 이
침입자들은 육로로 오지 않았다. 소규모 서유럽 왕국들 중에 어느 나
라도 해군을 가지고 있지 않았다. 샤를마뉴 대제는 해군이 없었고 어
쨌든 그의 제국은 사라져 버렸다. 로마제국은 바다를 이용했지만, 이
제 그 바다의 대부분이 무슬림의 수중에 있었다. 유럽 국가들에서 바

다를 통한 교역은 거의 없었으며 항해 기술은 유실되었다. 유럽은 내부 지향으로 변해서 고도로 기동력 있는 침입 세력에게는 아주 취약했다.

얼마 지나지 않아 노스인들은 러시아, 프랑스 북부, 잉글랜드 그리고 아일랜드에 아내와 아이들을 데려 와서 영구적으로 정착했다. 더블린은 원래 노스인의 도시였다. 잉글랜드는 두 번 침입을 당했다. 우선 앵글족, 색슨족, 주트족이 오고, 그다음에 섬의 동쪽 측면에 노스인들이 왔다. 두 침입자 집단 모두 게르만어를 사용했는데, 여기에서 영어가 파생되었다. 프랑스 북부의 정착지는 노스인 거주자들로부터 이름을 따와서 노르망디가 되었다. 프랑스 왕은 습격을 그만두는 조건으로 그들이 정착하는 것을 허용했다.

노르만족이 북부 프랑스에 정착한 지 약 100년 후에, 노르만 공작 윌리엄William이 소수의 추종자들을 데리고 와 1066년에 잉글랜드를 정복했다. 그들은 잉글랜드의 새로운 지배계급으로 자리 잡았으나 그저 위로부터 이루어진 장악이었다. 노르만족은 그들만의 고유한 형태를 가진 프랑스어를 사용했는데, 이것이 나중에 영어를 형성한 혼합물의 일부가 되었다. 잉글랜드는 침입자들의 사회였지만 1066년 이후에는 다시는 침입당하지 않았다.

10세기 이후, 유럽을 향한 침략은 멈추었다. 노르만족은 정착했고 선교사들이 노르웨이와 스웨덴으로 들어가서 그 나라들을 기독교로 개종시켰다. 교역이 활기를 되찾고 타운들이 확장되었다. 유럽 사회는 이제 자신의 원정대를 파견할 만큼 충분히 안정적이고 강력해졌다.

▌유럽의 팽창

기독교 세계가 떠맡은 첫 번째 임무는 무슬림들을 물리치는 것이었다. 전 유럽적으로 에스파냐를 재정복하고 팔레스타인의 성지를 재탈환하기 위한 군사 행동이 일어났다. 에스파냐 재정복은 11세기에 시작되었고 완수될 때까지 400년이 넘게 걸렸으며 여러 차례로 나눠져서 진행되었다. 기독교도들은 북쪽에서 내려오면서 띠 모양의 넓은 영토를 장악하고, 기독교 사회를 재건하면서 다시 남쪽으로 밀고 내려갔다. 최후의 무슬림들이 에스파냐 남부에서 밀려난 것은 1492년이었는데, 같은 해에 콜럼버스Christopher Columbus는 에스파냐 군주들의 후원을 받아 서쪽으로 항해했다.

성지 탈환을 위한 십자군은 1095년에 시작되어 거의 두 세기 동안 계속되었다. 그리스도가 죽은 장소이자 그가 가르침을 전했던 지역이 신앙심 없고 그들의 종교에 아주 위협적인 적이라고 간주되는 사람들의 수중에 있다는 사실이 기독교도들에게 어떤 의미일지 상상해보라. 신은 이 신성모독을 없애기를 원할 것이 분명했다. 교황은 십자군을 장려하고 재가했다. 하지만 십자군 운동은 완전한 성공을 거두지 못했다. 예루살렘은 아주 잠시 그리스도를 위해 회복되었으며 십자군의 일부가 정착지를 건설했다. 그러나 곧 무슬림들이 그들을 몰아내었고 뒤이은 모든 십자군 원정은 실패로 끝났다.

십자군은 힘을 합친 공동의 노력이지만 그와 대조적으로 15세기부터 진행된 팽창은 막 출현하고 있던 민족국가들 사이의 경쟁이었다. 처음에는 에스파냐와 포르투갈, 그다음에는 영국, 프랑스, 네덜란드가 서로 경쟁하면서 바다 건너 아메리카와 아시아로 나아갔다. 처음의 목적은 아시아의 향신료와 재물에 접근하는 것이었다. 두 개의 경로가 있었다. 아프리카 남부 해안을 돌아가거나 아니면 대서양을 가로질러 서쪽으로 가는 것이었다. 콜럼버스가 우연히 아메리카를 발견했을 때에도 원래 그의 의도는 중국에 도달하는 것이었다. 그를 후원한 에스파냐 군주국이 중앙아메리카와 남아메리카의 금과 은에 접근하게 되었다는 사실은 중국에 도달하지 못했다는 실망에 대한 충분한 보상이 되고도 남았다. 아시아에 제일 처음 도착한 것은 포르투갈 사람들이었다. 하지만 그들은 인도를 지배하기 위해 경쟁한 프랑스인들과 영국인들, 그리고 지금의 인도네시아에 해당하는 동인도제도의 통제권을 빼앗아 간 네덜란드 사람들에 의해 옆으로 밀려났다.

오래전부터 아시아의 사치품이 유럽으로 들어왔는데, 비잔틴제국의 거대한 수도 콘스탄티노플을 거쳐서 동쪽에서 왔다. 유럽 사람들이 대양으로 나아간 이유 중에 하나는 동으로 가는 경로가 무슬림의 수중에 떨어졌기 때문이었다.

이것은 더욱 진정한 '멸망'이었다. 동로마제국은 5세기에는 살아남았는데, 게르만족이 서쪽을 집중적으로 공격했기 때문이었다. 동쪽 제국은 더 강력한 경제와 행정부를 갖추고 있었지만 꾸준히 영토를 상실해 가고 있었다. 7세기와 8세기에 아라비아에서 온 무슬림 침입자들에게 영토의 거대한 조각을 잃었다. 그다음 9세기에 투르크인들이 아시아의 초원 지대에서 말을 타고 들어왔다. 그들은 남쪽과 서쪽으로 오는 도중에 이슬람교로 개종했으며, 비잔틴인에게서 오늘날의 터키 지역을 빼앗아 중동 전역에 대한 지배를 확립했다. 그런 뒤 유럽으로 건너가 사방팔방에서 콘스탄티노플의 영토를 장악해 들어가다가 1453년에 그 도시 자체를 점령했다. 마지막 비잔틴 황제는 자신의 군대와 함께 싸우다 전사했다.

이렇게 해서 작은 영토로 축소되고 로마인들보다 그리스인들이 더 많았던 로마제국은 종말을 고했다. 6세기에 유스티니아누스 황제가 세운 하기아 소피아 대성당은 이슬람 사원으로 바뀌었다. 투르크인들이 오스만제국을 운영했다. 제1차 세계대전 이후 이 제국이 막을 내렸을 때 인구의 다수가 무슬림이었지만 세속 국가인 현대의 터키가 설립되었다. 처음에 교회로 건축되었던 대규모 무슬림 사원은 박물관으로 변경되었다.

콘스탄티노플이 멸망하면서 고전 그리스의 지식을 보존하고 연구했던 기독교 학자들은 자신의 필사본을 가지고 이탈리아로 갔다. 르네상스 시기에 학자들은 고대의 필사본을 찾아다니고 있었기 때문에 그들을 아주 기쁘게 받아들였다. 1453년 이전에도 이탈리아의 학자들은 그리스의 지식과 문헌을 얻기 위해 콘스탄티노플의 학자들과

하기아 소피아 대성당
6세기에 유스티니아누스 황제가 세운 성당으로, 이슬람 사원으로 바뀌었다가 지금은 박물관이 되었다.

접촉해 왔다. 라틴어로 된 지식과 문헌은 서유럽에서 단절되지 않고 계속해서 보존되었다. 그리스의 지식은 라틴어로 보존되었지만 대부분의 로마 문학이 그리스인의 영향을 받았다. 그리스어 원본들은 오랜 시간 간격을 두고서야 중세 시대 에스파냐와 15세기 콘스탄티노플로부터 도착했다.

군대와 세금에서 시작된 정치

█ 그리스의 민주정치

고대 그리스인들은 민주주의 국가와 정치를 발명했다. 정치라는 말은 도시에 해당하는 라틴어 폴리스*polis*에서 온 것이다. 오랫동안 다양한 유형의 정부들이 있어 왔지만 그리스인들은 모든 시민들이 모여 토론과 다수결로 정부를 발명했다. 즉 그들의 정부는 모든 시민이 한 장소에 모여 토론하고 정책을 결정하는 직접 민주주의였다. 모든 그리스 도시국가들이 민주주의 국가였던 것은 아니었고, 민주주의 국가들은 항상 불안정했다. 소규모 민주주의 국가들 중에서 가장 잘 알려진 곳은 아테네로, 몇 차례 민주주의가 중단된 적은 있지만 170년 동안 지속됐다. 이때 여성과 노예를 제외하고 아테네에서 태어난 모든 남성은 정부에 참여할 권리를 지니고 있었다.

우리는 우리의 체제를 민주주의라고 부르지만 아테네의 민주주의와는 많이 다르다. 우리의 체제는 대의제 민주주의다. 통치 과정에 정기적으로 참여하지 않고 대신 4년 정도마다 투표를 한다. 항의하고 시위를 열고 의견을 개진할 기회를 지니고 있지만 의회에 제출된 모든 안건에 대해 직접 투표하지는 않는다.

인민이 민주주의를 직접 책임지고 담당했다고 하면 지금 우리의 민주주의와 아주 상이한 체제였을 것이다. 물론 오늘날 모든 국민이 한 장소에 모일 수는 없다. 하지만 모든 안건에 대하여 인터넷으로 참여할 수 있는 국민투표가 있다면 그리스의 체제를 재현할 수도 있다. 만약 그랬다면 여론조사의 결과처럼 오스트레일리아가 영국 이외의 나라에서 이주자를 데리고 오는 정책을 가질 일은 없었을 것이다. 아마 아시아계의 이주자는 한 사람도 없었을 것이다. 범죄자들은 교수형에 처해졌을 것이 거의 확실하고 체형을 가했을지도 모른다. 해외 원조 같은 것은 아마도 존재하지 않았을 것이다. 미혼모들은 그들의 연금을 지키기 위해 투쟁했을 것이고, 학생들은 장학금을 지키기 위해 투쟁했을 것이다. 그래서 당신은 국민의 무지와 편견이 아무런 제재도 받지 않고 행사되어서는 안 된다고 생각할지도 모른다.

만약 여러분이 그러한 입장에 이르렀다면 이제 아테네의 위대한 철학자들인 소크라테스, 플라톤 그리고 아리스토텔레스의 견해와 가까워진 것이다. 그들은 아테네의 민주정치에 대해서 강한 의구심을 지니고 있었으며, 그들의 비판은 민주정치가 어떻게 운영되었는지 이해하는 데 도움이 된다. 이들은 민중이 변덕스럽고, 우유부단하며, 무지하고, 쉽게 동요된다고 불평했다. 통치는 지혜와 판단력을 필요로 하는 섬세한 기예인데 모든 시민이 지혜와 판단력을 지니고 있지는 않다. 이 철학자들은 우리의 대의제 민주주의 체제에 훨씬 더 만족했을 것이다. 우리가 우리의 대표들에 대해서 무슨 말을 하든, 그들은 국민 전체와 비교해서 일반적으로 더 잘 교육받았으며 견문이 넓다. 정치인들은 매우 유능한 사람들이 소속된 공무원 조직의 안내를 받는다. 그래서 민중이 직접 나서지 않고 정부의 전체 업무에 대해서 훈련받았으며 깊이 사고하는 사람들의 의견이 취합된다. 하지만 소크라테스, 플라톤 그리고 아리스토텔레스는 우리의 체제를 민주주의라고 부르지 않을 것이다.

그리스 민주정치의 기원은 군대에 있었다. 다양한 정부 형태들을 조사하면서 우리는 군사력의 본질과 국가의 본질 사이의 연관성에 주목할 것이다. 아테네에는 상근하는 정규 군대, 말 그대로 막사에 거주하여 언제라도 전투에 내보낼 수 있는 '상비군'이 없었다. 모든 병사가 비상근으로 복무했지만, 보병으로 밀집대형을 꾸려 싸우기 위해 엄격하게 훈련받았다. 전쟁이 시작되면 시민들은 자영업자나 농부들로서 일하던 통상적인 업무를 그만두고 군대를 구성했다. 지도자들에게 진군 명령을 받기 위해 시민-병사citizen-soldiers들이 한데 모이면 민주적인 집회가 시작됐다. 전쟁이나 평화, 전술에 대한 결정은 이미 부족의 귀족들, 즉 원로들의 회의[7]에서 이루어졌다. 그다음에 결정 사항

---

7) 부족을 대표하는 군사 지도자를 스트라테고스strategos(복수형은 strategoi)라고 하는데, 이들이 위원회를 구성하여 전술에 대한 결정을 내렸다. 아테네에서 귀족 회의 또는 원로원의 역할을 한 것은 아레오파고스Areopagos인데, 여기서는 이것을 가리키는 것이 아니다. 아레오파고스는 사법기관이었다.

들이 병사 대중에게 알려졌다.

이 집회는 병사들에게 상황을 알려 주고 마음의 준비를 하도록 하는 것이 목적이었지 전쟁에 대해서 토론하거나 다른 어떤 것을 제시하기 위한 것이 아니었다. 그들은 큰 소리로 승인을 외치고 전투의 노래를 부르도록 되어 있었다.

집회는 점차 더 많은 권력을 갖게 되었고 결국에는 완전한 통제권을 얻었다. 우리는 이런 일이 어떻게 해서 일어났는지 완벽하게 알지는 못한다. 하지만 국가는 시민-병사들의 참여에 의존하고 전쟁은 매우 정기적으로 일어났으므로 병사들이 유리한 입장에 있었다. 이렇게 민주정치는 전투를 하는 사람들의 연대로 시작되었으나 부족적인 성격을 지니고 있었다. 처음에 아테네에는 각각 별개인 네 개의 부족이 있었는데 전투를 위해 힘을 합치곤 했다. 아테네가 공식적인 민주정이 되고 선거구를 편성했을 때에도 부족에서 정부의 관리를 선출했으며, 누군가 다른 곳으로 이주하더라도 평생 자신의 선거구에 남아 있었다. 그래서 주거 지역만으로는 강력한 결속을 가지지 않았고, 자신과 함께 투표하는 사람들과 평생 동안 유대 관계를 가졌다.

직접 민주주의는 대중의 많은 참여와 국민에 대한 신뢰를 필요로 한다. 아테네 민주정치의 이상은 아테네의 지도자 페리클레스Perikles가 제시했는데, 스파르타와의 전쟁에서 사망한 병사들의 장례식에서 그가 한 연설에 잘 드러나 있다. 이 '추도사'는 아테네 작가 투키디데스Thucydides가 쓴 《펠로폰네소스 전쟁사The Peloponnesian War》에 기록되어 있는데, 투키디데스는 객관적이고 공정한 서술을 시도한 첫 번째 역사가였다. 투키디데스의 역사서는 콘스탄티노플에 필사본으로 보존되어 있었다. 저술된 지 1,800년 후인 르네상스 시대에 이탈리아로 옮겨져 라틴어로 번역되었다가 나중에 현대 유럽 언어들로 번역되었다. 페리클레스의 연설은 정치가가 묘지에서 한 연설 중 에이브러햄 링컨Abraham Lincoln의 게티즈버그 연설 다음으로 유명하다. 그의 연설은 링컨의 연설보다 훨씬 더 길었다. 다음은 그 연설에서 발췌한 것이다.

우리의 정치체제는 권력이 소수의 수중에 있지 않고 전체 인민에게 있기 때문에 민주정이라고 불립니다. 사적인 분쟁을 해결해야 하는 문제가 발생했을 때, 모든 사람은 법 앞에서 평등합니다. 공적인 책임을 지는 지위에 누군가를 다른 사람보다 우선해서 고려해야 하는 문제가 발생한다면, 중요한 것은 특정 계층의 구성원인가 하는 점이 아니라 그 사람이 가지고 있는 실제적인 능력입니다. (…) 일을 마치고 나면, 우리는 우리의 정신을 위해 온갖 종류의 오락을 즐길 수 있습니다. 1년 내내 정기적으로 열리는 다양한 경연 대회와 제례 행사들이 있습니다. 각자의 집에서 매일매일 우리를 기쁘게 해 주고 근심을 몰아내게 할 아름다운 것과 좋은 취향을 갖추고 있습니다. (…)

각각의 개인은 자신의 문제뿐만 아니라 국가의 업무에도 관심을 가지고 있습니다. 하물며 자신의 업무에 여념이 없는 사람들조차도 일반적인 정치 문제에 관해서 아주 잘 알고 있습니다. 이것은 우리들이 지닌 고유한 특성입니다. 우리는 정치에 아무런 관심도 없는 사람은 자신의 일에 신경을 쓰는 사람이라고 말하지 않습니다. 우리는 그를 이곳에서 할 일이 전혀 없는 사람이라고 이야기합니다.

정치에 헌신적이고 적극적으로 참여하는 시민들이 있는, 열려 있고 교양 있는 사회. 이것이 민주주의에 관심이 있는 모든 사람들에게 매력적인 이상이다. 비록 우리는 아테네의 여가와 아름다움이 노예제도에 의존했으며 가끔씩 시민들을 집회로 우르르 밀어 넣어야만 했다는 사실을 알고 있지만, 그럼에도 아테네의 민주주의는 매력적이다.

그러나 페리클레스의 연설이 지니는 긍정적인 영향력은 오랜 시간 지연되었다. 수세기 동안 유럽의 엘리트들은 자신들의 이익에 반할 뿐만 아니라 그들이 읽은 대부분의 고전 작가들이 적대적이었기 때문에 민주주의에 반대하는 교육을 받았다. 사정이 그러하다 보니 19세기 초에 영국의 학자이며 급진주의자인 조지 그로트George Grote는 그리스에 대한 새로운 연구로, 민주정치와 고도의 문화는 상호 연결되어 있으며 하나를 비난하면서 다른 하나를 받아들이는 것은 불가능하다고 주장했다. 그는 이 주장으로 잉글랜드의 민주주의 운동에 기여했다.

그리스 민주정치의 어떤 측면들은 우리의 이상과 조화를 이루지 못하고 있다. 그것은 매우 공동체적이고 조금은 강압적이었다. 개인의 권리에 대한 인식이 거의 없었다. 정치에 관심이 없다면 이곳에서 전혀 할 일이 없다고 페리클레스가 말한 것처럼, 아테네 시민의 특권은 소속감을 지니는 것이었다. 개인의 권리는 다른 기원에서 비롯되었다.

아테네와 다른 소규모 그리스 국가들은 그리스 북부 마케도니아의 통치자였던 알렉산더 대왕Alexander the Great이 기원전 4세기에 그들을 장악하면서 독립을 상실했다. 민주정치는 파괴되었지만 아테네에서 번성했던 그리스 문화는 그렇지 않았다. 그리스 문화는 알렉산더의 제국과 함께 확산되어, 지중해 동부 전역으로 뻗어 나가 중동 지역으로 유입되었다. 알렉산더가 그리스 세계로 편입시킨 지역은 로마에 정복되었을 때에도 여전히 그 특성을 유지하여 로마제국의 동쪽 절반, 그리스어를 사용하는 반쪽이 되었다.

▌로마의 민회와 집정관

로마가 팽창을 시작했을 때, 정부의 형태는 공화정이었지만 민주정은 아니었다. 그리스 국가들의 집회처럼 무장한 사람들이 모인 대중 집회가 있었다. 로마의 모든 시민은 전투를 수행해야 했고 자신의 장비와 무기를 스스로 마련해야 했다. 자신의 부에 따라 공헌하는 바가 차이가 났다. 당신이 부자라면 말을 마련하여 기병대에 들어갔을 것인데, 기병대는 로마 군대의 아주 작은 일부분이었고 나머지는 모두 보병이지만 등급 차이가 있었다. 첫 번째 계급은 검, 쇠사슬, 갑옷, 방패로 완전히 무장했다. 그다음은 좀더 열악한 방호복을 갖추고 있었다. 세 번째 등급은 창이나 투창만을 지니고 있었다. 보병대의 마지막 계급은 가장 가난한 사람들로, 천이나 가죽 조각으로 돌을 던질 수 있게 만든 투석기만 마련할 수 있었다.

초창기에 집회는 마치 연병장에 모인 군대 같았다. 기병대, 1등급 보병, 2등급, 3등급, 4등급, 마지막에 투석기만 가진 인민까지 사람들은 그들의 등급에 따라 편성되었다. 투표는 집단별로 실시되었다. 기병 전원이 내부 토론을 거쳐 사안에 대한 자신들의 견해를 결정하고 1등급 보병 전원이 자신들의 의견을 결정하는 식으로 진행했다. 각 집단은 공동의 의견을 제시했지만, 그들의 투표가 지닌 힘은 동등하지 않았다. 모두 해서 193표가 있었는데, 이 표는 등급별로 나눠졌다.

193표 중에서 기병대와 1등급 보병이 합쳐서 98표를 가지고 있었다.[8] 대다수의 병사들이 하위 집단에 소속되어 있었지만 98표는 이미 과반이었다. 상위 두 집단이 동의한다면 다른 집단에게는 물어볼 필요조차 없었으며 질문도 못 받는 경우가 종종 있었다. 이런 식으로 기병들과 1등급 병사들이 사안을 결정지었다. 적어도 모든 남성이 참여하지만 부자들이 지배적인 영향력을 행사했다.

이 집회가 로마의 집정관 두 명을 선출했는데, 이들이 공화국의 수상들이었다. 집정관들은 둘 다 동의할 때만 행동할 수 있었고 1년 동안만 재직했기 때문에 서로를 통제하고 권력을 제한받았다. 로마인들은 집정관이 된 인물들로 연도를 구별했다.

점차 평민들이 부자와 귀족에 맞서 더 많은 권력을 요구했다. 우리는 이 일이 어떻게 일어났는지 알고 있다. 그들은 권력을 얻기 위해 군사력을 이용했다. 전쟁이 선포될 예정이었는데 3, 4, 5등급의 일반 병사들은 싸우기를 거부하며 국내 문제에 더 많은 권력이 주어져야만 싸우겠다고 말했다. 그들은 결국 새로운 민회를 얻어 냈는데, 새로운 민회가 임명한 관리들을 호민관이라 불렀다. 호민관은 서민들이 부당한 취급을 당하고 있다면 통치 과정의 모든 단계에 개입할 권력을 지니고 있었다. 전쟁에 나가기를 한 번 더 거부한 후, 이 민회는 입법 과정에 대한 강력한 역할을 부여받았다.

간혹 이러한 행위를 파업이라고 부르곤 하는데, 이는 빈약한 표현이

---

8) 100인 부대라고 불리는 켄투리아centuria는 기병대가 18개, 1등급 보병대가 80개 있었다. 그리고 2등급, 3등급, 4등급 보병대는 각각 20개, 5등급 보병대는 30개가 있었으며, 그 밖에 군악대와 공병에 해당하는 부대가 있었다.

다. 파업이라고 하면 이 과정이 노사 관계의 영역에서 일어나고 있으며, 노동자들이 조합을 결성하여 사장에 맞서고 있음을 시사한다. 이 시기는 전혀 그렇지 않았다. 평민들은 폭동을 도모했던 것이다. 그들의 기회는 노사 관계에서 온 것이 아니라 국제 관계에서 왔다.

로마에서 민주정치가 완전한 승리를 거두지 못했다는 사실을 제외하면, 아테네에서와 마찬가지로 시민-병사들은 그들의 권력을 증대시켰다. 로마에서 최고 권위의 단체는 원로원으로, 귀족 가문 출신들로 구성되었지만 나중에는 부유한 가문 출신들이 더 많았다. 권력이 강화된 민회가 원로원에 제한을 가했지만 위압하거나 대체하지는 못했다. 로마의 정체는 새로운 기관이 만들어지고 권력관계에 변동이 일어남에 따라 변화했지 혁명과 그에 따른 새로운 출발에 의해 변화한 것은 아니었다. 이 점에서는 영국 헌정이 로마의 선례를 따랐는데, 영국 헌정은 지금까지도 하나의 문서로 정리되지 않았다. 권력을 분산시키고 억제하려고 했다는 점에서 로마의 헌정은 미국 헌정의 중요한 모델이었다.

▮ 로마공화정

로마인들은 처음에는 왕에 의해 통치되었다. 공화국은 로마인들이 폭군, 오만왕 타르퀸Tarquin the Proud[9]을 타도한 기원전 500년경에 이르러서야 설립되었다. 로마 역사가인 리비우스Titus Livius는 이 반란에 대하여 설명을 남겨 두었지만 그의 저작은 로마 멸망 이후에 서유럽에서

---

9) 영어권에서는 일반적으로 이렇게 부르지만, 본래의 라틴어 이름은 루키우스 타르퀴니우스 수페르부스Lucius Tarquinius Superbus다.

보존되다 일부는 분실되었다. 16세기에 그 일부가 발견되기 전까지 르네상스 시대 학자들은 리비우스의 책에 대해 잘 알지 못했다. 발견된 부분은 공화국의 설립을 다루는 항목이었다. 이것을 바탕으로 윌리엄 셰익스피어William Shakespeare는 〈루크리스의 능욕The Rape of Lucrece〉이라는 시를 썼다.

공화주의 반란을 촉발시킨 것은 능욕이었다. 성폭행을 저지른 자는 타르퀸 자신이 아니라 그의 아들 섹스투스 타르퀴니우스Sextus Tarquinius였다. 피해자는 콜라티누스Tarquinius Collatinus의 아내 루크레티아Lucretia였다. 왕을 추방한 반란 지도자는 브루투스Brutus로, 왕의 조카였다. 이 사람은 400년 후에 율리우스 카이사르Julius Caesar를 암살하는 음모를 이끈 마르쿠스 브루투스Marcus Btutus와 이름이 같다. 첫 번째 브루투스는 자기 가문의 많은 사람들이 타르퀸에 의해 살해되는 것을 지켜봤고 살아남기 위해 얼간이인 척했다. 그렇지 않았다면 타르퀸은 그 역시도 죽였을 것이다. 브루투스는 라틴어로 '머리가 둔한'이라는 뜻으로, 그의 이름값을 하고 있었던 셈이다. 그는 타르퀸이 자신의 모든 재산을 강탈해 갔을 때도 아무런 불평을 하지 않았다. 그는 때를 기다리고 있었으며 루크레티아의 성폭행 사건으로 기회가 찾아왔다.

리비우스가 들려주는 이야기는 이러하다. 사건은 왕의 아들들이 로마를 떠나 전쟁이 벌어지고 있던 아르데아에 있을 때에 시작된다. 콜라티누스는 텐트에서 왕의 아들들과 술을 마시고 있었다. 그들은 자신의 아내에 대해서 이야기하기 시작했고, 각자 자신의 아내가 최고라고 자랑했다. 콜라티누스는 말을 타고 로마로 돌아가서 아내가 무엇을 하고 있는지 확인하여 이 문제를 해결하자고 제안했다. 두 왕자의 아내들은 파티에 참석해 있었지만, 루크레티아는 길쌈하며 열심히 일하고 있었다. 콜라티누스가 논쟁에서 이겼다. 며칠 후에 섹스투스는 콜라티누스 몰래 다시 루크레티아를 찾아갔다.

그는 루크레티아의 집에서 환대를 받았고, 저녁 식사 후에는 영광스러운 방문객의 자격으로 손님용 침실로 안내를 받았다. 여기서 그는 사람들이 모두 잠들 때까지 기다렸다가 모두가 조용해졌을 때, 검을 빼 들고 루크레티아의 방으로 가서 그녀를 강간하려고 했다. 그녀는 잠들어 있었다. 그는 왼손으로 그녀의 가슴을 만지며, 작은 소리로 이렇게 말했다. "루크레티아, 소리 지르지 마라. 나는 섹스투스 타르퀴니우스다. 나는 칼을 가지고 있다. 한마디라도 한다면 죽여 버리겠다." 루크레티아는 깜짝 놀라 눈을 떴다. 죽음이 코앞에 있었고 근처에 도움을 기대할 만한 것은 없었다. 섹스투스는 자신의 사랑을 역설하고, 그녀에게 복종할 것을 부탁하고, 애원하고, 위협하고, 여자의 마음을 정복할 가능성이 있는 무기를 모두 사용했다. 그러나 모든 것이 수포로 돌아갔다. 죽음의 공포조차도 그녀의 의지를 굽힐 수 없었다. 섹스투스는 이렇게 소리쳤다. "죽음이 너를 움직이지 못할지라도, 불명예는 반드시 그렇게 할 것이다. 나는 우선 너를 죽이고, 그다음에 노예의 목을 잘라 그놈의 몸을 네 옆에 갖다 놓을 것이다. 그러면 모든 사람이 네가 하인과 간통했으며 그 대가를 치렀다고 믿을 것이다." 가장 단호한 순결조차도 이 무시무시한 위협에 맞설 수는 없었다.

루크레티아는 굴복했다. 섹스투스는 그녀를 향유하고 나서 자신의 성공을 자랑스러워하며 말을 타고 가 버렸다.

이 불행한 여인은 로마에 있는 아버지와 아르데아에 있는 남편에게 편지를 써서, 무서운 일이 벌어졌으니 지금 당장 신뢰하는 친구를 데리고 빨리 와달라고 재촉했다. 그녀의 아버지는 발레리우스Valerius와 함께 왔고, 남편은 브루투스와 같이 로마로 돌아오고 있는 길에 전령과 마주쳐서 그와 함께 왔다. 그들은 루크레티아가 방에 앉아 깊은 고뇌에 빠져 있는 것을 보았다. 그들이 방으로 들어섰을 때 그녀의 눈에는 눈물이 맺혀 있었고, "잘 지냈소?" 하는 남편의 질문에 이렇게 대답했다. "아니오. 명예를 잃은 여인이 어찌 잘 지낼 수 있겠어요? 콜라티누스, 당신의 침대에 다른 남자의 흔적이 있어요. 제 몸은 더럽혀지고 말았어요. 하지만 제 마음은 순결해요. 죽음이 증인이 되어 줄 거예요. 나를 강간한 자를 처벌하겠다는 약속만 해 주세요. 그자는 섹스투스 타르퀴니우스예요. 어제 저녁 손님으로 가장한 적으로 집에 와서 저에 대한 자신의 욕망을 즐긴 자가 바로 그예요. 그 쾌락은 나의 죽음일 것입니다. 그리고 당신들이 사내라면, 그것은 그의 죽음이기도 해야 합니다."

그들은 그녀를 위로하며 굳게 약속했다. 그들은 어쩔 수 없는 상황이었기에 그녀는 결백하며, 그자만이 유죄라고 이야기했다. 죄를 짓는 것은 정신이지 육체가 아니며, 따라서 의도가 없었다면 결코 죄가 있을 수 없다고 이야기했다.

루크레티아가 이야기했다. "그자 때문에 일어난 일에 대한 결정은 당신 몫입니다. 저로서는 잘못을 범하지는 않았지만 벌을 받겠습니다. 부정한 여인들이 그들이 받아 마땅한 벌을 회피하도록 만드는 선례를 제가 제공하지는 않겠습니다." 이 말을 하면서 그녀는 옷 밑에서 칼을 꺼내 자신의 가슴에 찔러 넣고 앞으로 거꾸러져 사망했다. 그녀의 아버지와 남편은 비통함을 금치 못했다. 그들이 속절없이 눈물을 흘리며 서 있는 동안에, 브루투스는 루크레티아의 몸에서 피 묻은 칼을 뽑아내서 그것을 꼭 쥐고 울부짖었다. "이 여인 – 폭군이 그녀를 모욕하기 전까지 그보다 더 순결한 여인은 아무도 없었다 – 의 피와 신들께 맹세합니다. 나는 검과 불 그리고 내 팔에 힘을 불어넣을 수 있는 다른 무엇이든, 그것들을 가지고 오만왕 루키우스 타르퀴니우스, 그의 사악한 아내, 그리고 그의 모든 자식들을 쫓을 것이며, 다시는 그들이나 다른 어떤 사람도 로마에서 왕이 되도록 내버려 두지 않을 것입니다."

브루투스는 자신이 한 말에 충실했다. 군주에 의한 포악한 범죄 때문에, 한 여인이 훌륭한 로마 사람답게 생명보다 명예를 더 존중했기 때문에, 그리고 한 남자가 그녀의 복수를 대신 하기로 결심했기 때문에 공화정이 출범했다. 하지만 로마에 살던 모든 사람이 타르퀸이 왕위에서 물러나길 원한 것은 아니었으며 그를 왕으로 복위시키려는 음모가 있었다. 이 음모가 발각되었을 때, 브루투스는 왕을 대체한 공직자인 첫 번째 집정관들 중에 한 사람이었다. 브루투스는 민회에 참석하여 판사석에 앉아 있었고, 거기서 음모에 가담한 자들의 이름을 건네받았다. 명단에는 브루투스의 자식들 중에 두 명이 포함되어 있었다. 그들을 처벌하는 판결을 통과시키는 것이 브루투스의 직무였다. 군중 속에서 사람들이 그의 가족이 그런 불명예스러운 일을 당하는 것을 원치 않으니 자식들을 사면해도 괜찮다고 소리쳤다. 하지만 브루투스는 그 말을 들으려고 하지 않았다. 그의 자식들에게도 다른 모든 사람과 동일하게 규칙이 적용될 것이었다. 그래서 브루투스가 지켜보는 가운데 그의 자식들은 발가벗겨져 채찍질을 당하고 참수되었다. 그는 눈도 꿈쩍하지 않았다. 공화정에 대한 그의 헌신은 그런 것이었다.

물론 로마인들은 브루투스를 칭송했다. 이것이 공화국에 대한 헌신의 핵심이다. 다시 말해 사람들이 모든 개인적이고 사적인 유대 관계

를 제쳐 두고 공익을 위해 일한다. 로마인들이 비르투스virtus, 즉 공화
주의의 덕이라고 부른 것이 바로 이것인데, 이는 왕에 대한 충성심으
로 결속하지 않고도 공화국이 생존하려면 필요한 것이었다. 당신은
브루투스가 비인간적이라고 생각할지도 모른다. 어떻게 그가 그곳에
앉아 있을 수 있고, 어떻게 자기 자식들에게 그런 일을 가할 수 있는
가? 공화주의의 덕은 괴물들을 창조했다.

묘하게도, 프랑스에서 혁명이 일어나기 직전에 공화정 로마에 대한
찬미 의식이 있었다. 그런데 그것은 군주제를 개혁하기를 원했던 사람
들 사이에서만 있었던 것이 아니었다. 루이 16세Louis XVI의 궁정화가였
던 자크루이 다비드Jacques-Louis David는 리비우스의 유명한 이야기 두

자크루이 다비드, 〈브루투스에게 두 아들의 시신을 가져오는 형리들〉, 1789.

가지를 가져와 그림의 주제로 삼았다. 우선 그는 판사석에 앉아 자식들에게 유죄 판결을 내리고 있는 브루투스가 아니라, 참수당한 시체들이 들어올 때 집에 있는 브루투스를 그렸다. 이 그림이 〈브루투스에게 두 아들의 시신을 가져오는 형리들〉이다. 다비드는 똑바로 앞을 응시하고 있는 흔들림 없고 무정한 아버지와 가족의 죽음을 슬퍼하며 울고 있는 어머니와 누이들의 나약함을 대조해서 보여 준다.

다비드가 공화주의의 덕에 보낸 또 하나의 찬사는 〈호라티우스 형제의 맹세〉라고 불리는 그림에 담겨 있다. 호라티우스 형제Horatii는 로마와 로마의 적들 가운데 하나가 전투를 벌이지 않고 대표로 각각 세 사람을 뽑아 그들의 싸움으로 분쟁을 해결하기로 했을 때 로마의

자크루이 다비드, 〈호라티우스 형제의 맹세〉, 1784.

전사로 선발된 호라티우스Horatius의 세 아들이다. 다비드는 그림에서 아들들에게 로마에 대한 충성을 맹세하게 하는 아버지의 모습을 보여 준다. 그들은 검에 손을 얹고 팔을 들어 공화주의식 경례를 하고 있는데, 나치의 경례와 동일한 모습이다. 젊은이들이 떠나가는 모습을 보는 어머니와 누이들은 눈물을 흘리며 또다시 인간의 나약함을 드러내고 있다. 누이는 로마의 적을 위해 싸우러 나갈 전사들 가운데 한 사람과 약혼한 사이라 각별히 고통스러워하고 있다.

리비우스가 묘사한 이 전투는 죽을 때까지 싸우는 잔인하고 무시무시한 전투였다. 호라티우스의 아들 중 한 명만이 살아남아 로마가 승리했다. 그 승자가 집으로 돌아와서는 누이가 오빠가 죽인 자기 약혼자 때문에 울고 있는 것을 발견한다. 오빠는 자신의 검을 빼 누이를 베어 버렸다. 오빠와 로마의 성공에 기뻐하고 있어야 할 때 눈물을 흘리고 있었기 때문에 그녀를 죽인 것이다. 또다시 얻게 된 교훈은 국가를 위한 일이라면 가족이 희생되어야 한다는 것이다. 오빠는 재판에 회부되었지만 무죄로 판명되었다. 아버지가 재판정에 나타나서 자신의 딸을 비판했고, 그의 아들은 풀려날 수 있었다.

▌로마제국과 황제

로마공화정이 200년 동안 지속되고 난 뒤 혼란에 빠지기 시작했다. 로마는 팽창했다. 로마의 정복을 이루었던 위대한 장군들이 경쟁자가 되어 서로 싸우기 시작했다. 병사들은 공화국보다는 그들의 장군에게 충성을 다했다. 위대한 장군 하나가 출현하여 다른 모든 사람들을 정복해 버렸다. 그 사람은 율리우스 카이사르였다. 1인 지배로부터 공화국을 구하기 위하여 두 번째 브루투스가 카이사르의 암살을 조직했지만, 그러한 행위는 한편에는 브루투스와 동료 공모자들이 있고 다른 한편에는 카이사르의 친구들이 있는 또 한 차례의 내전을 낳았을 따름이다. 한 사람이 승리를 거두었다. 카이사르의 조카딸의 아들이자 그의 수양아들이었던 사람으로, 기원전 27년에 아우구스투스 Augustus라는 이름으로 로마의 첫 번째 황제에 등극했다.

아우구스투스는 눈치가 빨랐다. 그는 공화국의 제도들을 그대로 유지해서 민회는 여전히 개최되었고 집정관들도 선출되었다. 그는 자신을 '황제'가 아니라 '첫 번째 시민'이라고 불렀다. 그는 황제의 직무를 조직 운영에 일종의 촉진제의 역할을 하는 것으로 간주하고 본인 역시 촉진자인 체하면서, 그저 조직이 제대로 돌아가도록 도왔다. 화려한 의식이나 대규모 수행원 같은 것을 갖지 않았다. 그는 호위병 없이 평범한 시민처럼 로마 여기저기를 걸어 다니고, 회합이 열리고 있던 원로원에 들어가 토론을 경청했다. 그는 개인적으로 매우 다가가기 쉬운 사람이었다. 인사법과 충성심을 보이는 방식은 여전히 팔을 올리는 경례였다. 아우구스투스와 대면했을 때 당신은 허리를 굽혀 인사를 하거나 다른 어떤 존경심을 표할 필요가 없었다. 당신과 황제는 서로 경례를 했다.

아우구스투스는 과거 로마의 덕목들을 되살리려고 시도했다. 그는 로마가 사치와 퇴폐로 인해 토대가 약화되었다고 생각했다. 우리가 늘 말하듯이, 그는 가족의 덕목을 복원하기를 원했다. 그는 아이를 가진 여성들은 아름답지 않다고 썼다는 이유로 시인 오비드Ovid를 추방했다. 그는 당대에 저술 활동을 하고 있던 역사가 리비우스에 비판적

아우구스투스
아우구스투스는 기원전 27년에
첫 번째 로마 황제가 되었다.

이었는데, 리비우스가 쓴 것 가운데 가까운 과거에 로마에서 있었던 논쟁을 다룬 부분 중 일부를 좋아하지 않았기 때문이다. 하지만 로마의 덕목, 즉 고결한 행동과 국가에 대한 헌신에 대해서는 리비우스에 동조했다. 그럼에도 그가 재생시킬 수 없는 로마의 관행이 하나 있었다. 로마는 이제 제국을 소유하고 있었다. 아우구스투스는 제국을 안정화시켰으며, 비상근 시민-병사가 아니라 유급 상비군의 도움을 받는 것을 제외하고는 잘 통치하고 있었다.

두 세기 동안 로마제국은 평화를 누렸다. 제국의 광대한 영역 전반에서 로마법과 로마의 질서가 널리 수용되었다. 형태상 제국은 여전히 공화정이었다. 다시 말해, 황제는 자신의 상속자에게 왕위를 물려주는 왕이 아니었다. 황제가 후계자를 선택했는데, 그 후계자는 친척일 수도 있고 아닐 수도 있었으며, 원로원이 그의 선택을 승인하는 형식이었다. 나중에는 경쟁하는 신청자들 사이에 유혈 충돌이 일어나기도 했지만, 두 세기 동안 황제들은 대체로 선택을 잘했고 그들의 선택은 받아들여졌다.

그다음 3세기에 게르만 침입의 첫 번째 파고가 밀어닥쳐서 제국을 거의 전복시켜 버렸다. 파도가 지나간 후 제국은 두 명의 황제, 디오클레티아누스Diocletianus와 콘스탄티누스에 의해 새로운 방식으로 재건되었다. 그들은 제국의 방위를 강화하기 위하여 국경 내부에 정착한 수많은 게르만족들을 신병으로 모집해 군대를 확장하고 재조직했다. 더 커진 군대의 비용을 충당하기 위해 황제들은 세금을 올려야 했다. 사람들이 세금을 반드시 납부하도록 하려면 정확하게 인구 등록 사항을 파악해야 한다. 그래서 관료제가 성장했고 관료들이 제국의 직접적인 통치자가 되었다. 그보다 앞서서 평화가 유지되고 세금이 납부되기만 한다면 갖가지 지역들이 스스로 운영하는 것을 허락했다.

디오클레티아누스는 가격을 올리면 사형을 부과함으로써 인플레이션을 통제하려고 했다. 군대에 들어가는 비용을 충당하기 위해 세금을 올렸지만, 사업을 하는 사람들이 그 세금을 납부하는 데 도움이 되도록 가격을 올리는 것은 허락하지 않았다. 그래서 사람들은 이제는 사업을 할 만하지 않다고 생각했을지 모른다. 디오클레티아누스는 그에 대한 해답을 가지고 있었다. 사업을 하는 사람은 그 사업을 그만둘 수 없었고 그의 아들도 대를 이어 사업을 수행해야 했다. 황제들은 이제 필사적이었다. 그들은 사회를 통치하는 것이 아니라 박해하고 있었다. 이런 방식으로 통치된 사회가 그다음 침입의 파고에 저항할 활력이나 사기를 가지고 있을 리가 없었다.

313년에 콘스탄티누스가 기독교를 공식적으로 지원한 것은 제국을 강화하려는 시도의 일부였다. 교회 조직에서 제국의 힘을 찾아낸 것은 아니었다. 기독교는 성장했지만 여전히 소수의 신앙이었기 때문이다. 대다수 백성들처럼 콘스탄티누스는 옛 로마의 신들에 대한 신앙심을 상실해 가고 있었으며 기독교의 신이 자신과 제국을 가장 잘 보호해 줄 것이라고 믿게 되었다. 그는 처음엔 기독교도가 된다는 것이 어떤 함의를 지니는지에 대해 거의 아무 생각도 없었지만, 자신이 기독교도를 지원하면 그들의 신이 자신에게 은혜를 베풀 것이라고 생각했다.

디오클레티아누스, 콘스탄티누스 그리고 그 이후의 황제들은 점점 더 멀어져 갔다. 그들은 페르시아 황제들을 흉내 내어 자신들을 신 같은 인물로 나타내기 시작했다. 그들은 궁전에 머물러 있었다. 아우구스투스가 그랬던 것처럼 도시 여기저기를 거니는 모습은 결코 볼 수 없었다. 그들을 방문하기 위해 궁전에 들어갈 때는 미리 몸수색을 받았다. 눈을 가린 채 거대한 미로를 통해 데리고 갔기 때문에, 당신이 황제를 암살할 생각을 가지고 있다고 해도 다시 그 길을 찾지는 못할 것이다. 마침내 황제를 알현하게 되면 당신은 엎드려 있어야만 했다. 다시 말해, 어전에서는 몸을 바닥과 평평하게 유지하고 있어야 했다.

로마가 더욱 엄격하게 통제하자 백성들은 도망갈 방법을 찾았다. 대지주들은 그들 자신도 세금을 납부하기를 원하지 않았기 때문에 저항의 거점이 되어 자신들의 땅에서 일하는 사람들도 보호해 주었다. 제국의 초창기에 이들은 노예였다. 로마의 정복이 멈춰서 노예 공급이 끊기자 지주들은 자신의 토지를 분할하여 노예들, 과거의 노예 그리고 보호받기를 원하는 자유인들에게 임대해 주었다. 지주들이 황제에게 세금을 지불하는 것에 분개하고 회피하기는 했지만, 그들은 누구나 자신이 살고 있는 곳에 머물러 있어야 하며 이주하려는 소작인들은 쇠사슬로 묶어 둘 수 있다는 황제의 새로운 법률을 기꺼이 받아들였다. 서로 다른 기원을 가졌던 소작농들이 동일한 신분이 되어 가고 있었다. 그들은 중세 시대에 농노라고 알려진 존재가 되어 가고 있었다. 이들은 노예처럼 누군가에게 소유되지 않고 자신의 조그마한 땅뙈기와 가족을 가지고 있었으나, 영주를 버리고 떠날 수 없었으며 영주를 위해 일하고 그를 지원해야만 했다.

중세 사회는 우리가 서쪽에서 제국이 멸망한 날짜로 정한 476년 이전에 이미 형태를 갖추고 있었다. 요새화된 저택에서 살고 있는 대지주, 그들의 토지에서 일하는 일반 백성들의 주인이자 보호자인 사람들이 있었다. 서쪽에서 제국을 대체한 사회들은 공화국이든 제국이든, 국가에 대한 충성이 아니라 개인적인 충성에 의해서 결합될 것이었다. 그렇지만 로마의 지배는 유럽의 기억 속에서 사후의 삶을 이어 갔다.

	군사 조직	정치적 정황	인사 형태법
고대	시민-병사	• 기원전 500년 그리스 민주정 • 로마공화정	공화주의식 거수경례
	유급 보병	• 기원전 27년 아우구스투스 (첫 번째 로마 황제)	공화주의식 거수경례
	유급 외국인 보병	• 디오클레티아누스와 콘스탄티누스, 후기 제국 • 476년 제국 멸망	바닥에 엎드리기

그리스와 로마의 정부 형태

민주주의를 향한 긴 여정

서쪽에서 로마제국을 대체한 국가들은 매우 원시적이었다. 국가의 토대는 과거 전사들의 우두머리였던 왕이 추종자들에게 토지를 나눠주고, 그 대가로 추종자들은 그에게 전투부대를 제공하는 것이었다. 그래서 왕은 조세나 그 어떤 정교한 통치 기구가 없어도 군대를 손에 넣었다. 이런 방식으로 장악한 토지는 봉토_fief_ 또는 라틴어로 페우둠 _feudum_이라고 부르는데 여기서 영어의 봉건_feudal_이라는 말이 나왔다.

▮ 중세 시대의 봉건 군주

봉건 군주들은 대토지를 소유한 신하들이 제공할 수 있는 것에 크게 의존하였으므로, 필연적으로 약한 군주들이었다. 이론적으로는 군주들이 나눠 준 토지에 대한 통제권을 유지했지만, 실제로 그 토지는 사적인 소유가 되었으며 아버지로부터 아들에게로 대를 이어 전해지는 것이었다. 대토지 소유자들은 왕에게 충성을 바칠 의무가 있었음에도 왕에게 반항하거나 무시하기에 아주 좋은 입장이었다. 그들은 군사력을 소유하고 있었고 왕은 군사를 요청할 수 있었지만, 그 무력은 왕에 대항하여 사용되거나 왕이 그들을 굴복시키는 것을 어렵게 만들 수도 있었다. 그들은 성에서 살면서 경쟁자들과 상급 영주로부터 자기 자신을 방어할 수 있었다.

이 시기에 군대의 특성에 변화가 발생했다. 그리스와 로마의 고대 세계에서는 보병이 군대의 핵심이었다. 그러나 이제는 말에 탄 사람들이 중심이 되었다. 동방에서 유럽으로 들어온 발명품인 등자는 말 등에 올라탄 사람을 훨씬 더 강력하게 만들어 주었다. 양쪽 등자에 발을 집어넣고 안장에 앉으면 더욱 안전하게 말을 탈 수 있었다. 등자는 보병이 그를 공격해서 떨어뜨리는 것을 훨씬 더 어렵게 만들었으며, 말에 탄 사람은 자신의 힘과 무게를 말의 그것과 결합하여 하나처럼 움직일 수 있었다. 말 등에 앉아 창을 들고 전속력으로 달리는 사람은 아주 강력한 전쟁 기계였다. 말을 탄 사람들은 기사거나 수련 기사들이었는데, 이들은 스콰이어들squires이라고 불렀다. 대토지를 소유한 영주들은 왕의 업무를 위해 수많은 기사들을 제공했다.

영주를 왕에게 속박시킨 것은 충성 서약이었다. 영주는 무릎을 꿇고 맞잡은 두 손을 들어 충성을 맹세했다. 왕이 영주의 손에 자신의 손을 포개어 올리면, 영주는 왕의 사람이 되어 그에게 봉사하겠다고 약속했다. 충성 서약이 이루어진 후에는, 신하가 일어서서 왕과 마주 선 뒤 서로 키스를 했다. 이것은 상호 종속적이고 평등한 의식으로 이

관계의 특성을 나타낸다. 다시 말해, 신하는 왕이 자신을 보호하는 한에서 충성하겠다고 약속한 것이다. 서유럽에서 왕권이 자리를 잡아가던 초기에는 통치자와 피통치자 사이에 암묵적인 계약이 있었는데 이런 관념은 완전히 사라지지 않았다.

우리가 알기로 마주 잡은 손은 기도하는 사람의 자세다. 그런데 기독교도들은 처음에는 선 채로 팔을 뻗고 그리스도가 영광스럽게 귀환하게 될 동쪽을 바라보며 기도를 했다. 기도하는 자세는 세속 영주에게 충성을 맹세하던 의식을 흉내 내고 있다. 이 의식의 기원과 그것이 의미하는 관계에 대한 논쟁이 있다. 게르만이 기원이냐 아니면 로마냐? 로마 사회에서는 전성기일 때도 성공을 원하는 젊은이는 후원자가 필요했으며, 제국이 약화되면서 점점 더 많은 사람들이 자신을 보호해 줄 강력한 사람을 찾기 시작했다. 하지만 손을 모으고 키스하는 의식은 게르만의 것이었다. 이것은 전사들과 그들의 족장에 의해 만들어진 유대였다.

국가를 운영하는 사람과 분리된 국가 개념은 사라졌다. 왕이 죽으면 유력한 신하들은 모두 다음 왕에게 충성을 서약해야 했다. 그러고

충성 서약
1220년에서 1235년 사이에 작성된 드레스덴본 작센 법전Sachsenspiegel의 일부.

나야 그 영토는 새로운 정부를 얻었다. 정부가 개인적인 결속이었기 때문에 왕은 자신의 영토를 자식들에게 나누어 줄 수 있었다. 셰익스피어 희곡의 리어 왕이나 제국을 한데 묶기 위해 노력했으면서도 아들들에게 땅을 나누어 준 샤를마뉴처럼 말이다. 새로운 정부는 새로운 충성 서약이 이루어진 후에 창출되었다. 연속성은 왕국의 영토에 있는 것이 아니라 혈통에 있었다. 로마 황제는 제국을 자식들에게 나누어 줄 수 있다고 생각하지 않았을 것이다. 제국이 동과 서로 나누어진 것은 제국의 행정과 방어를 개선하기 위해서였다.

봉건 군주들은 매우 힘이 약했기 때문에 어쩔 수 없이 그 나라 안의 강력한 사람들로부터 조언을 구해야 했다. 군주들은 자신이 완전히 통제하는 군대나 정기적인 조세제도, 공무원 조직을 가지고 있지 않았다. 그래서 어떤 결정을 내리기 전에 중요한 사람들을 불러 모아 그들의 조언을 듣고 동의를 구했다. 이렇게 조언을 받아들이는 체계는 성직자, 귀족, 그리고 평민이 의회에서 만나면서 공식화되었다.

'이스테이트estate'는 토지 재산을 의미하지 않았다.[10] 중세 시대에 이스테이트는 집단을 의미했다. 봉건 사회는 세 개의 집단으로 이루어져 있었다. 기도하는 것을 의무로 하는 성직자 집단, 싸우는 것을 의무로 하는 귀족 집단, 그리고 사회에 필요한 일, 즉 돈벌이와 노동을 하는 모든 사람들인 평민. '이스테이트'는 계급과는 아주 상이한 것이다. 계급은 공통의 경제적 관계를 지니고 있지만 이 세 집단은 기능으로 식별되었다. 즉 기도하기, 싸우기, 일하기가 바로 그것이다. 그들

---

10) estate의 사전적 의미는 '토지 재산'인데 '신분'이라는 뜻도 가지고 있다.

내부에는 그들의 재산과 그들이 경제 안에서 수행한 임무에 따라 엄청난 차이가 있었다. 성직자 집단에는 아주 부유한 대주교와 주교들뿐 아니라 지역 교구의 성직자도 포함될 수 있는데, 이 지역 교구의 성직자는 사실상 아주 가난한 사람이었다. 귀족은 아주 부유한 대토지 소유자뿐 아니라 가난한 귀족도 포함하고 있었다. 평민은 대상인과 은행가처럼 아주 돈이 많고 일부 귀족들보다 더 부유하며, 다른 평민들의 고용주인 사람들을 포함하고 있었다. 의회에 대표를 보낸 것은 바로 이러한 부유하고 재산을 소유한 평민들이지 노동자나 일용직 육체노동자들이 아니었다. 이 노동하는 사람들은 반쯤은 노예인 농노들이었다.

프랑스에는 세 개의 의회, 즉 삼부회가 있었다. 하나는 성직자 대표들이고, 다른 하나는 귀족이고, 세 번째는 평민 대표였다. 잉글랜드에서는 대주교와 주교로 대표되는 성직자 집단과 귀족이 귀족원에서 함께 모였고, 평민들은 따로 평민원을 가지고 있었다. 이러한 명칭은 군주제와 더불어 중세 시대의 유산인 현대 영국 의회에서도 존속하고 있다. 영국은 모든 사람에게 평민원에 대해 투표할 권한을 주고 귀족들의 권한을 제한하며 군주를 명목상의 우두머리로 전환함으로써 지금의 민주주의 국가가 되었다. 이것은 고전 시대 민주정치의 아테네 사람들로서는 인정하기 어려울 민주정치다.

중세의 의회들은 통치의 상시적인 일부가 아니어서 군주가 필요로 할 때에 소집되었다. 법률을 통과시키는 것은 그들의 주요 업무가 아니었다. 군주가 추가 세입이 필요할 때 의회를 소집했다. 중세의 왕들은 아주 빈약한 토대에서부터 권력을 쌓아 올렸다. 그들은 자신의 토지에서 나오는 소득과 정기적으로 거둬들일 수 있는 세금을 가지고 있었다. 하지만 주로 전쟁 같은 이유로 인해 비용이 증가하면 특별한 세금을 징수할 필요가 있었고 이 안건을 승인하기 위해 의회가 소집되었다. 그러면 의회는 불평을 늘어놓을 기회를 놓치지 않고, 왕의 대신들이나 의회의 의원들에 의해 발의된 몇 가지 새로운 법률을 통과시켰다.

중세 시대에 타운들이 성장하면서 상이한 형태의 정치 조직이 발전했다. 선출된 평의원들이 타운을 통치했으며 그다음에 이 평의원들이 시장을 선출했다. 중세의 군주들은 힘이 없었으므로 발전하는 타운들을 직접 통치하려고 하지 않았다. 대신에 자치를 허용하고 그에 대한 보상으로 충성을 바치고 세금과 추가 부담금을 납부하도록 했다. 타운 자치 의회는 동등한 사람들의 모임이었으며 그들이 맺은 서약은 상호적인 것이었다. 이것은 다른 모든 곳에서 운영되던 영주와 신하들의 세계와는 아주 달랐다. 시장과 자치 의회는 왕국 내부에서 자신들만의 도시를 통치하는 선출된 단체였는데, 이는 유럽의 발명품이다. 강력한 군주들은 경쟁자가 될 수 있는 중심 권력이 커지는 것을 허락하지 않는다. 그들은 자기 사람들로 도시를 책임지게 하지만 유럽의 군주들은 그러지 않았다. 유럽에서 상인, 은행가, 제조업자들의 부가 증대되자 그들은 준독립적인 그들의 지위 때문에 더욱 강력해졌다. 시골의 대영주들을 통제하기 위한 전투에서 군주는 부유한 평민과 그들의 부(세금이나 대출로 얻어 낸 것)에 의존하게 되었다. 그것 또한 아주 흔치 않은 현상이었다.

	군사 조직	정치적 정황	인사 형태법
고대	시민-병사	• 기원전 500년 그리스 민주정 • 로마공화정	공화주의식 거수경례
	유급 보병	• 기원전 27년 아우구스투스 (첫 번째 로마 황제)	공화주의식 거수경례
	유급 외국인 보병	• 디오클레티아누스와 콘스탄 티누스, 후기 제국 • 476년 제국 멸망	바닥에 엎드리기
중세	말 탄 기사(비상근)	• 봉건 군주와 '이스테이트'	무릎 꿇기, 키스하기
		• 직업상 동등자들의 타운 정부	상호 서약

중세 시대의 정부 형태

▌절대군주의 등장

약한 군주들은 귀족들과 충돌하고 의회와 경쟁했다. 근대, 즉 1400년경부터 군주들이 우위를 점하기 시작했다. 봉건 군주가 절대군주로 변하고 있었다. 그들은 의회에 의존할 필요가 없었다. 의회를 실제로 폐지하지는 않았지만 일부러 소집하지 않았다. 군주들은 자금을 마련하는 새로운 방법을 발견했다. 프랑스 왕들은 공직을 판매했다. 세관원이 되길 원한다면 왕에게 거액의 돈을 선불로 지불하고 그다음에 상인들에게 수수료를 받아 만회하면 되었다. 에스파냐의 왕들은 멕시코와 페루에서 들어온 금으로 횡재를 했다.

 '절대absolute'라는 말은 오해를 불러일으키는 용어일 수 있다. 이 용어는 유럽의 군주들이 그들 멋대로 할 수 있었다는 것을 뜻하지 않는다. 그들은 전제군주가 아니었다. 그들은 통상적으로 법을 준수해야 했으며 자신의 백성들에게 정의가 이루어지는지 살펴보아야 했다. 국가의 안전이 문제가 될 때에도 군주가 직접 참여하는 즉결 심판소를 더 많이 열어 까다로운 고객들을 처리해야 했다. 그들은 '왕은 지상에서 하느님의 대리인이므로 그에게 복종해야 한다'는 사상을 고취시켰는데, 그것은 초창기 왕들이 했던 것보다 더 과장된 주장이었다. 하지만 그들 역시 자신의 통치 방식이 하느님의 심판을 받으리라는 것을 알고 있었기 때문에 이 정식의 제한을 받았다. 확실히 그들은 봉건 군주들보다 더 위엄 있고 더 냉담했다. 왕과 신하 사이에 서로 키스하는 의식은 없어졌다. 당신이 군주 앞에서 무릎을 꿇으면, 군주는 손을 내밀어 그 손에 키스하는 것을 허락해 줄 것이다.

 군주들은 자신만의 군대를 구입하기 위해 자금을 사용했다. 이 군대는 이제 보병들의 군대였다. 중세 말에 기사들을 말에서 떨어뜨릴 수 있는 새로운 무기들이 개발되었다. 바로 긴 활과 파이크pike라고 하는 아주 긴 창이다. 잉글랜드는 긴 활보다 더 강력한 무기인 대궁을 발명했는데, 잉글랜드의 궁수들은 대궁으로 말에 탄 사람들의 갑옷을 꿰뚫어 말에서 떨어뜨릴 수 있었다. 프랑스인들은 처음에는 대궁을 불명예스러운 무기라고 생각하고 주눅 들지 않으려 했다. 제1차 세계대전에서 기관총을 비난하던 군대처럼, 프랑스 기사들은 그 궁사들을 비난하면서 살육당했다. 프랑스 군주가 자신만의 궁수들을 획득하는 데에는 오래 걸리지 않았다. 스위스인들이 파이크를 개발했는데, 그것은 길고 무거운 창이었다. 파이크를 어깨에 메고 행군한 다음에 전장에 도착하면 보병들이 방진을 갖추고 파이크를 낮게 바깥을 향하게 했다. 그러면 공격하던 기병들이 파이크에 타격당하여 말에서 떨어지거나 말들이 파이크에 찔렸다.

자신의 군대를 지니게 되자마자, 군주들은 신하들에게 그러니까 왕에게 반항한 대영주나 세금 납부를 거부한 가난한 농민들에게 군사력을 발휘할 수 있었다. 중세 말에 유럽에 화약이 들어온 것은 왕이 신하들을 통제하는 데 도움이 되었다. 왕의 군대가 성벽에 포탄을 발사해 그들을 파괴할 수 있었다.

유럽은 정상으로 복귀했다. 정부들이 진정으로 책임을 떠맡게 되었다. 하지만 피통치자들의 지배를 받는 통치자들이라는 초기의 기묘한 상황은 여전히 영향력이 있어서 잉글랜드에서는 의회가 살아남았을 뿐 아니라 강화되었으며, 어떤 프랑스 군주는 175년 동안 소집된 적이 없던 삼부회를 부활시켜야 했다.

유럽 대륙에서는 군주들이 정기적으로 서로 전쟁을 벌였기 때문에 왕은 육군을 발전시킬 강력한 권한을 가지고 있었다. 그러나 잉글랜드를 방어하기 위해서는 육군보다 해군이 필요했는데, 해군은 왕이 국내의 적들을 통제하는 데 쓸모가 없었다. 반대로 잉글랜드에서는 대규모 상비 육군을 보유하기를 원하는 왕은 잉글랜드의 자유를 위협하는 존재로 간주되었다. 이런 점이 잉글랜드 왕들이 필요하다면 그들의 신민들에게 향할 수도 있는 군사력을 얻는 것을 더욱 어렵게 만들었다. 그럼에도 17세기에 잉글랜드의 군주들은 유럽의 경향을 따라서 절대군주가 되었다.

▌잉글랜드의 의회정치

절대군주가 되고자 한 왕들은 스튜어트 가계에서 출현했는데, 이 혈통의 기원은 스코틀랜드였다. 결혼을 하지 않았던 엘리자베스 여왕 Queen Elizabeth이 1603년에 사망하자 왕위는 스코틀랜드의 제임스 6세 James VI에게로 넘어갔고, 그가 스코틀랜드 왕인 동시에 잉글랜드를 통치하는 제임스 1세James I가 되었다. 그의 스튜어트 가문 계승자들 모두 두 왕국을 통치했다.

제임스 1세, 그의 아들 찰스 1세Charles I, 그리고 그의 손자들인 찰스 2세Charles II와 제임스 2세James II, 이들 모두 의회와 사이가 좋지 않았다. 그들은 의회를 상대하면서 서투른 모습을 자주 보였고 결국에는 심각한 문제에 직면하게 되었다. 그들은 더 많은 세입이 필요해서 의회로부터 과세를 얻어 내려고 했지만 의회는 왕의 정책을 크게 통제하려고 했다. 왕은 당연히 의회의 침해에 저항했고 의회로 돌아가지 않기 위해 자금을 구할 다른 방법을 찾았다. 물론 그러한 행위는 의회가 왕을 더욱 의심하도록 만들었는데, 다른 유럽의 군주들이 하고 있는 것처럼 의회를 완전히 무시하려는 것으로 보였기 때문이다. 하지만 이러한 충돌을 악화시켜서 사람들이 의회의 대의를 위하여 목숨을 걸 태세를 갖추게 만든 것은 종교였다. 스튜어트가의 왕들은 가톨릭교도 또는 가톨릭교도와 결혼한 사람들이어서 프로테스탄트 신민들의 입장에서는 충분히 프로테스탄트적이지 않은 사람들이었다.

여기서 잠깐 잉글랜드의 종교개혁에 대해 짚고 넘어가자. 잉글랜드는 종교개혁이 시작된 독일의 방식과는 다르지만 종교개혁 기간 동안에 프로테스탄트 국가가 되었다. 잉글랜드에는 루터 같은 인물이 없었고 헨리 8세Henry VIII라는 국왕으로 인해 프로테스탄티즘을 향한 첫발을 내디뎠다. 그는 6명의 아내를 둔 왕으로 유명하다. 첫 번째 부인은 가톨릭교도였지만 그녀의 가장 큰 의무였던 남자 상속자를 생산하는 일을 할 수 없었다. 이와 같은 난처한 일에 대한 일반적인 해결책은 교황이 그 결혼을 무효로 만들 이유를 찾아 주는 것이다. 하지만 교황은 에스파냐의 통치자들인 왕비의 가족을 불쾌하게 만들기를 원하지 않았기 때문에 협조하지 않았다. 이에 헨리 8세는 1534년에 자기 자신이 잉글랜드에서 가톨릭교회의 수장이라고 선언했다. 그는 첫 번째 부인 캐서린Catherine과의 결혼을 무효라고 선언하고 앤 불린Anne Boleyn과 자신의 결혼을 인정해 줄 대주교를 임명했다. 헨리 이후에 잉글랜드 국교회(이제 이렇게 불렸다)는 더욱 확고하게 프로테스탄트적으로 변했지만 여전히 일부 가톨릭 의식들을 유지하고 있었으며 주교와 대주교가 있었다. 이런 점은 교회의 철저한 개혁을 원한 열성적인 프로테스탄트들, 즉 청교도들을 속상하게 만들었다.

제임스 1세는 청교도들의 요구 사항에 저항했지만 성서의 새로운 번역에 동의함으로써 종교개혁에 큰 기여를 했다. 킹 제임스 성경The King James Version은 기품이 있으면서도 활기찬데, 이후 3세기 동안 잉글랜드 사람들의 성서였다. 제임스의 아들 찰스 1세는 신학과 의식에서는 오늘날 고교회주의High Anglicanism라고 알려진 것을 선호했는데, 그것은 청교도들뿐 아니라 대부분의 프로테스탄트들에게는 너무나 로마 가톨릭에 가까운 것이었다. 찰스는 자신이 수장으로 있는 잉글랜드 국교회에 자신의 견해를 강요해서 사람들을 화나게 만들었다. 그는 가톨릭 신자는 아니었지만 왕비가 가톨릭교도였으며, 그녀가 궁정에서 미사를 올릴 수 있도록 따로 성직자를 두는 장치를 특별히 마련해 두었다.

찰스는 곧 의회와 교착 상태에 빠졌고 11년 동안 의회 없이 통치했는데, 의회는 왕의 명에 의해서만 소집되는 것이었기 때문에 그는 그렇게 할 자격이 있었다. 그는 신중하게 다시는 의회를 소집하지 않을 방법을 찾으려 했는지 모르지만, 매우 어리석게도 자신의 다른 왕국인 스코틀랜드 국민들에게 자신이 선호하는 숭배 방식을 강요하려는 시도를 했다. 그런데 스코틀랜드인들은 프로테스탄트적인 성향이 더 강했고, 성격도 불같았다. 그들은 무력으로 찰스를 단념시키기 위해 잉글랜드로 군대를 파견했다. 찰스는 스코틀랜드인들과 싸우기 위해서 군대가 필요했고 어쩔 수 없이 군대에 지출할 세금을 징수하기 위한 의회를 소집했다. 의회는 기회를 잡게 되자 교회와 국가에 대한 왕의 권력을 제한하고 의회의 권력을 증대시키려고 했다. 의회는 찰스의 주요 각료와 그의 고교회파 캔터베리 대주교를 처형했다. 찰스는 처음에는 의회의 수중에 있었지만 결국에는 그를 지지하는 왕당파를 규합했다. 그리하여 의회파와 왕당파는 전쟁에 돌입했다. 의회가 전쟁에서 승리했고 의회파의 사령관인 올리버 크롬웰Oliver Cromwell이 재판을 조직하여 1649년에 왕을 처형했다. 그리고 나서 크롬웰은 왕을 대신해서 통치했다. 그는 의회를 소집했으나 의회와 사이가 좋지 않았고, 그가 살아 있는 동안 잉글랜드는 사실상 군사독재 정권이었다.

크롬웰이 죽은 후에 그의 장군들 가운데 한 사람이 찰스 시기의 의회를 다시 소집했고, 그 의회는 망명 중인 찰스의 아들에게 귀국하여 왕위에 오르게 했다.

아버지의 죽음이 자신의 주장을 너무 멀리까지 밀고 나가서는 안된다는 사실을 알려 주고 있는데도, 찰스 2세는 왕과 의회의 권력에 어떠한 공식적인 변화도 없이 치세를 시작했다. 그는 가톨릭의 교의에 공감했고 임종에 이르러서 가톨릭교도가 되었다. 그에게는 정부가 낳은 자식들은 많았지만 왕비가 낳은 자식이 없었다. 다음 왕은 그의 동생 제임스가 될 것이었는데, 그는 공공연한 가톨릭교도였다. 의회가 그를 왕위에서 배제하는 법률을 통과시키려고 하자 왕은 의회를 해산해 버렸다. 하지만 그는 의회 없이 세금을 올릴 수 없었다. 이러한 어려운 상황을 프랑스의 절대주의적 왕 루이 14세Louis XIV에게 비밀리에 자금을 받아 극복했다. 루이 14세는 프랑스를 완전한 가톨릭 국가로 만들기 위하여 프로테스탄트들에 대한 관용을 철회한 인물이

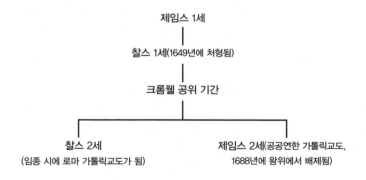

잉글랜드 스튜어트 가문 가계도

었다. 그로 인해 수천 명이 프랑스에서 다른 나라로 피신했다. 프로테스탄트 국가인 잉글랜드가 제임스 2세라는 가톨릭교도 왕을 얻은 바로 그 순간, 즉 1685년에 프랑스에서는 프로테스탄티즘이 공격당하고 있었다.

제임스는 사람들이 원하는 인물이 자신이 아니라는 점을 알고 있었음에도 주의 깊게 일을 진행하지 못했다. 그는 공공연히 가톨릭교를 장려하면서 이것이야말로 진정한 신앙이라고 생각했다. 잉글랜드 내전으로 인한 모든 고통과 그에 뒤이은 군사독재를 겪은 이후, 많은 의회파 의원들은 제임스를 묵인하고 넘어갈 준비가 되어 있었다. 그런데 가톨릭교도인 그의 두 번째 왕비가 남자 상속자를 생산했다. 이제 잉글랜드는 가톨릭 계열의 왕들을 갖게 될지도 모른다. 왕자가 탄생하자마자, 의회의 거의 전원이 그를 제거하기로 결정했다. 의회 지도자들은 한 프로테스탄트 지도자에게 잉글랜드로 군대를 이끌고 와서 왕위를 취할 것을 요청했다. 이 사람은 네덜란드 사람, 오렌지 가문의 윌리엄William of Orange인데[11], 그는 제임스와 그의 첫 번째 프로테스탄트 부인 사이에서 태어난 딸 메리Mary와 결혼한 사람이었다. 윌리엄은 유럽에서 프로테스탄트 대의를 옹호하는 투사였으며 루이 14세로부터 자신의 나라를 지키기 위하여 여러 차례 전투를 치렀다.

의회의 모반은 매우 순조롭게 진행되었다. 윌리엄은 순풍을 타고 신속하게 영국해협을 넘어갔다. 그가 상륙하자마자 제임스의 군대 거의 모두가 왕을 버리고 적군으로 전향해 버렸다. 제임스는 아일랜드

---

11) 오라녀의 빌럼이라고도 한다.

로 달아났는데, 의회가 그를 심문하거나 그의 목을 자를 필요가 없었기 때문에 차라리 잘된 일이었다. 의회는 그저 왕위가 공석이 되었으니 윌리엄과 메리를 공동의 군주로 취임시킨다고 선언하기만 하면 되었다.

왕과 의회의 권력은 이제 의회에 의해 다시 정의되었으며 오직 이 조건하에서만 윌리엄과 메리에게 왕위를 인정해 주었다. 헌정을 다시 고쳐 쓴 문서는 〈권리장전〉이라고 불린다. 여기에는 의회를 위한 권리와 개인을 위한 권리가 함께 담겨 있다.

개인의 권리
- 모든 신민은 군주에게 청원할 권리를 지닌다(제임스는 그의 종교 정책에 반대하는 청원을 하는 성직자들을 처벌했다).
- 과도한 보석금을 요구받아서는 안 된다. 또한 과도한 벌금을 부과받아서는 안 된다.
- 잔혹하거나 비정상적인 형벌을 받아서는 안 된다.
- 프로테스탄트들은 무기를 소지할 권리가 있어야 한다.
- 배심원석이 왕권에 의해 채워져서는 안 된다.

현대의 기준으로 보면 개인의 권리에 관한 목록으로는 제한적이지만, 이후에 나올 권리에 관한 모든 성명의 기초가 된 문서였다. 미국의 권리장전은 '잔혹하고 비정상적인 형벌'이라는 용어를 포함하고 있기까지 한다.

의회의 권리

– 의회는 정기적으로 소집되어야 한다.

– 국왕은 법의 효력을 정지시키거나 법의 실행을 막을 수 없다(제임스는 가톨릭교
도들에 반하는 법률은 효력을 정지시키거나 실행을 막았다).

– 의회만이 과세를 승인할 수 있다(제임스는 전임자들처럼 국왕의 권위를 기반으로
세금을 부과했다).

– 국회의 동의 없이 평시에 상비군을 유지할 수 없다(제임스는 군대를 창설했다).

– 국왕은 자신이 주관하는 법정을 설치할 수 없다(제임스는 교회에 대한 통제를 강
행하기 위하여 법정을 설치했다).

– 국왕과 그의 대신들은 의회 의원 선거에 개입해서는 안 된다(제임스는 선거를 조
직하여 자신의 견해에 호의적인 의회를 만들려는 시도를 했다).

– 의회 의원은 의회 안에서 법적 소송의 위협 없이 자유롭게 말할 수 있어야 한
다(오늘날 국회의원의 면책특권이라고 불리는 것이다).

그리하여 의회는 의회 자체를 헌정의 영구적인 일부분으로 만들었
다. 모든 것이 전혀 피를 흘리지 않고 이루어졌다. 의회에 의한 이 쿠
데타는 '명예혁명'이라는 이름을 얻었다. 군주는 여전히 상당한 권력
을 떠맡았다. 각료들의 선발, 정책 지휘, 조약 체결, 전쟁 선포는 군주
의 권한이었다. 하지만 군주들은 의회의 동의가 있어야만 세금을 거
둘 수 있었기 때문에, 의회가 지지하는 각료를 선발해야 했다. 이 제
약은 시간이 흐르면서 오늘날 영국과 웨스트민스터 방식의 정부를
따라온 모든 나라들에서 운영되는 체제를 낳았다. 군주나 그들의 대
표자가 공식적인 책임자이지만 모든 사안에서 의회에 책임을 지는

각료들의 조언을 따르지 않으면 안 된다.

　윌리엄과 메리는 자식이 없었다. 메리의 동생이며 제임스 2세의 딸인 앤Anne이 그들을 이어 통치했으나 그녀의 자식 중에는 생존자가 하나도 없었다. 의회는 다음으로 누가 군주가 되어야 할지를 결정했는데 강력한 자격을 지니고 있는 스튜어트 가문의 가톨릭 자손들을 제외시키고, 제임스 1세의 손녀이며 프로테스탄트이고 독일 하노버 선거 제후의 부인인 소피아Sophia를 선택했다. 그녀와 그녀의 상속인들이 새로운 왕족의 혈통이 될 것이었다. 의회는 원하는 군주를 얻기 위해 조직적으로 움직였다. 그런데 앤이 사망한 시점에 소피아도 사망해서 왕위는 그녀의 아들 조지George에게로 넘어갔다. 그는 영어를

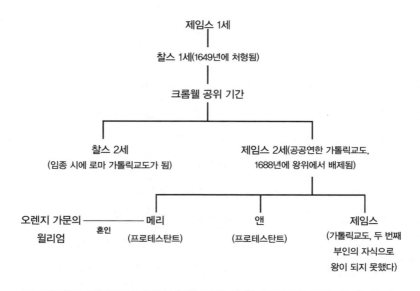

잉글랜드 스튜어트 가문 가계도

할 줄 몰랐고 하노버에서 대부분의 시간을 보낸 인물이었다.

　이러한 배치를 준비하면서 의회는 두 가지 중요한 규정을 만들었
는데 지금까지도 잉글랜드 헌정의 일부분으로 남아 있다.

- 군주는 프로테스탄트, 즉 잉글랜드 국교회의 일원이어야 하며 가톨릭교도와
  결혼하지 않은 사람이어야 한다.
- 군주가 판사를 임명하지만, 판사를 해임하는 것은 두 의회의 투표로만 결정될
  수 있다.

　권리장전은 의회, 즉 입법부가 정부 조직에서 강력하고 영구적이며
독립적인 부분이라는 점을 확실하게 만들었다. 그리고 그들을 임명한
행정부, 즉 국왕과 그의 각료들로부터 판사들의 독립도 확보되었다.
국가는 프로테스탄트로 확고하게 굳어져서 프로테스탄트의 자유를
보장해 주는 것으로 간주되었다. 초기 프로테스탄티즘은 개인의 자
유를 보증하는 것이었다. 프로테스탄티즘이 교황과 주교의 권위에 대
한 도전이자 개인의 양심과 경험의 고양이었기 때문이다. 잉글랜드의
적으로 간주된 프랑스와 에스파냐의 절대주의 군주들이 가톨릭교도
였고, 의회를 무시한 잉글랜드 왕들이 가톨릭이거나 가톨릭교에 관대
한 것처럼 보였기 때문에 잉글랜드에서 프로테스탄티즘은 더욱 확고
하게 자유와 결부되었다. 의회를 지키는 것과 프로테스탄트 신앙을
지키는 것은 동일한 대의가 되었다.

　의회를 구성하고 있던 잉글랜드의 귀족과 토지를 소유한 젠틀맨들
은 이러한 방식으로 자유주의 국가의 제도적 장치를 확립했다. 그것

은 가톨릭교도들에 대한 적대에 기반을 두고 있었기 때문에 완전히 자유주의적이지는 않았다. 또한 자유주의의 원리들을 수용하여 도달된 것도 아니었다. 의회는 항상 의회가 고대의 권리와 자유를 보존하고 있을 따름이라고 선언했다. 국왕들과 오랜 전투를 치루는 동안에, 의회 의원들은 대륙의 절대군주들처럼 행동하려는 생각을 품은 왕들을 좌절시키는 데 필요한 것들(국왕은 의회를 소집해야만 하고, 의회 없이 과세할 수 없으며, 법정을 통제해서는 안 된다)을 산출해 냈다. 더 광범위한 원칙은 승리를 쟁취한 이후에 명백해졌다.

의회의 쿠데타를 지지하는 자유주의적 원칙을 공식화한 철학자는 영국인 존 로크John Locke였다. 그의 책《통치론Two Treatises of Government》은 혁명 직후인 1690년에 출판되었다. 로크는 로마의 자연법 사상에 의존하여 인간은 생명, 자유, 재산에 대한 일정한 자연적 권리를 지니고 있으며, 정부를 형성하면서 계약을 체결한다고 주장했다. 자신들의 권리가 보호받을 수 있도록 계약을 통해 정부에 권력을 부여한다는 것이다. 하지만 이러한 권리가 보호받지 못한다면 인민은 이 정부를 해산하고 또 다른 정부를 형성할 권리를 지닌다. 신과 같은 특성을 가진 국왕과 신민의 복종할 의무가 모두 일소되었고 정부는 일종의 사업과 같은 거래로 개조되었다. 하지만 이 철학자가 정부를 계약으로 규정한 첫 번째 사람은 아니다. 이런 생각은 봉건 군주와 그들의 신민 사이의 관계에 내재해 있었으며, 의회가 존재하는 동안에는 사람들의 머릿속에서만 존재했을지라도 신민에 맞서는 것이 아니라 그들과 더불어 통치한다는 관념이 존속했다. 잉글랜드에서 로크의 책은 과거에 일어난 일을 정당화하는 것이었으며 혁명적이지는 않았다. 오히려 이후 아메리카와 프랑스의 반란 세력들에게 반란에 대한 정당화와 새로운 질서를 정의하는 데 필요한 권리의 언어를 제공해 주었다.

▌프랑스혁명

초기 프랑스혁명은 잉글랜드의 정부와 같은 입헌군주제를 세우는 것을 목표로 했다. 1780년대에 군주가 파산에 직면했기 때문에 개혁가들이 기회를 잡을 수 있었다. 루이 16세는 무너질 것 같은 조세체계를 일률적이고 공정하며 더 효율적으로 만들려는 계획을 품은 개혁적인 재무 장관들을 고용했다. 가장 극적인 변화는 귀족도 처음으로 다른 모든 사람과 동일한 세율로 세금을 지불해야 하는 것이었다. 예전에 그들은 국가를 위해 싸울 때 자기 자신과 자신의 사람들을 제공하여 국가에 기여한다는 이유로 더 적은 세금을 지불했다. 군주가 자신의 군대를 갖기 위해 조세체계를 개혁하는 것은 아니었지만 귀족들은 당연히 개혁 조치에 반대했다. 절대군주들은 그들이 통제하는 국가를 만들기 위하여 귀족을 열외시켰지만, 제거하지는 못했다. 귀족들은 막대한 위세를 지니고 있었고, 국왕의 칙령을 기록해야 하는 법정, 궁정, 군대에서 중요한 지위를 장악하고 있었다. 그들은 세금 지불을 요청받자 빗발치듯 항의를 제기했으며 고대의 권리에서 비롯된 전제군주적인 공격에 대한 저항은 이상하리만큼 많은 대중의 지지를 받았다. 이는 왕의 절대주의가 얼마나 제한적이었는지를 보여 준다. 루이 16세보다 더 대담하고 단호한 사람이 군주였다면 그 변화를 밀고 나가 강제로 시행했을 것이다. 대신에 그는 의회의 권위만이 새로운 세금을 도입할 수 있다는 다방면의 조언을 받아들였다. 그래서 175년 동안 열리지 않았던 삼부회가 소집되었다.

삼부회를 구성하는 방법에 대한 맹렬한 주장이 즉각 터져 나왔다. 세 계급 또는 신분(성직자, 귀족, 그리고 프랑스에서는 '제3신분'으로 불렸던 평민) 각각이 자신들의 의회를 가지고 있었다. 모든 법안은 세 의회 모두가 동의해야만 채택되었다. 제3신분의 지도자들은 주로 법률가들이었는데, 귀족과 성직자들로부터 동의를 얻어야만 한다면 자신들이 프랑스에 새로운 헌정을 부여할 수 있는 기회가 희박할 것이라는 점을 알고 있었다. 그들은 세 의회가 함께 회합을 열어서 표결을 할 것과 제3신분의 수, 근면함, 부를 인정한다는 의미로 대표수를 배로 늘릴 것을 요구했다. 처음에 왕은 어떠한 변화도 거부했다. 그러나 나중에 절반 정도 양보했는데, 이는 루이에게는 흔한 일로 이것이 사태를 더욱 악화시켰다. 그는 제3신분 대표의 수를 배로 늘리는 데 동의했지만, 각 의회들은 그대로 분리해서 별도의 회합을 가지자고 제안했다. 이렇게 따로 회합을 가진다면 제3신분의 대표자 수가 많고 적음은 아무런 차이도 만들지 못할 것이 당연했다. 그들이 무엇을 제안하든지 귀족이나 성직자들에 의해 거부될 수 있었다.

1789년에 삼부회가 개최되었을 때 이 주장은 계속되었다. 제3신분은 스스로를 진정한 국민의 의회, 국민의회라고 선언하고 다른 계급들에게 합류할 것을 요청했다. 어느 날 그들이 베르사유의 왕국에 있는 모임 장소에 도착했을 때, 출입문이 모두 닫혀 있는 것을 발견했다. 문이 닫혀 있었던 이유는 그저 방에 페인트칠을 하기 위한 것이었지만 대표들은 국왕이 국민의회를 폐쇄하려 한다고 생각해서 매우 흥분했다. 그들은 즉시 근처에 있는 실내 테니스 코트로 가서 프랑스

자크루이 다비드, 〈테니스 코트 서약〉, 1791년.

를 헌법을 가진 나라로 만들 때까지 해산하지 않기로 서약했다. 궁정화가 다비드가 이 순간을 그림으로 남겨, 예술을 추구하는 삶의 유명한 사례가 되었다. 5년 전에 다비드는 〈호라티우스 형제의 맹세〉를 그렸는데, 그 그림은 호라티우스 가문의 아버지와 아들들이 팔을 들어 공화주의식 경례를 하는 모습을 보여 주고 있다. 국민의회에서 프랑스를 헌법을 가진 나라로 만들자고 서약할 때도 제3신분의 혁명가들은 그와 동일한 방식의 경례를 했다.

많은 성직자와 소수의 귀족들이 국민의회에 합류했다. 국왕은 헌정상 삼부회에 상설적인 위치를 부여하겠지만 세 신분이 함께 회합을 가지는 데에는 동의하지 않겠다는 의사를 표명했다. 그는 국민의회가 세 의회 중에 하나의 의회로 돌아가지 않는다면 폭력을 행사하겠다고 위협했다. 하지만 저항에 부딪히자 폭력을 사용하지 않았으며, 국왕은 주장을 굽히고 아주 불확실한 어투로 다른 계급들에게 제3신분에 합류하라고 지시했다.

국민의회의 지도자들은 계몽주의 인사들이었다. 그들은 아주 분명하게 자유주의적이고 평등주의적인 원칙을 지니고 있었다. 그들의 슬로건은 자유, 평등, 우애였다. 국민의회는 〈인간과 시민의 권리선언〉이라는 제목으로 선언문을 발표했다. 이 권리는 단지 프랑스인들만을 위한 것이 아니라 전 인류를 위한 권리였다. 다음은 선언문의 주요 항목을 요약한 것이다.

- 인간은 태어날 때부터 자유롭고 모든 권리에서 동등하다.
- 이러한 권리란 자유, 재산, 안전 그리고 압제에 대한 저항이다.
- 주권은 국민에게 있다.
- 자유는 타인을 해치지 않는 일이면 무엇이든 할 수 있는 능력에 있다.
- 모든 시민은 직접 또는 대표를 통해서 법의 형성에 참가할 권리를 가진다.
- 법으로 정해진 사례와 법이 규정한 양식에 따르지 않고는 아무도 기소, 체포, 구금되지 않는다.
- 반드시 필요한 형벌만이 법률에 의해 규정될 수 있다.
- 어떤 사람도 자신의 의견 표명을 방해받아서는 안 된다. 종교에 대한 의견이라도 마찬가지다.
- 모든 시민은 자유롭게 말하고, 쓰고, 출판할 수 있다. 하지만 법률에 규정된 경우에 이 자유의 남용에 대해서는 자신의 책임이다.
- 권력의 분립이 이루어지지 않은 정치체제는 헌법을 가지고 있지 않은 것이다.

이것은 근대 민주정치의 근간을 이루는 명예로운 문서이지만, 불명예스러운 혁명을 생산하고 말 것이었다. 이 원칙에 찬성한 사람들은 잉글랜드와 같은 입헌군주제를 원했지만, 주권은 국민에게 있고 모든 인간이 동등하다고 선언했을 때 국왕의 안위는 어떻게 되는가? 그 문서를 입안한 사람들은 자신들이 통치하기를 원했고, 헌법을 작성하면서 재산 소유자만이 투표해야 한다고 결정했다. 하지만 그들이 모두가 동등한 권리를 지닌다고 선언했을 때 어떻게 평민을 배제할 수 있을까? 루이가 어쩔 수 없이 그 선언문을 수용하는 체한 것은 오직 평민들의 행동이 있었기 때문이었다. 그들은 국왕의 바스티유 요새를 습격했으며 국왕이 베르사유에 있는 그의 궁전을 떠나 파리 인민의 한가운데서 살도록 만들었다. 평민은 혁명을 일으키는 데 이바지하였으므로, 그들은 사라지지 않을 것이었다.

프랑스가 잉글랜드와 유사한 헌정 또는 1688년 같은 무혈혁명을 만들어 내는 과정에서 너무도 많은 약속이 이루어졌고 너무도 많은 위협이 있었다. 그 혁명은 새로운 원리로 움직이지 않았다. 사실 새로운 원리의 과잉이 있었다. 국왕은 그 원리를 받아들이지 않을 것이며, 할 수만 있다면 통치에서 일어난 모든 변화를 되돌리겠다는 것을 분명히 했다. 이러한 태도가 급진파들에게 기회를 제공했다. 그들은 변화를 안전하게 지키기 위해서는 인민과 동맹을 맺고 왕을 통제하거나 제거해야 한다고 주장했다. 국왕의 태도는 변화를 원한 사람들 사이에서 반발을 야기했는데, 이 변화는 책임이 있는 인민과 함께 하는 민주적인 것이 아니었다.

얼마 못 가서 혁명가들 사이에 내분이 일어났다. 다비드가 〈테니스

	군사 조직	정치적 정황	인사 형태법
고대	시민-병사	• 기원전 500년 그리스 민주정 • 로마공화정	공화주의식 거수경례
	유급 보병	• 기원전 27년 아우구스투스 (첫 번째 로마 황제)	공화주의식 거수경례
	유급 외국인 보병	• 디오클레티아누스와 콘스탄 티누스, 후기 제국 • 476년 제국 멸망	바닥에 엎드리기
중세	말 탄 기사(비상근)	• 봉건 군주와 '이스테이트'	무릎 꿇기, 키스하기
		• 직업상 동등자들의 타운 정부	상호 서약
근대	유급 보병 (잉글랜드: 해군)	• 절대군주 (잉글랜드: 의회정치)	손에 키스하기
	시민-병사(징집병)	• 1789년 프랑스혁명	공화주의식 거수경례

근대의 정부 형태

코트 서약〉 그림에 물감을 칠하지 않은 한 가지 이유는 거기에 참석했던 사람들 가운데 많은 수가 혁명의 적으로 규정되어 처형당했다는 것이다. 급진파들은 예전에 도미니쿠스 수도회의 자코뱅 수도원에서 모임을 가졌기 때문에 자코뱅이라 불렸다. 그들의 지도자는 냉정

미라보Mirabeau의 초상화
미라보는 프랑스혁명 초기의 지도자
다. 그의 곁에는 브루투스의 흉상이
놓여 있고 뒷면 벽에는 처형당한 아
들들의 시신이 집으로 도착했을 때
브루투스의 모습을 그린 다비드의
그림이 걸려 있다.

하고 강철 같은 막시밀리앙 로베스피에르Maximilien Robespierre였다. 자
코뱅은 그들 자신을 혁명적 독재 정권으로 전환시켰다. 그들은 국왕
을 처형하고, 반대파들을 의회에서 몰아내고 반대파의 신문을 폐간시
켰으며, 혁명의 배반자들을 처형하기 위해 특별 인민재판을 열었다.
그들은 독재를 위해 다음과 같은 구실을 댔다. 유럽의 군주제 국가와
인간의 권리에 대한 원리를 채택하도록 만들기 위해 혁명가들이 전쟁
을 벌였기 때문에 프랑스가 심각한 위험에 직면해 있다. 이 목적을 달
성하기 위해 그들이 창설한 군대는 모든 성인 남성이 징집되어 만들
어진 새로운 종류의 군대, 즉 무장한 인민이었다.

혁명가들은 리비우스를 그들의 방식으로 독해했다. 혁명적 전제정
치의 수호성인은 브루투스, 즉 자신의 아들들을 처형하는 것에 동의
한 로마공화정의 창설자였다. 의회 연단 옆에 브루투스의 흉상이 있
었고, 거리의 이름들이 브루투스로 바뀌었으며, 부모들은 자식들을

브루투스라고 불렀다. 자코뱅 클럽이 공화국을 건설했기 때문에 킹, 퀸, 잭이 그려진 카드를 가지고 놀 수 없었다. 그 대신에 현인, 덕, 전사가 있었다. 브루투스는 현인 중의 한 사람이었다. 국왕은 타르퀸으로 불렸으며, 로마에서 그러했듯이 군주제의 복원을 요구하는 것은 위법행위였다. 저 준엄한 공화주의의 덕, 다시 말해 국가를 위해 모든 것을 희생해야 한다는 믿음, 기꺼이 피가 흐르는 것을 보고 그러면서 정화되고 있다고 생각하는 태도, 이것이 첫 번째 근대 전체주의적 국가에 대한 로마의 기여였다.

종교와 정치가 공생하는 법

우리의 역사는 거대한 제국과 함께, 그리고 제국의 몰락으로 시작된다. 유럽은 로마제국으로부터 많은 것을 취했으며 제국이 붕괴될 때 보여 준 특성에 깊은 영향을 받아 형성되었다. 에드워드 기번Edward Gibbon이 쓴 방대한 역사책《로마제국쇠망사The History of the Decline and Fall of the Roman Empire》의 제목은 우리의 의식 속에 아로새겨져 있다. 그 사건 이후에 산다는 것, 즉 위대한 문명이 있었는데 지금은 사라졌다는 사실을 알고 있다면 어떤 느낌이었을까? 하지만 중세의 영주나 학자에게 로마제국이 존재하지 않는 현재에 살고 있다는 것이 어떤 기분인지 물어보았다면, 그들은 어리둥절했을 것이다. 그들의 눈에 로마제국은 여전히 살아 있었다. 실제로 로마제국이라고 불린 어떤 것이 19세기까지 존재했고 마지막 로마 황제는 자신의 혈통을 아우구스투스까지 거슬러 추적했다. 어떻게 된 일일까?

▋프랑크왕국의 분열과 그 이후

아우구스투스의 치세는 기원전 27년에 시작했으며 서쪽에서 그가 창
건한 제국은 500년 동안 지속되었다. 400년경에 제국은 동과 서로 영
구히 나누어졌고 동쪽 제국은 1453년까지 또 한 번 1,000년이 지나도
록 존속했다. 서로마제국을 침입한 야만인들은 동쪽 제국의 황제를
인정했다. 프랑크족의 첫 번째 기독교도 왕인 클로비스Clovis I는 동쪽
황제로부터 '집정관'이라는 칭호를 받았다. 로마에 남아 있던 교황 또
한 동쪽 황제를 인정했다. 야만족이 침입하고 서쪽 제국이 붕괴되었지
만, 교황이 보기에 구질서의 주요한 부분은 아직 온전한 상태였다. 로
마에는 교황이 있었고 콘스탄티노플에는 황제, 즉 기독교 로마 황제
가 있었다. 교황과 황제, 두 권위가 공동으로 기독교 세계를 통제할 것
이었다. 그러나 교황이 동쪽 제국 황제의 도움을 정말로 필요로 할 때,
황제는 그를 구하는 데 큰 기여를 할 수 없었다.

교황에게 닥친 위험은 롬바르드족으로부터 왔는데, 그들은 8세기
에 일어난 게르만족의 두 번째 침입 때 온 사람들이다. 그들은 로마와
그 주변의 땅을 포함한 이탈리아를 완전히 장악할 태세였다. 이것은
교황에게 중대한 위협이었다. 오늘날에도 교황은 바티칸시국라고 하
는 작은 지역을 가지고 있다. 그곳은 아주 작지만 교황 자신의 국가
로 이탈리아의 일부가 아니다. 교황은 자신의 영토에서 주권을 잃으
면 독립성이 상실될 것을 항상 두려워했다. 바티칸이 이탈리아의 일
부였다고 상상해 보라. 이탈리아는 교회를 포함하여 삶의 모든 영역

에서 동등한 기회가 보장되어야 한다는 법을 통과시켰을지도 모른다. 교회는 교황은 말할 것도 없고 여성 주교를 한 사람도 임명하지 않은 것 때문에 조사받았을 것이다. 교회의 재산에는 세금을 부과하고 이탈리아의 모든 공중화장실에 콘돔이 비치되어 있어야 한다는 법을 통과시켰을지도 모른다.

마찬가지로 8세기에 교황은 롬바르드족의 통제에 종속되기를 원치 않았다. 그는 동쪽 황제에게 도움을 구했지만, 황제는 자신의 영토에 침입한 무슬림을 상대하느라 정신이 없었다. 그래서 교황은 알프스산맥 너머 북쪽에 있는 프랑크족에 기대를 걸었다. 프랑크족은 서쪽, 현재의 프랑스가 위치한 곳에 강력한 국가를 건설한 게르만족이었다. 기독교도인 프랑크족의 왕 피핀Pépin은 남으로 이동하여 이탈리아에 있던 롬바르드족을 진압했다. 그는 로마 주변의 넓은 영토를 교황이 맡도록 했고, 그 지대는 교황의 것이 되었다. 여러 차례 경계선의 변화가 있었지만 이 영토는 19세기까지 교황의 영토로 남아 있었다. 교황이 지금처럼 손수건만 한 작은 왕국을 갖게 된 것은 통일된 이탈리아 국가가 건설되면서였다.

국왕 피핀의 아들 샤를마뉴는 프랑크왕국의 영토를 크게 확장했다. 그의 영토는 에스파냐 쪽으로 피레네산맥 너머까지, 그의 아버지가 교황에게 할당해 준 땅을 포함해서 이탈리아의 북쪽 절반 정도까지, 동으로는 오스트리아 그리고 현대 독일의 대부분으로 확대되었다. 로마가 멸망한 이래로, 짧게 끝나 버린 히틀러Adolf Hitler의 제국과 나폴레옹Napoléon Bonaparte의 제국을 제외하면 그렇게 광대한 지역을 차지했던 유럽 국가는 하나도 없었다. 독일에서 샤를마뉴는 색슨족을 상

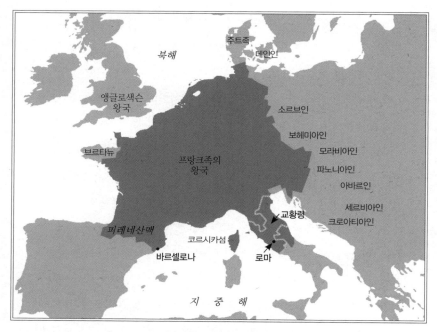

프랑크족의 왕국은 점차 성장하여 현대의 프랑스 그리고 독일, 에스파냐, 이탈리아의 일부분을 포함하게 되었다.

대하고 있었는데, 그들은 로마제국으로 넘어오지 않았다. 색슨족은 이교도들이어서 샤를마뉴는 그들에게 기독교로 개종하든지 아니면 노예가 되어 왕국의 심장부로 회송되든지 택하도록 했다.

800년에 샤를마뉴는 로마를 방문하여 대성당의 성탄절 미사에 참여했다. 미사가 끝난 후, 표면적으로는 아무런 사전 통고도 없이 교황이 샤를마뉴의 머리에 왕관을 씌워 주고 그를 로마의 황제라고 선언했다. 자신을 보호해 줄 권력을 얻기 위해 황제를 지정한 것이다. 하지만 이것은 동쪽의 황제에게 등을 돌리는 행위였으므로, 그는 자신

156

의 행동에 대한 핑계가 필요했다. 무엇이 더 수월하겠는가. 그때 콘스탄티노플의 황제는 어떤 여인이었는데, 그녀는 황제인 자기 아들의 눈을 멀게 만들어 그를 제거하고 스스로 왕위에 올랐다. 교황의 행동으로 이제 그녀는 서쪽이 인정한 황제가 아니었다.

나중에 800년 성탄절에 대성당에서 일어난 일에 대하여 교황과 황제들 사이에 큰 논쟁이 있었다. 교황들은 샤를마뉴의 머리에 왕관을 씌워 준 사람이 교황이라는 점을 강조했는데, 이것은 교황이 황제보다 위에 있음을 가리켰다. 하지만 교황은 샤를마뉴의 머리에 왕관을 씌워 준 후에 샤를마뉴에게 고개를 숙여 인사를 했다. 따라서 황제들은 교황이 황제의 권력이 상위라는 점을 인정하고 있었다고 말했다. 황제들은 샤를마뉴가 자신의 능력으로 스스로를 강력한 인물로 만들었기 때문에 교황은 이 보호자를 선택할 수밖에 없었다고 나름 이치에 닿게 이야기했다. 그의 힘은 교황의 도움에 의존하지 않았다.

샤를마뉴의 제국은 로마제국과는 아주 상이했으며, 샤를마뉴 역시 로마의 황제들과도 아주 상이한 통치자였다. 그는 근본적으로 여전히 야만인 출신 왕이었다. 스스로 배워 나가고 있어서 읽기를 배웠지만, 즉 라틴어를 읽을 수 있었지만 쓰는 데는 어려움이 따랐다. 말년에 이를 때까지 쓰기 연습을 하기 위해 침대 옆에 밀랍으로 만든 작은 글자판을 놓아두고 있었지만, 결코 그 요령을 터득하지 못했다. 하지만 그는 문명화를 이루는 힘으로써 제국에 대하여 분명하게 이해하고 있었는데, 이는 로마의 사례에서 배운 것이었다. 그의 게르만 선조들은 약탈하며 살았고, 그들이 로마제국으로 들어온 것은 더 많은 약탈을 원했기 때문이었다. 그래서 정부는 그저 권력을 잡은 사람들과 그들의 친구들을 부유하게 만들기 위한 약탈 체계가 되도록 조직될 가능성이 있었다. 실제로 고대와 근대에 이와 유사한 정부들이 있었다. 서쪽 로마제국의 말기에 살았던 성 아우구스티누스Saint Augustinus는 《신국The City of God》이라는 책에서 다음과 같이 썼다. "정의가 없다면, 왕국은 거대한 강도떼가 아니고 무엇이겠는가?" 샤를마뉴는 이책을 알고 있었으며 논점을 이해했다. 성 아우구스티누스는 그가 좋아한 작가들 중에 한 사람이었다. 동쪽에 위치한 이교도 색슨족이 기독교로 개종할 때까지는 그들에게 야만적이고 잔인하게 대할 수 있었다. 하지만 그들이 그의 왕국 안에서 기독교도가 되자마자, 샤를마뉴는 그들이 공정하게 통치된다는 것을 확실히 할 책임을 떠맡았다.

샤를마뉴는 서툴게 혼자서 공부했지만, 교육을 장려했으며 학자들의 후원자가 되었다. 학자들은 고대의 필사본들을 찾아서 옮겨 적으라는 명령을 받았다. 생존해 있는 거의 모든 라틴어 저작들이 샤를마뉴 시기에 다시 필사되었다. 그가 없었다면 고전 시대의 유산은 얼마 남아 있지 않았을 것이다.

샤를마뉴는 아주 곤란한 문제들에 직면했다. 그는 관료 제도를 가지고 있지 않았다. 통신수단은 빈약했고 상거래도 거의 없었다. 타운들은 크기가 아주 작았다. 엄청난 혼란이 있었다. 이 모든 점에서 그의 제국은 로마제국과 매우 달랐다. 그의 통치 방식은 지역 영주들에게 질서를 유지하게 하고 그들이 샤를마뉴에게 충성을 바치도록 자신의 왕국 도처에 백작들과 공작들을 임명하는 것이었다. 이 제국에는 아무런 제도적 기초가 없었고 통치는 지도자의 개인 권력에 의존하고 있었다.

샤를마뉴는 아헨Aachen에 궁전을 지었는데, 이곳은 오늘날 독일과 벨기에의 국경 지방에 근접한 곳으로 그 시대에는 영토의 중심에 가까운 곳이었다. 현재는 예배당만 남아 있다. 이 예배당은 로마네스크 양식, 즉 로마 양식을 모방한 둥근 아치가 있는 양식으로 지어졌다. 아치를 지지하는 기둥들은 샤를마뉴가 이탈리아에서 가져온 로마의 것이다.

이토록 엄청난 노력을 기울여 거대한 제국을 건설한 후, 샤를마뉴는 게르만의 관례에 따라 자신이 죽은 뒤에는 아들들이 제국을 나눠 가져야 한다고 결정했다. 하지만 아들 중에 하나만이 살아남았고 그래서 제국의 분할은 다음 세대에, 그의 손자들 사이에서 일어났다. 손자들끼리 싸움이 일어났고 샤를마뉴의 제국은 세 개로 나뉘었다. 서쪽 부분은 현재의 프랑스가, 동쪽 부분은 독일의 토대가 되었다. 하지만 손자들끼리 싸움이 벌어지고 노스인들이 침입해 혼란한 와중에 샤를마뉴의 통제 방식은 사라져 버렸다. 백작과 공작들은 왕이 누구든 아주 미약한 충성만을 바치고 지역의 실력자로 확고하게 자리를 잡았다. 유럽은 로마의 멸망 직후의 상태로 되돌아갔다. 다시 말해, 권력은 심하게 분산되었으며 강력한 왕국이 다시 등장하려면 국왕이 백작과 공작들을 제압해야만 했다.

샤를마뉴의 제국이 사라지면서 교황은 자신을 보호해 줄 실력자를 잃었다. 잠시 동안은 그의 눈에 띄는 지역 군주를 황제로 옹립하면서 아쉬운 대로 버텼다. 그런데 962년에 새로운 강력한 왕, 오토 1세Otto I가 옛 샤를마뉴 제국의 독일 부분에서 등장했다. 교황은 그를 로마 황제의 자리에 앉혔고, 그 후 독일의 왕이 되는 사람은 교황으로부터 왕관을 받은 다음에 로마 황제(나중에는 신성로마제국의 황제)의 자리에 도 오르게 되었다.

독일의 왕은 유럽에서 유일하게 선출되는 왕이었다. 게르만족이 로 마제국으로 들어오기 전에 그들의 관습은 상속과 선출이 혼합된 방 식을 운영하는 것이었다. 왕족이 있고 그 가문의 남성들이 선출 후보 자가 되었다. 이 방식은 훌륭한 전사가 왕으로 선출되는 것을 보장하 려는 것이었다. 게르만 부족 사람들은 쓸모없는 것을 짊어지길 원하 지 않았다.

프랑스에서는 오랫동안 모든 왕이 유능한 자식들을 생산했고 그래 서 점차 상속이 왕이 될 사람을 결정하는 유일한 수단이 되었다. 그러 나 독일에서 왕들은 훌륭한 상속자를 생산하는 데 그리 능숙하지 못 해서 선출 방식이 유지되었고, 독일의 왕이 정규적으로 신성로마제국 의 황제가 되면서 더욱 강력하게 지속되었다. 신성로마제국의 황제는 모든 기독교 세계를 전반적으로 관리했으며, 선출이라는 방식은 이론 상으로는 어떤 기독교도 군주든 그 자리에 오를 수 있다는 점을 보증 해 주었다. 실제로 선출된 사람은 대체로 독일 군주였다. 처음에는 수 많은 선거인이 있었는데, 대주교와 공작 같은 지역의 실력자들도 선 거인이었다. 하지만 결국에는 '선거 제후elector'라는 명칭을 가진 일곱 명만 남았다.

독일의 왕 겸 황제는 다른 모든 곳의 왕처럼 자신의 권력을 행사하 기 위해 지역의 실력자들과 투쟁했는데, 그 실력자들 가운데 일부는 자신의 선거 제후였다. 황제는 자신의 지위를 얻기 위해서 선거 제후 들의 비위를 맞추어야만 했으므로, 때때로 권력을 양보했다. 황제는 제후들을 통제하기 위해 지역적인 투쟁을 수행했을 뿐 아니라 여러 세기 동안 권력과 위세에서 경쟁해야 하는 인물, 즉 교황과의 싸움에 휘말렸기 때문에 상황은 훨씬 더 복잡했다.

▌교황과 황제의 권력투쟁

교황과 황제는 서로의 권력을 강화하는 데 이바지했다. 황제들은 교황의 영토를 보호하는 것을 비롯해서 교황의 지위를 보호했다. 가끔 황제들은 '성 베드로의 의자the chair of Saint Peter'에 책략가가 아니라 경건한 교황이 앉게 하기 위해서 로마에 개입했다. 교황들은 황제들에게 왕관을 씌워 주고 로마 황제의 칭호를 부여해 줌으로써 그들의 권력을 강화해 주었다. 하지만 11세기부터 둘의 사이가 틀어지고 말았는데, 교황이 교회는 로마가 운영해야 하며 왕과 군주는 교회의 일에 간섭해서는 안 된다고 주장하기 시작했기 때문이다.

가톨릭교회는 중세 시대의 거대한 국제기구였다. 하지만 국왕과 지역의 유력자들은 자신의 지역에서 주교가 된 사람을 통제하기를 원했기 때문에 교회의 세력은 항상 손상되고 있었다. 이것은 단순히 그들이 교회의 업무에 발언권을 행사하려고 했기 때문은 아니었다. 주교들은 여러 직책(성직자이면서 교회의 관리)을 맡을 권한을 지녔으며, 교회의 수입원인 토지의 많은 부분을 통제했다. 토지의 3분의 1이 교회의 수중에 있을 때도 있었다. 독일에서는 토지의 거의 절반이 교회의 수중에 있었다. 세속적 권위를 지닌 사람들은 주교들이 막대한 권력을 휘두르는 방식에 영향을 미치기를 원했다.

우리가 교회는 '국제단체'였다고 말할 때, 이런 식으로 생각해 보라.

도요타는 도쿄에서 운영되며 자동차를 만드는 일을 하고 있다. 그런데 도요타 오스트레일리아 지사의 최고 경영자는 오스트레일리아 총리가 임명하고 공장장은 지역 시장이 임명한다. 공식적으로 최고 경영자와 공장장은 도쿄 본사에 충성할 의무가 있다. 하지만 실제로는 총리와 시장이 그들을 임명하기 때문에 자신의 행위가 그들의 기분을 상하게 하지는 않는지 항상 눈치를 보게 될 것이다. 그리고 시장과 총리가 자동차에 대해서 무엇이든지 알고 있는 사람을 선발하지 않을 수도 있다. 그들이 이번 주에 기쁘게 해 주어야 할 사람들에게 이 일자리를 줄 수도 있다는 것이다. 중세 교회의 모습이 이와 같았다. 교회는 지역의 유력자와 유럽의 군주에 의해 침해당하고, 파괴되고, 약탈당했다.

모든 안락한 장치들을 뒤엎고 권위를 로마로 다시 가져오기를 원한 교황은 그레고리우스 7세Gregorius VII로, 그는 1073년에 교황이 되었다. 그는 앞으로 주교는 자신이 임명하겠다고 선언했다. 황제 하인리히 4세Heinrich IV는 자신이 주교를 임명하겠다고 대응했다. 황제는 완강했고 그래서 교황은 그를 파문했다. 다시 말해 그를 교회에서 추방했다. 황제는 이제 미사에 참여하거나 교회가 제공하는 어떤 업무도 이용할 수 없었다. 국왕을 파문함으로써 교황은 그 왕의 영토에 사는 사람들에게 왕에게 복종할 필요가 없다고 말한 것이나 다름없어서, 이것은 교황들에게는 언제나 아주 강력한 무기였다. 이번 경우에는 황제의 통제로부터 벗어나기를 원했던 독일의 공작과 제후들이 황제가 파문당했기 때문에 그를 무시할 수 있다는 사실을 알고 아주 기뻐했다.

하인리히 4세는 교황을 만나기 위해 한겨울에 알프스산맥을 넘어가 이탈리아 북부의 카노사에 있는 성으로 갔다. 그는 눈이 내리는 가운데 2~3일 동안 밖에서 기다리면서 교황에게 만나 줄 것을 간청했다. 그는 왕권을 상징하는 모든 상징물을 벗어던지고, 초라한 옷을 입었다. 마침내 교황은 마음을 풀었고 황제는 교황 앞에서 무릎을 꿇고 용서를 구했다. 교황은 파문을 철회했는데, 이것은 독일 제후들을 아주 곤란하게 만들었다. 물론 하인리히에게는 이 행위가 품위를 매우 떨어뜨리는 것이었지만 아주 영리한 술책이었다. 기독교 교황이 용서해 주는 것을 거부하기는 매우 어려운 일이기 때문이다. 황제가 자신의 입장을 완전히 포기한 것은 아니었다. 논쟁은 수년 동안 이어졌고 결국에는 타협이 이루어졌다. 황제는 주교를 선출하는 데 어느 정도 영향력을 행사할 수 있게 되었지만, 실제로 그들에게 직책과 관복을 수여할 권한은 교황이 갖게 됐다.

교황과 황제 사이에서 이 싸움은 오랫동안 지속되었다. 그것은 글자 그대로 '전투'로 교황이 황제에 대하여 전쟁을 일으켰다. 이런 질문이 나올지 모르겠다. 교황이 어떻게 전쟁을 수행하는가? 그는 그 자체로 한 사람의 군주였다. 교황은 자신의 영토를 가지고 있어서 거기서 병사들을 고용하는 데 사용할 세금을 거둬들인다. 또한 가능한 모든 곳에서 동맹국을 물색한다. 때때로 교황은 황제에게 복종하기를 원치 않은 독일 제후들과 동맹을 체결했는데, 이를테면 황제의 배후에서 전선을 전개했다. 이탈리아 북부의 타운들은 중세 유럽에서 가장 부유한 타운이었다. 이들은 황제에 종속되는 것을 좋아하지 않았지만 황제의 영역은 멀리 이 남쪽까지 뻗어 있었다. 그 타운들은 때때로 황제를 격퇴하기 위하여 교황과 동맹을 체결하기도 했다. 그들은 가장 유리한 쪽에 충성을 바치면서 어느 쪽과도 손을 잡았다.

전사로서 교황의 모습은 르네상스 시대 예술가 첼리니Benvenuto Cellini가 자서전에서 잘 묘사했다. 첼리니는 대다수 르네상스 시대 사람들처럼 다재다능해서 최고의 금세공인이었을 뿐 아니라 무기 제조에도 조예가 깊었다. 어떤 적이 로마를 공격했을 때 그는 교황과 함께 흉벽에서 대포 발사를 지시하고 있었다. 교황의 적들 중에는 예전에는 교황을 위해 싸웠지만 지금은 다른 편이 된 늙은 에스파냐인 장교가 있었다. 그는 멀리 떨어져 있었기 때문에 자신이 사격 범위 안에 있다고 생각하지 않아서 앞쪽에 아무렇게나 칼을 메고 편하게 서 있었다. 첼리니는 대포를 발사하라는 명령을 내렸다. 참으로 기이하게도 포탄은 그 장교의 검을 강타했고, 검을 밀고 들어가서 그를 반으로 잘라 버렸다. 첼리니는 이 장면을 보고 매우 고통스러웠다. 눈앞에 있는 사람을 죽였으므로 그는 죽을 준비를 한 뒤 교황 앞에 무릎을 꿇고 죄를 사해 줄 것을 요청했다. 하지만 교황은 그의 행위에 아주 기뻐하며 이렇게 말했다. "그래, 너의 죄를 사하노라. 나는 네가 교회를 위해 저지른 모든 살인을 용서하노라."

첫 번째 로마 주교라고 하는 성 베드로Saint Peter의 조각상을 보면 중세의 교황처럼 화려한 망토를 걸치고 거대한 왕관을 쓰고 있다. 그는 어부라는 자신의 비천한 출신을 잊지 않아서 발 한쪽은 맨발이다. 중세 시대 대부분의 사람들은 이러한 웅대함에 기분이 상하지 않았다. 교황은 위대한 군주여야 했다. 그는 교회의 수장이었기 때문에 왕권을 나타내는 모든 장식을 지녀야 했으며 다른 군주들을 동등한 자격

성 베드로의 동상
중세에 제작된 것으로 로마
에 있는 성 베드로 대성당
에 모셔져 있다.

으로 만나야만 했다.

교황과 황제는 서로 싸우기를 멈추었다. 그들은 결코 어느 한쪽이 완전한 승리를 거두지 못했다. 그들의 논쟁은 마치 사장과 노동자 사이의 충돌 같았다. 종종 격렬하고 거친 파업과 해고 위협이 있지만, 항상 타협이 이루어지고 언제나 사장과 노동자가 존재하는 것처럼 말이다. 교황과 황제의 투쟁이 지니는 의의는 교황이 결코 황제가 되기를 요구하지 않았으며 황제는 결코 교황이 되기를 요구하지 않았다는 점이다. 그들 모두 상대편이 존재해야 한다는 점을 인정했다. 다만 자신들의 상대적인 권력에 대해서 언쟁을 벌이고 있었다. 이것은 서유럽의 매우 중요한 특징으로, 동쪽 비잔티움 제국과 서유럽을 구별 짓는 것이다. 콘스탄티노플의 관행은 황제가 제국의 민간 업무뿐 아니라 교회의 업무도 지배하는 것이었다. 총대주교가 있었지만, 황제가 그를 임명하고 통제했다. 서쪽에서는 교회와 국가, 두 개의 권위가 분리되어 있었으며 독립적이었다. 이것이 국왕이 보편적인 권리 주장을 할 때 그것을 가로막는 장애물 역할을 계속했다.

황제와 교황 사이의 오랜 투쟁의 결과는 서로를 약화시켰다는 것이었다. 지도를 보면 북쪽으로는 독일에서 시작해서 남으로는 이탈리아에 이르는 중부 유럽에 미친 장기적인 효과를 알 수 있다. 작은 국가들, 제후국, 도시가 다닥다닥 붙어 있다. 서쪽에서는 잉글랜드, 프랑스, 에스파냐가 통일된 국가로 출현했다. 공작과 백작들은 통제를 받

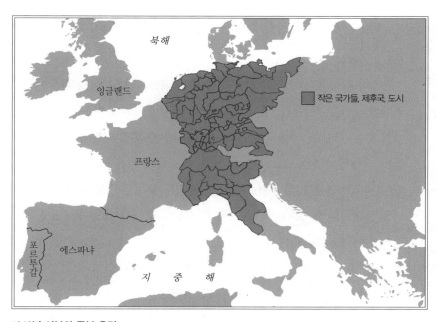

1648년 서부와 중부 유럽

게 되었으며 국왕의 칙서는 그의 영토 전체에서 효력이 있었다. 잉글랜드는 1066년 노르만 공작 윌리엄이 강제로 국가의 모든 부분을 점령하면서 유럽 대륙보다 더 강력한 군주 국가를 세웠다. 중부 유럽에서는 두 개의 거대 권력, 황제와 교황이 투쟁하고 있었으며, 상대편과 싸우기 위해 그들의 지역 권위를 팔아 버렸다. 그 결과 작은 단위들이 권력을 상실한 것이 아니라 권력을 획득했다. 그것들은 상위 군주의 영향을 거의 받지 않는 자치 단체들이었다. 1400년 이후 근대 유럽의 특질을 변화시키는 두 가지 발전, 즉 르네상스와 종교개혁이 일어난 곳이 이 지역이었다. 르네상스와 종교개혁이 왜 발생했는지는 답하기 어려운 문제지만, 이 지역에서 일어날 수 있었던 이유는 답하기가 쉽다.

▌근대 이후 종교와 정치

르네상스가 시작된 이탈리아의 북부 도시들은 고전 그리스에 존재했던 것과 같은 작은 도시국가였다. 이탈리아의 도시들은 군사적으로, 문화적으로 경쟁했다. 그들은 서로 전쟁을 벌였으며 예술의 화려함을 통해 서로를 능가하기를 원했다. 도시일 뿐 아니라 국가였기 때문에, 많은 재능 있는 사람들을 한곳에 집중시켰다. 유럽 나머지 지역의 귀족들과는 달리 이곳의 귀족은 토지 자산을 자연적인 고향으로 간주하지 않았다. 게다가 그들은 도시에서 살았다. 도시 생활의 다양성과 활력이 사회 전체를 특징지었다. 이곳은 고대 세계를 재창조하려는 기획을 구상하고 수행할 수 있는 장소였다.

   루터의 종교개혁은 세속 권력이 분산되어 있었기 때문에 독일에서

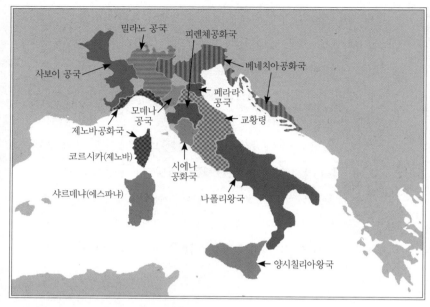

1494년경, 르네상스 시기의 이탈리아 국가들

뿌리를 내리고 번성했다. 루터의 이단설을 진압하는 것은 황제의 의무였는데 황제는 다소 뒤늦게 행동에 옮겼다. 루터는 황제와 독일의 제후들 앞에 와서 설명할 수 있도록 안전 통행권을 받았다. 루터가 자신의 주장을 철회하기를 거부하자 황제는 루터는 이단자이며, 아무도 그를 지원하면 안 되고, 그를 체포해야 한다고 선언했다. 그의 명령은 작센의 선거 제후 프리드리히Friedrich에 의해 바로 좌절되었는데, 그는 루터를 붙잡아 숨겨 주었다. 루터는 그의 성에 숨어 있는 동안 성서를 독일어로 번역하기 시작했다. 루터를 지원한 프리드리히와 다른 독일 제후들은 자신들이 교회와 교회의 토지에 대한 책임을 떠맡음으로써 얻을 수 있는 이점을 이해했다. 그들은 교황과 황제를 희생시켜서 자신들의 권력을 증대시켰으며, 그리하여 루터주의가 탄생했다.

　독일과 이탈리아는 19세기 후반까지 여전히 분열되어 있었다. 그들은 뒤늦게 국가 통일을 이루었으며, 낭만주의 운동에 의해 조성된 강렬한 민족주의를 더 일찍 통일을 이룬 국가들보다 잘 받아들이는 경향이 있었다. 그들은 20세기에 파시즘이라는 명칭으로 통용되는 가장 공격적이고 배타적인 형태의 민족주의를 채택한 두 국가였다.

　황제는 본질적으로 권력을 거의 지니지 못했지만, 신성로마제국은 살아남았다. 중세 말부터 한 가문에서 신성로마제국의 황제로 선출되는 인물을 항상 배출했다. 바로 합스부르크 가문으로 유럽에서 중요한 통치 왕조의 하나였다. 에스파냐, 오스트리아, 이탈리아와 저지대 일부의 군주들은 이 가문 출신이었다. 이 가문에게 황제의 지위를 보유하는 일은 그들의 위신을 증대시키는 것이었다. 그들의 권력은 자신의 왕국에서 나왔다. 계몽주의의 지도자인 볼테르Voltaire는 신성로마제국을 전혀 신성하지 않으며, 로마적이지도 않고, 제국도 아니라고 조롱했는데, 그것은 분명한 사실이다. 하지만 신성로마제국의 생존은 언제나 약간은 신비로웠고 아주 기묘한 형태로 이름과 이념을 전달하고 있었다. 옛것의 이 이상한 생존을 폐지하기 위해서는 새로운 제국의 우두머리가 필요했다. 그 사람은 나폴레옹 보나파르트로, 프랑스 혁명이 시작되고 10년 후인 1799년에 프랑스의 책임을 떠맡았다.

　프랑스혁명은 자유, 평등, 우애를 선언하는 것으로 시작되었으나 4년이 안 되어 단두대로 통치하는 자코뱅의 독재가 등장했다. 비록 전쟁의 위기는 지나갔지만 로베스피에르가 계속해서 통치할 것처럼 보였

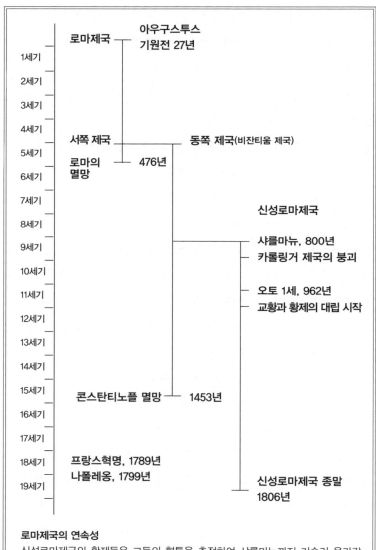

1세기	로마제국	아우구스투스 기원전 27년
2세기		
3세기		
4세기	서쪽 제국	동쪽 제국(비잔티움 제국)
5세기	로마의	476년
6세기	멸망	
7세기		신성로마제국
8세기		
9세기		샤를마뉴, 800년 카롤링거 제국의 붕괴
10세기		
11세기		오토 1세, 962년
12세기		교황과 황제의 대립 시작
13세기		
14세기		
15세기	콘스탄티노플 멸망	1453년
16세기		
17세기		
18세기	프랑스혁명, 1789년	
19세기	나폴레옹, 1799년	신성로마제국 종말 1806년

로마제국의 연속성
신성로마제국의 황제들은 그들의 혈통을 추적하여 샤를마뉴까지 거슬러 올라갔고, 그다음에는 비잔티움 황제들을 거쳐서 첫 번째 로마제국과 그 황제에까지 이르렀다.

을 때, 그는 타도되어 처형당했다. 그다음에는 온건한 공화주의자들이 혁명을 안정시키기 위해 평민과 군주제로 복귀하는 것을 지지하는 사람들(이미 규모가 컸는데 추종자들이 더욱 증대하고 있었다)을 배제하려고 했다. 정부는 생존하기 위해 이 두 반대 세력들에 맞서서 무력을 사용해야만 했고 그래서 모든 신뢰를 상실했다. 이것이 보나파르트에게 기회를 주었다. 그는 프랑스가 유럽의 군주제 열강들과 벌인 혁명전쟁에서 장군으로 이름을 떨쳤다. 그는 계몽주의의 자식으로, 스스로를 통치할 인민의 권리를 제외하고는 혁명의 원칙을 신봉하는 사람이었다. 1789년 이래로 프랑스인들은 그 과업에서 분명히 실패했기 때문에, 보나파르트의 접근은 아주 매력적이었다. 그는 독재자들 중에서 가장 매력적이었다. 그는 어떠한 집단도 특별한 특권을 누리기를 원하지 않았다. 모든 시민은 동등한 사람으로 취급되어야 했다. 모든 어린이가 국가가 제공하는 교육의 기회를 지녀야 했다. 모든 지위가 능력 있는 사람들에게 열려 있어야 했다. 그는 비상한 재능을 지닌 사람들을 모아 정부를 구성했는데 그들이 혁명 기간 동안에 어떤 역할을 했는지, 군주제 지지자인지 공화주의자인지, 자코뱅 테러의 지지자인지 그 반대자인지 하는 것은 완전히 무시했다. 나폴레옹은 그들에게 프랑스를 질서 있고 합리적인 통치 체제를 지닌 나라로 만드는 과업을 부여했다.

프랑스 군주들의 '절대주의'에 지나치게 큰 비중을 두지 않는 몇 가지 이유 가운데 하나는, 그들이 자신의 권력을 강화했지만 여전히 통일된 국가라기보다는 여러 조각들로 이루어진 국가를 지배하고 있었다는 것이다. 상이한 법과 행정 체계들 그리고 수많은 특권, 의무 면

제, 특혜가 있었는데, 군주는 프랑스에 새로운 지역들을 확보하고 새로운 충성을 얻어 내기 위하여 이 모든 것을 만들었다. 혁명가들은 이것을 모두 쓸어버렸다. 그들의 목적은 통일된 국가였다. 그러나 서로 싸움을 하느라 생긴 무질서의 기간 동안에 새로운 체제를 수립하는 일에 큰 성과를 내지 못했다. 나폴레옹이 자기 자신과 그의 전문가 집단에 부과한 과업이 바로 이것이다. 그들의 가장 위대한 작업은 민법전의 발전이었는데, 유스티니아누스 황제의 위대한 법전을 모방한 것으로 모든 신민에 관한 법이 규정되어 있는 유일한 문서였다.

나폴레옹에게 로마의 사례는 중요했다. 처음에 그는 자신을 집정관이라고 부르다가 나중에 황제로 칭했다. 하지만 아우구스투스처럼 직함으로 프랑스의 공화국 상태를 말소해 버리려고 하지는 않았다. 로마인들과 마찬가지로 그는 공화국 프랑스의 원리가 공정하고 질서 있는 사회의 기초가 되는 광대한 제국을 창조할 작정이었다. 그는 초

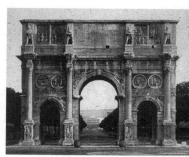

로마에 있는 콘스탄티누스 개선문
312년, 경쟁하고 있던 황제와의 전투에서 승리를 거둔 것을 기념하여 지어졌다.

파리에 있는 개선문
1806년, 나폴레옹의 권력이 절정에 다다랐을 때 그의 의뢰로 제작되었다. 로마의 개선문에서 영감을 얻었다.

기 혁명가들이 시작해서 놀라운 승리를 쟁취해 온 유럽 열강들과의 전쟁을 이어 나갔다. 그는 프랑스의 경계를 확장했으며 프랑스 너머에서 제후 국가들과 왕국을 개조하여 자기 형제들에게 그 국가를 담당하게 했다. 대륙을 가로지르면서 중세의 권리, 특권, 변칙을 일소해 버리고 새로운 합리적인 질서를 확립했다. 유럽의 열강들이 오랜 시간 동안 그럭저럭 협력하여 마침내 나폴레옹을 패배시켰을 때도, 그가 이루어 낸 많은 작업을 원상태로 되돌릴 수는 없었다. 나폴레옹이 대서양 남쪽에 있는 세인트헬레나에서 유배 생활을 하며 자신의 삶을 되돌아보았을 때, 그를 가장 기쁘게 한 것은 유럽 전역에서 자신의 법전 즉 나폴레옹 법전이 생존한다는 것이었다. 그리고 그것은 지금도 여전히 생존한다. 생존하지 못한 것은 신성로마제국이었다. 나폴레옹은 1806년에 제국을 없애 버렸다. 그리고 독일에 있는 몇몇 작은 국가들을 라인동맹Confederation of the Rhine으로 재편성했다.

나폴레옹은 무신앙자로 기회와 운명을 믿는 사람이었다. 하지만 그는 사람들이 신앙에 얼마나 확고한 애착을 가지고 있는지 그리고 종교가 도덕성과 질서를 유지하는 데 얼마나 유용한지를 알고 있었다. 계몽주의의 자식이었던 초기 혁명가들은 조직화된 종교에 이런 존경심을 지니고 있지 않았다. 가톨릭교회에 대한 혁명가들의 공격보다 프랑스 사회를 분열시키고 혁명으로부터 사람들을 멀어지게 만든 것은 없었다. 혁명가들은 교회의 토지를 몰수하고 경쟁적인 국가교회를 세웠는데, 교황은 그것을 인정하지 않았다. 나폴레옹은 이것이 야기한 고통과 불화를 끝내기로 마음먹었다. 그는 가톨릭 신앙이 프랑스 국민 대다수의 종교라는 사실을 인정하는 프랑스 국가와 교황의 합의, 즉 정교 협약에 도달했다. 국민 대다수였지 '모든' 프랑스 국민이 아니었고, 종교의 자유를 철회하라는 교황의 요구에는 동의하지 않았다. 그래서 프로테스탄트들과 다른 종교의 사람들이 어떠한 방해도 받지 않고 자신의 신앙을 실천할 수 있게 해 주었다. 주교의 임명에 관해서는 옛 관행을 복원시켰다. 다시 말해, 국가가 주교를 지명하고 교황이 그들에게 권한을 부여하는 형태였다.

교황은 나폴레옹이 황제로서 대관식을 거행할 때 노트르담 성당에 나타났다. 그는 나폴레옹과 황후 조제핀Joséphine의 머리에 성유를 발라 주었다. 그는 황제를 상징하는 물건들, 즉 보주, 정의의 손, 검 그리고 홀[12]에 축복을 빌어 주었다. 하지만 나폴레옹 스스로 왕관을 자신의 머리에 썼다. 그 왕관은 교황이 샤를마뉴에게 씌워 주었던 왕관의 모조품으로, 로마인들이 승자에게 주었던 월계관처럼 가볍고 덮개가 없는 왕관이었다.

---

12) 장식용 지팡이.

살아 있는 송장, 라틴어

로마제국에는 두 가지 공용어가 있었다. 서쪽에서는 라틴어 그리고 동쪽에서는 그리스어가 공용어였다. 그리스어의 경우 형태는 약간 다르지만 몇몇 지역에서 아직까지 사용되고 있다. 그리스 본토와 그리스인들이 정착한 동부 지중해 주변, 광범위하게 퍼져 있는 그리스인들의 집단 거주지가 바로 그곳이다. 라틴어는 오늘날 지구상의 어떤 영토에서도 사용하지 않는다. 그래서 종종 죽은 언어로 묘사되는데 만약 그렇다면 라틴어는 흔치 않은 '살아 있는 송장'이다.

▌로마제국과 라틴어

처음에는 라틴어를 로마와 로마 주변의 작은 구역에 사는 사람들만 사용했다. 로마의 지배가 확대됨에 따라, 수백 년이 지난 후에 라틴어는 서쪽 제국 전역에서 사용되고 있었다. 서쪽 라틴어 사용 지역과 동쪽 그리스어 사용 지역 사이의 구분선은 오늘날의 세르비아 지역을 가로지르고 있다. 라틴어는 발칸반도 대부분, 이탈리아, 프랑스, 에스파냐 전역의 언어가 되었다. 하지만 영국은 아니었다. 로마인들이 영국에 갔지만 브리튼 사람들의 켈트어가 살아남았다. 서쪽의 다른 모든 지역에서는 지역 언어들이 점차 사라지고 라틴어를 받아들였다.

로마 자체는 눈에 띌 만한 언어 정책을 가지고 있지 않았는데, 언어 정책은 공공 정책 가운데 가장 자멸적인 정책이다. 어떤 언어를 금지하고 그곳에 다른 언어를 정착시키는 일은 극도로 어렵다. 고대 세계에서는 아무도 그런 일을 하고자 심사숙고하지 않았을 것이다. 로마는 정복한 사회의 지도자들에게 계속해서 지도자로 남아 로마 엘리트의 일부가 되고, 장군이 되고, 심지어는 황제가 되는 것을 허용한 포용적인 제국이었다. 결국 212년에 제국의 모든 국민은 시민이며 따라서 법에 의해 보호를 받는다고 선언되었다. 그래서 300~400년 후에 지역 언어가 사라진 것은 로마제국에 바치는 공물이었다. 라틴어는 행정, 법, 군대, 교역의 언어였으며 결국 조용한 승리를 거두었다.

제국의 변두리에서 사용된 라틴어는 공식적인 라틴어, 즉 학자, 법률가, 정치가의 라틴어 혹은 당신이 학교나 대학에서 라틴어를 배운다고 할 때 배우는 라틴어가 아니었다. 그것은 병사, 지역의 관리, 무역업자가 사용한 라틴어였으며 제국이 무너지기 전에도 지역에 따른 변종들이 있었다. 어쩌면 이탈리아에서 사용된 라틴어는 프랑스에서 사용된 라틴어와 달랐을 수 있다. 제국이 붕괴되자마자 라틴어는 여러 가지 별개의 언어로 발전했는데, 그것들은 통상 로망스어라고 한다. 다시 말해, 로마네스크 건축양식이 로마의 건축양식 계통을 잇는 것과 마찬가지로 로마인들이 사용하던 방식의 언어를 말한다.

주요한 로망스어에는 프랑스어, 이탈리아어, 에스파냐어가 있다. 각각의 언어에서 말馬에 해당하는 단어를 생각해 보자. 프랑스어에서 그것은 슈발cheval, 에스파냐어에서는 카바요caballo, 이탈리아어에는 카발로cavallo, 라틴어로는 에쿠우스equus다. 여기에는 라틴어와 연관이 전혀 없어 보인다. 그렇다면 어디서 영향을 받은 것일까? 바로 라틴어에서 말을 뜻하는 속어, 카발루스caballu다. 이 단어는 영어에서 말을 속되게 표현한 'gee-gee'나 'nag' 같은 것이다. 말에 해당하는 로망스어들, 즉 프랑스어의 슈발cheval, 에스파냐어의 카바요caballo, 이탈리아어의 카발로cavallo는 카발루스caballu와 유사한 형태다. 이 경우에 에스파냐어와 이탈리아어의 형태가 프랑스어의 형태보다 원형에 더 가깝다.

영어에서 말을 뜻하는 단어 'horse'는 게르만어에서 왔다. 그리고 말탄 사람이나 말을 다루는 일을 나타내는 단어 'equestrian'는 라틴어 에쿠우스에서 왔다. 영어에서 라틴어 단어들은 더욱 공식적이고 문어체인 단어들인 경우가 종종 있다. 말horse에서 '말을 좋아하는horsy'이라는 단어가 나온다. 그래서 어떤 사람을 말을 좋아하는horsy 사람이라고 말할 수도 있지만, 승마인equestrian이나 승마 관련한equestrian 일에 관심 있는 사람이라고 말하는 것이 더욱 정중한 표현이다.

프랑스 사람들은 자신의 언어에 대해서 매우 주의를 기울였다. 프랑스 한림원은 프랑스어로 받아들일 영어 단어들에 대해서 신중히 검토했다. 티셔츠나 불도저는 받아들일 수 있는가? 티셔츠 앞에 정관사를 라*la*를 써야 하는가 아니면 르*le*를 써야 하는가? 영어에서는 신경 쓸 필요가 없지만 프랑스에서는 티셔츠가 여성형인지 아니면 남성형인지에 따라 정관사가 달라진다. 프랑스인들에게 그들이 보호하고 있는 언어가 라틴어의 악화된 형태라고 지적하는 것은 현명한 짓이 아닐 것이다.

라틴어는 고도의 굴절어[13]다. 다시 말해 단어가 문장 안에서 지니는 의미는 어미의 변화에 의존한다. 해 또는 년에 해당하는 라틴어 낱말은 아누스*annus*다(이 낱말에서 우리는 '해마다'라는 뜻의 annually를 얻는데, 이 단어는 yearly보다 조금 더 공식적이다). 주인 또는 영주에 해당하는 라틴어 낱말은 도미누스*dominus*다. 우리가 '주님의 해에*in the year of our lord*'[14]라는 말을 라틴어로 표현하고자 한다면, 아누스*annus*와 도미누스*dominus*의 어미들은 '아노 도미니*anno domini*'로 변한다. 아노*anno*는 해에*in the year*를 의미하고, 도미니*domini*는 주님의*of our lord*를 뜻한다. 라틴어는 굴절어이기 때문에 in이나 of 같은 단어가 필요없다. 영어로 여섯 단어를 쓰는 '주님의 해에*in the year of our lord*'에 대해 단지 두 단어, '아노 도미니*anno domini*'만 사용되어 아주 간결해진다. 이것이 라틴어가 표어에 알맞은 이유 중 하나다. 주요한 단어들 사이에 자질구레한 단어들이 거의 들어가지 않는다. 또한 라틴어는 정관사나 부정관사를 필요로 하지 않는다. 아누스*annus*는 '바로 그 해*the year*'를 의미하기도 하고 '해, 연도*a year*'를 의미하기도 한다.

라틴어 문장에서 단어의 순서는 중요하지 않다. '도미니 아노*domini*

---

13) 어형과 어미의 변화가 심한 언어.
14) 예수가 태어난 해라는 뜻으로 서기를 말한다. 주로 줄여서 AD로 표기한다.

anno'도 '주님의 해에'를 뜻한다. 영어에서는 단어의 순서를 바꾸면 의미가 바뀌거나 아무런 의미도 없게 된다. 'in the lord of the year'나 'of the lord in the year'처럼 말이다.

라틴어는 in, at, of에 해당하는 단어를 가지고 있지 않지만, 강조를 위해 그것을 사용할 수 있었다. 모든 규칙에 대해서 그다지 명확하게 알고 있지 않은 사람들이 라틴어를 말하게 되면서 점점 더 in, at, of에 해당하는 단어들을 사용하게 되었고, 단어의 어미 변화에 대해서는 고려하지 않았다. 점차 라틴어는 어미가 변하는 언어에서 in, at, of와 같은 전치사가 규칙적으로 사용되면서 단어는 동일한 형태로 유지되는 언어로 변화했다. 로망스어가 명사를 변화시키지 않고 그에 따라 단어의 순서가 중요한 이유는 바로 이 때문이다.

라틴어에는 'the'에 해당하는 단어가 없었다. 그래서 강조해서 이야기하기를 원했다면, 당신은 'that'을 사용하여 '나는 저 사과를 사고 싶다' 또는 '그 복숭아 주세요'라고 말할 수 있었을 것이다. that에 해당하는 단어는 뒤따르는 명사가 남성형이냐 아니면 여성형이냐에 따라 일레*ille*나 일라*illa*였다. 라틴어에 숙련되지 않은 사람은 일레*ille*나 일라*illa*를 점점 더 많이 사용했고 단어의 어미 변화에 대해서 고민하지 않았다. 그다음에 일레*ille*와 일라*illa*는 프랑스어에서 축약되어 르*le*와 라*la*가 되었고 모든 명사 앞에 온다. 에스파냐어에서 축약은 엘*el*과 라*la*를 만들어 냈고, 이탈리아어에서는 일*il*과 라*la*를 낳았다. 숙련되지 않은 라틴어 사용자가 고함지르고 손짓발짓 하는 것을 상상해 보라. 그들이 로망스어에 정관사를 제공했다.

▋이민족의 침입과 언어의 변화

5세기에 게르만족이 오늘날 프랑스, 에스파냐, 이탈리아에 해당하는 지역에 침입했는데, 아직도 이곳 사람들은 라틴어에서 파생된 언어를 사용하고 있다. 어떻게 그럴 수 있는가? 이제 유럽의 언어 지도를 보자. 사용되는 언어의 대부분은 로망스어든지, 게르만어든지 혹은 슬라브어든지, 더 큰 어족의 일부다. 몇몇 나라는 다른 것과 밀접한 연관이 없는 언어를 가진 외톨이다. 그리스인, 알바니아인, 헝가리인, 핀란드인이 그러하다.

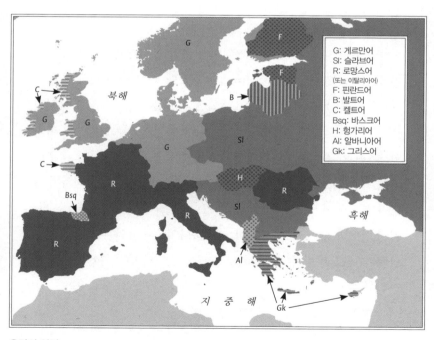

유럽의 언어

서유럽에서 게르만어족은 북쪽에 널리 분포되어 있으며 로망스어는 남쪽에서 우세하다. 두 언어가 뒤섞인 나라가 두 곳이 있다. 벨기에의 경우 북쪽은 게르만어를, 남쪽에는 로망스어를 가지고 있다. 스위스에서는 북쪽에서는 게르만어를 사용하고 남쪽 모퉁이 두 지역에서는 로망스어를 사용한다. 이 소규모 로망스어들에 덧붙여 우리는 이제 3대 언어(프랑스어, 에스파냐어, 이탈리아어)와 포르투갈어를 로망스어에 포함시키고, 놀랍게도 동부 유럽의 루마니아어도 포함시켜야 한다.

그 나라는 다뉴브강 북쪽에 위치하고 있는데, 통상적으로 로마제국의 국경 지역이었다. 로마인들은 100년 동안 일시적으로 크게 팽창했을 때 이 강의 북쪽까지 통제를 확장했지만, 그 지역이 루마니아어의 거점이 될 만큼 충분히 오랫동안 라틴어에 노출시켰던 것 같지는 않다. 이로 인해 루마니아 사람들이 본래 그 강의 남쪽에 살고 있었다는 견해가 제시되었다. 그곳에서 라틴어에 오래 노출되어 있다가 나중에 북으로 이동했다는 것인데, 루마니아인들이 만족스러워하는 견해는 아니다.

중부와 동부 유럽 대부분의 지역, 즉 폴란드, 체코공화국, 슬로바키아, 불가리아 그리고 예전의 유고슬라비아에서 사용하는 언어는 슬라브어다. 슬라브족은 게르만족의 저편에서 살다가 6세기와 7세기에 동로마제국에 침입하여 발칸반도에 정착했다. 슬라브족의 일부는 제국에 포함된 적이 없는 지역, 즉 폴란드, 체코공화국, 슬로바키아에 남아 있었다. 유럽에 정착한 후 슬라브족은 기독교도가 되었다. 폴란드인들은 서쪽의 영향을 받아 로마 가톨릭교도로 개종했다. 발칸반도의 대부분의 사람들은 콘스탄티노플로부터 개종되어서 그리스 정교회 신자가 되었다.

라틴어와 로망스어의 지류들, 그리스어, 슬라브어, 그리고 게르만어는 모두 공통의 기원을 가지고 있다. 바로 인도-유럽어족Indo-European이다. 언어학자들은 이 언어에서 파생된 언어들이 지니고 있는 공통점들을 거꾸로 추적하여 인도-유럽어의 일부 요소들을 구성해 내려고 시도한다. 그들은 인도-유럽어족 사람들이 위치해 있는 동쪽 어딘가의 지역에 대해서 논쟁을 벌인다. 이 언어는 겨울에 내리는 눈에 해당하는 단어를 가지고 있고, 바다에 해당하는 단어는 내륙해와 관련된 것처럼 보였다. 인도 언어인 산스크리트어와 이란어 역시 그 후손으로 인도-유럽어에 속한다.

이 언어의 발견 혹은 구성은 18세기에 이르러서야 일어났다. 그때까지 유럽에서 언어 연구는 모든 언어가 히브리어에서 내려온 것이라고 추정하고 있었는데, 이는 히브리어가 유대인들이 사용한 언어, 즉 최초의 인류인 아담과 이브의 언어임을 함축하고 있다. 히브리어는 유럽의 언어들과는 전혀 다른 언어로 인도-유럽어의 후손이 아니다. 그래서 히브리 기원을 추적하는 것은 완전히 막다른 길에 도달했다. 하지만 18세기 계몽주의 시대에 학자들은 성서적 틀을 떨쳐 버리고 새로운 이론들을 발전시킬 수 있었다. 돌파구를 연 것은 인도에 거주하고 있던 영국인 판사, 윌리엄 존스William Jones였다. 그는 산스크리트어와 유럽 언어들의 기본 어휘에 유사점(숫자, 신체 부위, 가족 구성원을 나타내는 낱말들)이 있다는 사실에 주목했다. 형제에 해당하는 단어들을 보자.

Brother(영어)

Bhratar(산스크리트어)

Broeder(네덜란드어)

Bruder(독일어)

Phrater(그리스어)

Brat(러시아어)

Brathair(아일랜드어)

존스는 이러한 유사점들이 단순한 우연의 일치가 아니라고 판단하고 이 언어들 사이에는 지금은 존재하지 않는 공통의 조상이 있다고 추정했다. 그래서 인도-유럽어의 복원이 시작되었다.

두 유럽 국가 헝가리와 핀란드는 인도-유럽어 계통이 아닌 언어를 가지고 있다. 헝가리어와 핀란드어는 연관이 있다. 그 언어를 사용하는 사람들은 아시아에서 각각 개별적으로 이동해 도착했다. 핀란드 사람들은 선사시대에 도착했다. 헝가리인들은 나중에 도착했는데, 9세기와 10세기 노스인들이 바다를 통해 약탈했던 때와 같은 시기에 여기저기 약탈하고 다닌 기마인들이었다. 그들은 다뉴브밸리에 정착하도록 설득되었고, 기독교도가 되었다.

180페이지의 지도는 현재의 언어 분포를 보여 준다. 슬라브족과 게르만족의 침입 직후에도 아주 다른 모습은 아니었을 것이다. 게르만의 로마제국 침입은 언어 분포에 약간의 변화를 초래했지만, 앞에서 보았듯이 라틴어는 로망스어의 형태로 프랑스, 이탈리아, 에스파냐에서 살아남았다. 변화의 정도는 다음 페이지 지도에서 볼 수 있는데, 이 지도는 게르만어와 로망스어 사이의 현재의 경계를 더욱 면밀하게 보여 준다. 로마제국의 경계는 라인강이었다. 지도를 통해 게르만어족이 라인강 건너로 얼마나 멀리까지 나아갔는지 볼 수 있다. 보다시피 아주 멀리까지 가지는 못했다.

새로운 언어 경계가 왜 이런 형태인지 그 이유를 알기는 어렵다. 벨기에에서는 언어권을 나누는 선이 툭 트인 지대를 지나고 있다. 강이나 산맥 같은 그 어떤 자연적 경계선도 없다. 당신이 직선 도로를 달리고 있을 때, 오른쪽 마을은 로망스어(왈론어)를 쓰고 왼쪽 마을은 게르만어(플라망어)를 사용할 것이다. 이 언어 경계는 1,500년 동안 변하

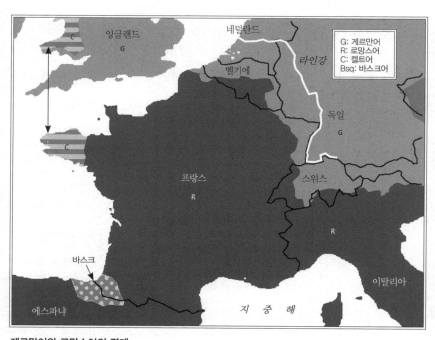

게르만어와 로망스어의 경계

지 않았다. 서쪽에서 동쪽으로 똑바로 뻗은 로마의 방어선, 즉 이미 라인강을 건너온 게르만족이 더 나아가지 못하게 막는 장벽이 있었을 것이라는 가설이 제기되었다. 그것이 게르만족을 이곳에 멈춰 세웠을지 모르지만, 분명히 그들은 동쪽으로 우회하여 더 나아갔다.

개괄적으로 말하면, 라인강과 언어 경계선 사이의 긴 땅의 넓이는 남쪽 산악 지대에서 좁아질 때까지 대략 100~150킬로미터다. 이 땅에서 게르만 정착지는 게르만어가 라틴어나 초기 로망스어를 밀어내기에 충분할 만큼 조밀했다. 게르만족은 서유럽을 바로 관통하여 에스파냐로, 그리고 북아프리카로 건너갔다. 하지만 이 모든 지역에서 언어는 여전히 라틴어 혹은 로망스어였다. 이것은 그 지역이 국경 지대보다 훨씬 인구가 조밀하지 않은 게르만 정착지였음을 나타낸다.

프랑스가 17, 18세기에 강대국으로 팽창했을 때, 국경선을 북쪽과 동쪽으로 밀고 나갔지만 언어 지도는 변하지 않았다. 지도는 프랑스에 프랑스어를 사용하지 않는 어떤 지역이 있음을 보여 준다. 프랑스 동부 국경 지방의 사람들은 여전히 독일어를 사용하고 있다. 그 나라의 북쪽 대서양 연안 근처에서는, 사람들이 게르만어인 플라망어를 사용한다. 남서쪽으로 에스파냐와 마주한 국경 근처에는 프랑스와 에스파냐 양쪽으로부터 독립을 요구하는 바스크어 사용자들이 있다. 바스크어는 인도-유럽어족이 아니다. 그 언어가 어디서부터 왔는지 제대로 아는 사람은 아무도 없다. 서쪽 브르타뉴반도에서 사용하는 브르타뉴어는 켈트어의 잔재다. 앵글족, 색슨족, 주트족이 영국에 침입했을 때, 잉글랜드에 살던 브리튼인들의 일부가 영국 해협을 건너 브르타뉴로 갔다. 브르타뉴 말을 하는 사람들의 영역이 축소되고 있기는 하지만 여기 사람들은 여전히 브르타뉴어를 사용한다.

게르만족이 프랑스로 밀고 들어갔을 때, 그들은 라틴어 혹은 로망스어를 밀어내지 못했다. 하지만 게르만족은 진화하는 언어에 몇몇 게르만 단어들을 남겼다. 특히 왕과 정부, 봉건제도와 관련된 말들에 영향을 주었다. 다시 말해 새로운 통치 계급의 용어를 집어넣었다. 프랑스어에서 수치심과 자존심에 해당하는 단어들은 게르만어에서 왔는데, 그것은 게르만 전사들에게는 아주 중요한 개념이었다.

잉글랜드에서는 게르만어족이 완전한 승리를 거뒀다. 이 승리는 앵글족, 색슨족, 주트족이 침입하여 토착 브리튼 사람들을 완전히 압도한 것을 감안하면 아주 당연하다. 그다음 9, 10세기에 게르만어를 사용하는 사람들, 즉 노스인 또는 데인인이 두 번째로 잉글랜드를 침입했다. 영어의 기본 어휘와 문법은 이 언어들의 혼합을 통해 출현했고 그 과정에서 영어는 게르만 기원의 어형 변화를 상실했다.

1066년에 세 번째 잉글랜드 침입이 있었는데, 이번에는 윌리엄 공작이 이끄는 노르만 프랑스인들의 침입이었다. 노르만족은 본래 그들의 약탈을 멈추게 하려고 프랑스 왕이 프랑스에 정착하도록 한 것에 고무되어 북쪽에서 온 노스인들이었다. 그들은 자신들만의 고유한 형태를 가진 프랑스어를 사용했는데, 그것은 로망스어였으므로 여전히 라틴어의 특징을 많이 지니고 있었다. 잉글랜드의 새로운 지배계급은 영어로 융합될 때까지 몇 세기 동안 노르만 프랑스어를 사용했는데, 이로 인해 영어 어휘가 엄청나게 증가했다. 거의 모든 것에 대해 그것을 지칭하는 단어가 두 개 이상 있었다. 영어에서 '왕' 혹은 '왕다운'을 뜻하는 단어에 king, kingly 외에 royal, regal, sovereign이 추가되었다.

영어는 독일어와 프랑스어보다 몇 배 더 풍부한 어휘를 지니고 있다. 결국 영어는 독일어와 프랑스어의 혼합물이다.

하단에 로마제국의 멸망 이후에 서유럽과 잉글랜드에서 언어의 진화 과정을 요약한 표가 있다.

▌라틴어가 유럽에 미친 영향

일반 사람들의 언어로서 라틴어는 사라졌지만, 학문, 문학, 그리고 교회의 언어로 라틴어는 생존했다. 그리도 많은 라틴어 단어들이 모든 유럽 언어로 흘러들어 가 일부가 된 이유가 이것이다. 성직자와 학자들은 여전히 라틴어로 말하기와 글쓰기를 하고 있었으므로 그것은 살아있는 언어였으며 따라서 변화를 겪고 있었다. 아니, 순수주의자의 기준에 의하면 퇴화되고 있었다. 이 집단들에서도 라틴어는 로망스어와 같은 길을 갈 가능성이 있었다. 라틴어에 대한 첫 번째 복원

	서유럽	잉글랜드
5세기: 게르만의 침입	■ 게르만어가 라인강 건너 150킬로미터까지 진출 ■ 라틴어가 로망스어가 됨	■ 게르만어가 켈트어를 완전히 대체함
9세기: 바이킹의 침입	■ 프랑스 북부에 정착 ■ 로망스어에 게르만 노스어가 추가되어 노르만 프랑스어가 됨	■ 잉글랜드 동부에 정착 ■ 게르만 앵글로색슨어에 게르만 노스어가 추가되어 영어가 됨
1066년: 노르만족의 잉글랜드 침입	■ 잉글랜드의 통치자들이 노르만 프랑스어를 사용함	■ 프랑스어와 라틴어가 영어에 추가됨

유럽 언어의 진화 과정

작업은 샤를마뉴의 지시로 착수되었다. 옛 라틴어 수고들이 필사되었으며 현재 사용하는 라틴어를 고전 시대의 원본과 일치시키기 위한 노력이 이루어졌다.

라틴어가 지식과 문학의 언어였기 때문에 지식과 문학은 극도로 멀어지게 되었다. 만약 당신이 교육받기를 원한다면, 우선 외국어 그러니까 라틴어를 배워야 했다. 중세 시대에 대다수의 평민들은 문맹이었는데 그것은 흔한 일이다. 이상한 것은 부자와 유력자들도 라틴어를 알지 못했기 때문에 문맹이었다는 점이다. 그래서 노래와 이야기의 구술 문화가 사회 전반에 퍼져 있었다. 익살꾼이나 음유시인이 성에 거주하는 영주들을 즐겁게 해 주었다. 영주가 은퇴하여 책과 함께 살 가능성은 없었다. 글쓰기를 가지고 그 세계의 아주 일부분이라도 이해하고 관리할 수 없었기 때문에 전통과 관습이 지극히 중요했다. 유럽의 귀족들과 기사들이 십자군 운동으로 성지에 도착했을 때, 무슬림 젠틀맨들은 그들이 교양도 없고 글도 모른다는 사실에 경악했다.

서서히 속어 문학이 출현했다. 즉 문학이 라틴어가 아니라 모든 평민들의 모국어로 작성되었다. 프랑스에서 최초의 이야기들은 로망스romance라고 불렸는데, 그 명칭은 이야기를 쓰는 데 사용한 언어에서 따온 것이며 그 이야기들을 묵살하는 방식(지방의 시시한 작품이고, 로마의 것roman이다)이었다. 그다음에 로망roman은 이야기에 해당하는 프랑스 단어가 되었다. 이야기들은 기사들의 영웅적 행동과 아름다운 아가씨와의 사랑에 관한 것이었기 때문에, 주제가 로맨스Romance라고 불리게 되었다. 이것은 라틴어에서 나온 단어이면서 시시한 소설에서 다루는 주제를 일컫는 로맨스가 가진 기묘한 이중적 의미를 설명해 준다.

라틴어에 대한 두 번째 대대적인 복원 작업은 르네상스 시대에 착수되었다. 학자들은 중세 시대에 다른 무엇보다도 라틴어가 퇴화되고 더럽혀졌기 때문에 중세를 경멸했다. 그들의 목적은 위대한 고전 저자들에 대해서 라틴어로 저술하는 것이었다. 르네상스의 선구적인 학자인 페트라르카Francesco Petrarca는 키케로Cicero의 편지 사본을 찾기 위해 유럽을 샅샅이 뒤졌고 그것을 발견했을 때 그는 완전한 라틴어로 키케로에게 편지를 썼다. 이제 귀족과 젠틀맨들은 라틴어로 교육을 받고 있었는데, 라틴어가 교회와 신학 논쟁의 언어였기 때문이 아니라 고전 작품들을 읽고 고전 시대에 대해서 라틴어로 글을 쓰기 위해서였다. 20세기까지 라틴어는 2차, 3차 교육의 핵심이었다. 나도 대학에 입학하기 위하여 라틴어 시험을 통과해야만 했다. 대학의 졸업식들은 라틴어로 진행되었으며 학위를 나타내는 용어는 여전히 라틴어로 표기되고 있다. 동일한 등급으로ad eundem gradum[15], 우등으로cum laude, 최우등으로summa cum laude, 명예를 위하여(명예 학위)honoris causa 등이 그렇다.

라틴어는 유럽 전역의 교육받은 남성들을 이어 주는 강력한 접착제였다(여자아이는 라틴어를 공부하지 않았다). 라틴어는 그들에게 제2의 공용어, 사회적 유대 그리고 그들이 빠져들 수 있는 일종의 암호를 제공해 주었다. 잉글랜드의 평민원에서 어떤 연사는 유명한 고사성어를 라틴어로 인용하고 번역하지 않았다. 그 말을 이해하지 못한다면 그

---

15) 다른 대학 편입생에게 같은 등급을 인정할 경우에 사용한다.

곳에 있어서는 안 되는 것이었다. 인쇄물에는 표기될 수 없던 성적인 용어들은 보통 사람들이 그것을 이해해서 타락하는 일이 없도록 라틴어로 인쇄했다. 따라서 어떤 책이 아주 재미있을 때에만 지역 언어로 번역되었다. 영어는 여전히 이 흔적을 지니고 있다. 생식기에 해당하는 단어 genitalia는 라틴어고 외음부에 해당하는 단어 pudenda도 그러한데, 성에 대한 라틴어의 간결함과 금욕주의적 태도에 대한 놀라운 사례다. 이 단어는 생식기, 특히 여성의 생식기를 나타내기도 하고 문자 그대로 '부끄러운 재료들'을 뜻하기도 한다.

르네상스의 라틴어 재생과 동시에 속어들이 새로운 지위와 존경을 얻었다. 우선 1450년대에 인쇄술이 발명되었기 때문이다. 인쇄되어야 할 첫 번째 책들은 고전 저자들의 작품이었지만, 이 책에 대한 수요는 제한적이었다. 인쇄업자들은 지역 언어로 책을 발행하거나 고전 번역서를 낼 때 더 큰 시장을 확보했다. 세간의 평에 의하면 셰익스피어는 라틴어는 거의 모르고 그리스어는 아주 조금 알았다고 하는데, 노스Thomas North가 번역한 《플루타르코스 영웅전Lives of the Noble Grecians and Romans》으로부터 고전 역사를 배웠다. 이 책은 1579년에 나온 것으로 그때 셰익스피어는 15세였다. 그는 《율리우스 카이사르Julius Caesar》와 《안토니우스와 클레오파트라Antony and Cleopatra》를 쓸 때 이 책에서 자료를 참고했다. 두 번째로 16세기 프로테스탄트 개혁가들은 평민들이 스스로 성서를 읽기를 원했다. 그래서 성서는 지역 언어로 번역되어야 했다. 루터의 첫 번째 과업은 성서를 독일어로 번역하는 것이었다. 프로테스탄트들에게 라틴어는 더 이상 신성한 것들의 언어가 아니었다.

원서는 계속해서 라틴어로 작성되었으며 그래서 유럽 전역의 교육받은 남성들은 곧바로 그것에 접근할 수 있었다. 처음으로 우주의 중심에 태양이 있다고 한 코페르니쿠스Nicolaus Copernicus, 행성 운행의 법칙들을 정식화한 케플러Johannes Kepler, 그리고 과학혁명을 완성한 뉴턴, 이들 모두가 라틴어로 책을 썼다. 그러나 17세기 이후 과학자들과 철학자들은 그들의 지역 언어로 글을 썼고, 광범위한 대중에게 다가가기 위해서 번역되어야 했다.

아직도 생존하는 라틴어는 뒤늦게 다시 한번 꽃을 피우는데, 18세기 스웨덴 식물학자 린네Carl von Linné에 의해 개발된 식물명 체계가 그것이다. 그는 학교에서 라틴어를 배웠고 아리스토텔레스가 자연계의 질서를 분류한 책을 라틴어로 읽었다. 그의 체계는 식물에 라틴어로 두 가지 이름, 속과 종을 부여하는 것이다. 식물을 발견한 사람의 이름이 식물 이름의 일부가 되어야 할 경우에는 그의 이름이 라틴어로 번역된다. 조지프 뱅크스Joseph Banks는 쿡James Cook의 대항해에 참여한 식물학자인데, 그의 이름은 오스트레일리아의 관목 식물 뱅크셔Banksia로 불멸의 삶을 얻었다.

기독교가 시작되었을 때 서쪽의 공용어는 라틴어였다. 그것은 교회를 통치하기 위한 언어, 교회의 교리에 관해 논쟁하기 위한 언어, 신앙을 공표하기 위한 언어, 그리고 교회의 업무를 운영하기 위한 언어가 되었다. 라틴어는 예언자 무함마드의 언어였던 신성한 언어, 아리비아어와는 달랐다. 예수는 아람어를 사용했고 그의 말씀은 지중해 동부의 공용 그리스어로 기록되었다. 구약성서의 언어는 히브리어였다. 하지만 라틴어가 모든 신도들을 한데 묶었으며 그것은 제2차 바티칸공의회가 지역 언어의 사용을 재가할 때까지 가톨릭교회의 예배 언어였다. 교황의 회칙은 계속해서 라틴어로 발행되었다. 신도들 가운데 일부는 교회 업무를 라틴어로 했는데, 거의 비밀 의식이었다. 현재의 교황은 미사에서 라틴어를 사용하는 것을 더욱 선호하는 경향이 있다.

로마제국의 이념처럼, 라틴어는 오랜 세월 사멸해 가고 있었다.

묵묵히 역사를 지탱해 온 보통 사람들

당신은 서민을 좋아할 것이다. 그들은 불결하고, 불쾌한 냄새를 풍기며, 보기에도 매력적이지 않다. 영양 결핍이고, 질병으로 약해져 있고, 비가 오나 눈이 오나 힘든 노동을 하느라 여기저기 찢기고 상처가 나 있기 때문이다. 그런데도 당신은 왜 그들을 좋아할까? 그들의 운명은 따라 하기 쉽기 때문이다. 그들은 여러 세기 동안 계속해서 같은 것, 즉 식량을 재배하는 일을 하고 있었다.

▌유럽 서민의 삶과 농업

그들에 대해 논의하려 할 때 연대표 같은 것은 필요 없다. 식량을 생산하고 있는 사람들 또는 식량과 아주 밀접한 관련이 있는 사람들의 비율을 그래프로 보면 거의 변동이 없다. 여기에는 농촌이나 전원

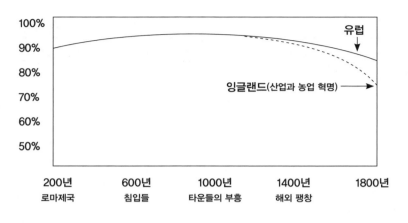

유럽
↓

잉글랜드(산업과 농업 혁명) ➝

| 200년 | 600년 | 1000년 | 1400년 | 1800년 |
| 로마제국 | 침입들 | 타운들의 부흥 | 해외 팽창 | |

유럽 농촌 인구의 비율

마을에 살고 있는 사람들과 수레바퀴 만드는 사람이나 대장장이나 노동자 같은 농사일을 지원하는 사람들을 포함한다. 수치는 대강의 근사치다. 로마제국에서는 대략 국민의 90퍼센트가 시골에서 살았다. 제국에는 거대 도시들이 있었고, 그중 로마가 가장 출중했다. 하지만 그 도시들은 인구의 10퍼센트만을 구성하고 있었다. 대도시들은 시골에서 곡물을 공급받았는데 곡물은 무거운 생산물이라 육로를 통해 먼 곳까지 운반하려고 하면 전체 가치가 소진되어 운반에 한계가 있었다. 로마를 위한 곡물은 바다를 건너 이집트에서 왔는데, 이것이 가장 저렴한 운송 방식이었다. 로마제국 후기에는 정부가 백성을 만족시키기 위해 로마에서 곡물 분배를 할 때 보조금을 지급했다. 로마는 오늘날의 제3세계 도시 같았다. 거대한 자석처럼 사람들을 끌어당기지만 몰려드는 모든 백성에 생계를 마련해 줄 수는 없는 그런 도시였다. 무료 식량과 더불어 콜로세움에서 정기적으로 볼거리를 제공했다. 로마의 풍자시인 유베날리스Juvenalis는 정부가 "빵과 서커스"로 생존하고 있다고 묘사했다.

곡물 무역은 이례적인 것이었다. 제국에서 교역의 대부분은 장거리 운송이 가능한 가볍고 값비싼 사치재 거래였다. 로마제국에서는 19세기까지의 유럽처럼 대부분의 사람들이 집 근처에서 재배하거나 만든 것으로 생존했다. 음식, 음료, 옷, 집, 이 모두가 지역의 산물이었다. 유럽의 오래된 오두막들은 초가지붕인데, 슬레이트보다 더 아름답기 때문이 아니라 쉽게 구할 수 있는 값싼 재료였기 때문에 사용한 것이다. 로마인들은 경제에서 변화를 일으키는 세력이 아니었다. 그들의 혁신은 단일한 법과 매우 효율적인 군사 조직으로 제국을 결속시키는 것에 있었다. 곧게 뻗은 로마의 도로들은 아직까지도 그 일부가 남아 있는데, 병사들이 이곳저곳을 신속하게 행군할 수 있게 하려는 기본 목적을 위하여 군 기술자들이 설계했다. 그런 이유로 도로가 곧게 뻗어 있는 것이며, 만약 말과 수레들을 위해 설계되었다면 경사는 더욱 완만했을 것이다.

로마제국의 마지막 두 세기에는 게르만 침입자들이 공격해 옴에 따라 도시의 인구가 감소하고 있었다. 교역은 줄어들었고 지역 내 자급자족은 더욱 피할 수 없게 되었다. 로마의 적들은 국경 지역을 통과하지 못했기 때문에 한창때에 제국의 도시들은 장벽을 갖추고 있지 않았다. 3세기에 타운 주위에 장벽이 설치되기 시작했으며, 나중에 생긴 장벽들이 더욱 좁은 지역을 둘러싸고 있다는 것을 보면 곳곳에서 타운들이 쇠퇴하고 있었음을 알 수 있다. 476년 제국이 소멸한 시점에는 시골의 인구 비율이 95퍼센트까지 올라갔다.

시골의 인구 비율은 여러 세기 동안 그 상태를 유지했다. 게르만의 침입 이후에 또 다른 세력들의 침입이 뒤따랐다. 7세기와 8세기에는 무슬림들이 프랑스 남부와 이탈리아로 쳐들어왔다. 9세기와 10세기에는 바이킹족이 대혼란을 확산시켰다. 평화는 11, 12세기에 찾아왔고 교역과 타운 생활이 부활하기 시작했다. 어떤 타운들은 5세기 이후에 거의 완전히 사라졌고, 또 어떤 타운들은 크게 축소되어 있었다.

그래프가 아주 완만하게 하락하기 시작한다. 15세기에 유럽은 해외로 팽창하기 시작해서 상업, 은행업, 해운업의 성장을 낳았고, 그로 인해 타운도 성장했다. 1800년에 이르면 서유럽에서 시골에 사는 사람들의 비율은 85퍼센트까지 떨어졌던 것 같은데, 이는 로마제국에서보다 조금 더 낮은 수치였다. 그토록 오랜 시간이 지나도록 움직임은 거의 없었다. 한 가지 예외가 잉글랜드로, 여기의 경우 1800년경에는 도시가 갑작스럽게 번창하면서 시골의 비율은 급속하게 떨어지고 있었다. 그리고 1850년에 이르면 잉글랜드 인구의 절반이 도시에 거주했다.

식량을 생산하는 사람들은 신분이 달랐다. 어떤 시점에 그리고 오랜 시간 동안 그들은 소토지 소유주, 노예, 해방된 노예, 농노, 해방된 농노, 차지인, 소작인 그리고 노동자 중 하나로 살았다. 우리는 그들을 모두 농민이라고 부를 것이다. 그가 어떤 사람이든 또 어떤 시대에 살고 있든 하는 일은 동일했다. 19세기 이탈리아, 남부 프랑스, 에스파냐의 쟁기질은 로마 시대의 쟁기질과 동일했다. 쟁기는 원시적이었다. 쟁기는 막대가 두 갈래로 나뉘어져 있고 하단부에 칼날이 부착된 형태였다. 소나 말이 쟁기를 끌고 쟁기질 하는 사람은 쟁기를 꼭 잡은 채 방향을 정하는데, 날은 흙 표면에서 그리 깊이 들어가지 못한다.

초기의 두 갈래 쟁기는 비교적 가벼웠고, 작은 정방형 터의 땅 표면을 긁어내는 것이었다. 더 무거운 바퀴 달린 쟁기는 북부 유럽의 심토를 뒤집어서, 펄롱 furlongs이라고 불리는 가늘고 긴 땅에 밭고랑과 이랑을 만들어 낼 수 있었다.

그저 흙 표면을 긁는 정도다. 사람은 바둑판 모양으로, 즉 밭을 따라 죽 나아간 다음에 다시 가로질러 가는 식으로 쟁기질을 했다.

중세 초기의 위대한 발명품 가운데 하나는 바퀴 달린 쟁기였다. 누가 발명했는지는 알려지지 않았다. 이것은 북부 프랑스, 독일 그리고 잉글랜드의 점토질이 강한 토양에 더욱 효과적이었다. 원칙적으로 동물이 끌면서 사람이 그 작업에 계속 손을 대고 있다는 것을 제외하면 현대의 쟁기와 동일했다. 토양을 파는 예리한 절단기와 파낸 흙을 들어서 뒤집는 비스듬한 판이 있었다. 단순히 흙을 긁어내는 것이 아니라 이를 통해 밭고랑이 만들어졌다. 밭고랑은 모두 동일한 방식으로 서로 평행하게(옛 쟁기질처럼 그물망 모양으로 교차하지 않고) 뻗어 있었다. 점토질 토양에서는 물이 밭고랑 밑으로 흘러갈 수 있다. 쟁기질은 힘든 작업으로 그저 쟁기의 방향을 조정하는 것이 아니다. 어깨와 팔로 쟁기를 꽉 잡고 있지 않으면 흙을 파내기보다는 넘어지기 때문이다. 토지에 쟁기질을 한 다음에는 씨를 뿌리는데, 이는 좀더 수월한 일이었다. 밭 위를 여기저기 걸어 다니면서 긴 띠 모양의 땅에 씨를 뿌렸다. 그다음에는 일종의 갈퀴라고 할 수 있는 써레를 가지고 씨를 덮어주었다.

남자들이 쟁기로 밭을 갈았다. 남자, 여자 그리고 아이들이 수확을 했는데 안전한 수확을 위한 시간이 짧기 때문에 타운에서 사람들을 모집했을 것이다. 지역 병사들이 막사에서 내밀려 일손을 도왔을 수도 있다. 수확은 손잡이가 있고 곡면 날을 지닌 도구인 낫을 가지고 했다. 고고학자들은 가장 오래된 거주지에서 낫을 발굴했는데 20세기 초에 이르기까지 계속해서 유럽에서 표준적인 수확 도구였다. 1917년 러시아에 일어난 공산주의 혁명은 새로운 깃발을 통해 노동자들에 존중을 표하고자 했다. 그 깃발은 망치와 낫을 품고 있는데, 망치는 도시 노동자들을 위한 것이고 낫은 시골 노동자들을 위한 것이었다.

오늘날 냉방 장치가 달린 트랙터에 앉아서 운전하고 있는 농부 farmer[16]들을 보면서 경작과 수확을 상상해서는 안 된다. 농민peasant들은 해마다 땅 구석구석에서 허리를 숙이고 터벅터벅 움직이며 온 힘을 다하고 있었다.

밀이나 보리의 줄기를 거두어들인 다음에는 두드려서 이삭을 털어내야 했다. 이때 연장으로 도리깨를 사용했는데, 그것은 가죽 끈이 달려 있는 평평한 판자에 나무로 된 긴 손잡이를 가진 것이었다. 손잡이를 휘둘러서 판자를 헛간 바닥에 놓인 이삭 위로 평평하게 떨어뜨렸

---

16) peasant는 농민으로, farmer는 농부로 옮겼다. 두 단어는 의미상의 차이가 있다. 대체로 peasant는 봉건적 소농민을 지칭할 때 사용하고, farmer는 농장을 소유하거나 관리하는 자본주의적 차지농이나 일반적인 의미에서 농사짓는 사람을 가리킬 때 사용한다.

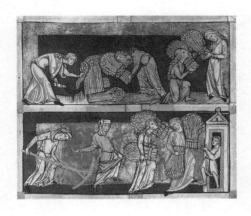

1200년경 독일의 필사본《수녀들의 귀감Speculum Virginum》에 실려 있는 수확 장면.

다. 열린 헛간의 문으로 들어온 산들바람이 겉겨를 휩쓸어 가면 헛간 바닥에는 곡물만 남았다.

곡물은 가루로 빻은 다음에 빵으로 만들었다. 빵은 생명의 양식이었다. 사람들은 두툼한 빵 몇 조각을 먹고 다른 것은 별로 먹지 않았다. 정기적으로 고기를 먹지도 않았다. 빵과 함께할 약간의 버터나 치즈는 가지고 있었을지도 모르지만 주로 빵이 한 끼 식사였다. 옆 접시에 따라 나오거나 멋진 바구니에 담아 두 조각 정도 나오는 그런 것이 아니다. 셋 또는 네 개의 두툼한 빵 조각이 전부였다. 부유한 사람은 하루에 빵 1킬로그램 정도를 먹었다. 곡물은 모든 지역에서 재배되었는데 곡물 재배에 적합하지 않은 장소, 오늘날이라면 곡물을 재배하지 않을 장소에서도 곡물을 재배했다. 운송이 매우 어려워서 소비될 지역과 가까운 곳에서 재배되어야 했다. 다른 지역에서 온 곡물은 가격이 매우 높았다. 바다를 통해 운송될 수 있었지만, 내륙 깊은 곳까지의 운송은 18세기에 운하들을 건설하고 나서야 가능해졌다.

모든 사람이 항상 수확을 걱정했다. 날씨에 대한 이야기는 대화라고 생각하지 않았다. 그것은 국민이 그들의 운명에 대해 곰곰이 생각하는 것이었다. 곡물이 익지 않거나 수확하기 전에 날씨가 안 좋아서 생산을 망친다면 공동체 전체가 고통을 당할 것이었다. 곡물을 다른 지역에서 가져와야 하고 그러면 곡물 가격은 매우 비싸진다. 곡물이 부족할 시기에 빵 가격은 두 배 혹은 세 배로 뛰었다. 슈퍼마켓에 있는 여러 품목 중 하나가 가격이 올라서 당분간 다른 무언가를 먹으면 되는 일이 아니었다. 두 배 또는 세 배로 오른 것은 당신이 식량을 섭취하는 데 들어가는 전체 비용이다. 그렇게 되면 곧바로 굶주리게 되거나 기아에 허덕이게 될 것이다.

농민들은 식량을 재배했으니 그렇다면 높은 가격으로 이익을 보지 않았을까? 대규모 토지를 소유한 사람들만 그러했다. 당신이 내다 팔 것은 거의 없고 겨우 가족만 먹여 살릴 정도의 식량만 재배했다면, 수확 실패는 가족을 먹여 살리기에도 충분하지 않고 그래서 가외의 구입을 해야만 한다는 것을 의미했다. 어떤 사람들은 좋은 상황일 때도 가족을 먹여 살리기에 충분하지 않은 작은 땅뙈기를 가지고 있었다. 그들은 더 큰 토지를 지닌 사람에게서 가욋일을 얻고 추가적인 식량을 구입하는 데 의존했다. 많은 사람들이 자신의 토지를 지니지 못한 노동자들이었다. 그들이 고용주와 살면서 먹을거리를 얻었다면 그렇게 곤란하지는 않았을 테지만 자신의 오두막에서 살았다면 정기적으로 빵을 구매해야 했을 것이다. 물론 타운에 거주하는 사람들은 언제나 구매자들이었다. 수많은 사람들이 곡물 가격이 상승했을 때 심각한 어려움을 겪었다.

곡물 부족이 나타나자마자 곡물을 소유한 사람들 즉, 대규모로 곡물을 재배한 사람들과 매매하는 사람들은 가격이 훨씬 더 올라가도록 곡물을 내놓지 않거나, 이미 가격이 더 올라가 있는 다른 지역으로 내보내서 그 지역에는 아무것도 남겨 두고 싶지 않은 유혹을 받았다. 대략 1400년경부터 정부들이 어느 정도 권한을 갖추자마자 줄곧 이 사업을 통제하려고 시도했다. 그들은 매점과 더불어 기근이 발생한 지역으로부터 다른 곳으로 곡물을 운송하는 것을 금지하는 법률들을 통과시켰다. 치안판사들이 이 법률을 시행하지 않았다면 평민들이 스스로 시행했을지도 모른다. 그들은 매점된 곡물을 찾아 나섰고 대농장주들에게 판매를 강요했다. 평민들은 곡물을 다른 지역으로 빼돌리고 있는 마차나 보트를 공격했다. 정부가 관여하지 않을 수 없었던 것은 이런 공격이 폭동과 무질서로 변할 잠재력을 지니고 있었기 때문이다.

대부분의 시간 동안 대부분의 사람들은 식량에 대한 불안을 품고 살고 있었다. 사치는 일정하게 잘 먹는 것이었고 살 찐 것은 아름다운 것이었다. 휴일은 잘 먹는 잔칫날이었다. 성탄절을 축하할 때를 보면 우리 사회에 아직도 이 애처로운 잔재가 남아 있다. 다시 말해, 늘 잘 먹고 있음에도 그날에 많이 먹는 것으로 돋보이려고 한다. 나는 다른 날에는 절대로 칠면조 고기를 먹지 않는 것으로 잔칫날의 적절한 풍조를 어느 정도 보존하려고 애쓰고 있다.

토지에서 일한 인민의 85~95퍼센트가 문명을 가능하게 했다. 농민들이 자신이 먹고 살 만큼만 식량을 재배했다면 그 어떤 도시도, 또는 영주나 성직자나 국왕도, 또는 군대도(이들 모두 그들의 식량 재배를 다른 사람에게 의존했다) 존재할 수 없었을 것이다. 그들이 원했든 원하지 않았든, 농민들은 다른 사람들에게 식량을 공급해야만 했다. 이 과정은 중세 초기의 농노들 가운데에서 가장 명료하게 볼 수 있는데, 그들은 영주가 수확물을 가져갈 수 있도록 영주의 토지에서 무급으로 일할 뿐 아니라 지대로 수확물의 일부를 내야 했으며, 일부는 십일조로 교회에 넘겨주었다. 나중에 영주의 땅에서 일할 의무는 중지되고 영주와 성직자에게 납입하는 것은 화폐가 대신하게 되었다.

중세 초에는 국가에 의한 조세가 없었다. 그 이전 로마제국에서 그리고 나중에 유럽의 신흥 국가들에서, 농민들은 납세자였다. 우리는 로마제국의 세금 징수 장면을 묘사한 유물에서 세금 징수원들의 모습을 볼 수 있다. 그 업무 과정은 종이가 아니라 밀랍 상자에 기록되어 있다. 세금 징수는 제국을 운영하기 위한 가장 중요한 업무다. 농민들로부터 돈을 거둬서 병사들에게 지급하는 데 사용한다. 농민들로부터 돈을 쥐어짜 내는 것이 문명의 기초다. 당신은 이 세금 징수가 얼마나 직접적인지 알고 있다. 세무 관리에게 수표를 써 주거나 발송하지 않고, 당신의 급료 일부를 공제해 가지도 않는다. 그 세무 관리는 당신을 애써 찾아다니는 활동적인 사람이다. 당신이 납부를 거부

로마제국 시기, 세금 징수원들에게 세금을 납부하고 있는 농민들(왼쪽 장부를 주목하라). 라인강 국경 지대에서 발견된 이 양각은 200년경의 것이다.

하면, 그는 물리력을 동반하여 돌아올 것이다. 납세는 관료주의적으로 통제된 것이 아니라 직접적인 대면이었다. 로마제국에서 세금 징수원들은 푸블리카니publicani[17] 즉, 공중을 위해 수집하는 사람이라고 불렸다. 그들은 미움을 받았다. 예수조차 "너희를 사랑하는 사람을 사랑하는 것은 특별한 선행이 아니다. 세금 징수원도 그 정도는 할 것이다" 하고 이야기함으로써 세금 징수원을 최악의 사람들로 정형화하는 데 일조했다. 킹 제임스 성경에 푸블리카니는 세리로 번역되어 있다. 예수는 '세리와 죄인'이라고 두 사람을 함께 묶어 이야기한 것으로 비난받는다. 선술집public house 면허를 가지고 있는 사람들에게 매우 불공정한 일이다.

물론 농민들을 쥐어짠 것에 대해서 말하는 것은 지나치게 감성적인 언어다. 어쩌면 그들은 즐겁게 세금을 납부했거나, 적어도 그것에 대해서 그저 투덜대기만 했을 것이다. 세금 내는 것을 좋아하는 사람은 아무도 없지만 우리는 정부가 제공하는 서비스의 혜택을 받는다. 다만 농민들은 아무런 서비스도 받지 못했다. 정부는 학교나 보건제도를 운영하지 않았고 도로를 책임지고 건사하지 않았다. 군사적 중요성을 지니는 곳을 제외하고 도로는 지역적 관심사의 문제였다. 로마인들은 상하수도 체계를 제공해서 도시의 보건 위생을 돌보았지만 시골을 위해서는 아무것도 하지 않았다. 최근까지 대부분의 세금, 그러니까 세금의 80퍼센트 또는 90퍼센트가 군대에 소비되었다. 그렇다면 외적이 접근하지 못하도록 막아서 농민은 이득을 보았는가?

___

17) 보통 세리들이라고 번역하지만, public을 강조하는 문장이므로 세리라 번역하지 않았다.

그렇지 않다. 농민들에게 전쟁이란 자신의 땅 위에서 전투가 벌어지고, 양쪽 군대를 먹이기 위해 자신의 식량과 동물들이 징발된다는 것을 의미했기 때문이다.

복종하고 따라야 할 의무가 있는 하층민들로서 농민들은 윗사람들의 강요와 무력을 사용한 위협에 못 이겨 세금을 납부했지만, 정기적으로 저항, 폭동, 반란이 일어났다. 농민들은 자신들만의 세계관에 따라 행동하도록 고무되었는데, 그것은 국왕과 주교와 지주들이 우리를 팽개치더라도 우리는 아무 문제가 없으리라는 것이었다. 농민들은 모두 자신의 식량을 재배했고, 자신의 술을 주조했고, 자신의 옷을 만들어 입었기 때문에 이렇게 생각하는 것은 쉬운 일이었다.

수많은 현대인들이 끔찍한 생존경쟁으로부터 이탈하는 삶을 선택하고 있다. 그들은 살아가는 데 필요한 것은 자신이 먹을 식량을 재배할 땅 한 뙈기가 전부라고 생각한다. 하지만 실제로 바지, 약, 술, DVD를 사기 위해서는 돈이 필요하며, 기름값과 전화 요금을 납부해야 한다는 사실을 깨닫기 위해서는 그 땅에 오래 머물 필요가 없다. 얼마 지나지 않아 이탈하는 삶을 선택한 사람들은 부업 자리를 구하고 농사일을 소홀히 하게 될 것이다. 그리고 곧 전일제 일자리로 돌아갈 것이다. 하지만 농민들에게 자급자족은 현실이었다. 그들에게 정부와 교회는 그저 부담에 지나지 않으며 자신들로부터 돈을 가져가는 것은 강도짓처럼 보였다.

■ 농노제 이후의 변화

프랑스혁명 첫 해가 되기 전까지, 농민 반란은 항상 억압당했다. 프랑스 농민은 다른 지역 농민과 마찬가지로 중세에는 농노였다. 중세 말에 서유럽에서 농노제가 종식되었을 때, 농노들에 대한 처우는 여러 가지 형태로 변화했다. 프랑스에서는 농민이 자기 땅의 소유주라고 규정하는 법률이 제정되었고, 그래서 그들은 땅을 팔고 떠날 수 있었다. 그렇지만 그들과 그 토지를 구매한 사람 모두, 영주의 딸이 결혼할 때 무언가를 제공한다거나 일주일에 며칠씩 영주의 땅에서 일해야 하는 것 같은 낡은 봉건적 부과조와 의무를 영주에게 지불해야만 했다. 이런 의무들은 선물이나 봉사에서 화폐 납부로 바뀌었다. 그래서 농민 토지 소유주들은 계속해서 여러 가지 지대를 납부해야 했다. 소유주이면서 차지농인 아주 특이한 상황이었다.

대토지 소유자들(영주일 수도 있지만 이제는 부유한 중간계급 인물일 수도 있다)은 똑똑한 변호사들을 고용하여 기록을 검토해서 모든 부과조와 의무를 화폐 납부로 대신하고 있음을 확인하도록 했다. 부과조와 의무가 화폐로 변화되었을 때, 인플레이션은 전혀 고려되지 않았다. 현재 우리의 용어를 사용하면, 화폐 납부는 인플레이션 지수와 연동되지 않았다. 그래서 영주들은 빠뜨리거나 잘못 계산된 의무를 찾아내기 위해 온갖 유인책을 취했다. 그보다 더 성가시고 악화하는 관계는 있을 수 없었다. 영주는 토지의 소유권이 농민에게 넘어가는 것을 보았고, 그래서 낡은 부과조와 의무에 대한 화폐 납부를 조금씩 증가시켜서 손실을 보충하려 했다. 농민들은 저항했다. 그들은 돈을 각출하여 변호사를 고용해서 영주들과 싸웠다.

1788년에 국왕이 삼부회를 소집했을 때, 농민들은 새로운 날이 밝아 오고 있다고 추측했다. 미움받는 이 모든 부과조들이 사라질 것이었다. 그러나 점점 지연되어 그들을 힘들게 했다. 농민들은 바스티유가 함락되고 왕이 국민의회를 수락했다는 소식을 들었지만 영주에게 내는 납부금은 여전히 남아 있었다. 어떤 더러운 음모가 계획되고 있음에 틀림없었다. 지난해의 수확이 좋지 않았고 아직 새로운 수확기에 이르지 않았기 때문에 빵 가격이 계속 치솟고 있었다. 귀족들과 강도들이 개혁이 시골에 이르는 것을 막으려고 한다는 소문이 시골 지역에 급속히 확산되었다. 농민들은 강도들에 맞서 싸우기 위해 실제로 몰려나왔다. 또한 영주들의 대저택으로 몰려가서 납부 상황이 기록된 등기부를 파기할 것을 영주나 그의 대리인에게 요구했다. 영주가 동의하면 그들은 만족하고 떠났지만 동의하지 않으면 대저택에 불을 질렀다.

파리의 혁명가들은 시골을 휩쓸고 있던 농민반란을 어떻게 대해야 할지 몰랐다. 이것은 그들이 전혀 예상하지 못했던 일이다. 머지않아, 혁명가들이 인간의 권리들과 새로운 헌정을 정식화하자마자 농민의 불만 사항을 검토하게 될 것이었다. 다만 혁명가들 중에는 그들이 구입한 토지에서 농민들로부터 납부금을 받은 사람들이 있다는 것이 어려운 점이었다.

혁명가들은 국왕이 농민들을 통제하기 위해 군대를 파견하는 것을 원하지 않았다. 군대를 파견하는 것은 농민반란에 대한 평범한 대응책이었다. 국왕이 군대의 출동을 명령한다면, 농민을 상대한 후 그 군대를 이용해 혁명가들을 공격할 수도 있었다. 그래서 의회 지도자들은 농민들이 원하는 것을 자신들이 이루어 주어야 한다고 결정했다. 1789년 8월 4일 저녁, 밤샘 회의에서 연사들은 부과조와 의무를 맹렬히 비난했다. 그것으로부터 이익을 얻었던 사람들은 다른 사람들보다 더 열정적으로 부과조와 의무를 비난하고 개혁을 약속했다. 절반 정도는 연출된 것이었고 절반 정도는 집단 히스테리였다. 하지만 그들은 냉정을 완전히 잃지는 않았다. 즉각 폐기되어야 할 개인적인 노무 제공과 관련된 납부금과 소유주들에게 보상하고 나중에 없앨 재산 관련 납부금을 구별하기로 했다. 이것을 구별하는 일은 매우 어려웠다. 농민들은 그러한 구별을 거부하고 그 순간부터 어떤 종류의 납부금도 내지 않았다. 1793년에 혁명이 더욱 급진화되고 새로운 헌정이 제정되었을 때, 모든 부과조와 의무는 폐기되었다.

농민들은 자기 땅의 완전한 주인이 되어 지주들로부터 완전히 자유로워졌다. 그리고 나서 그들은 19세기 내내 프랑스 정치에서 보수적인 세력이 되어, 사유재산을 공격하고 사회주의 사회를 건설하기를 원한 도시의 급진적 노동계급 인민들에 반대했다. 프랑스의 중요 인물들은 노동계급의 요구를 부결시키기 위해 언제나 농민들에 의존할 수 있었다. 그들은 작은 땅뙈기를 보유하고 있었는데, 이는 프랑스의 농업이 소규모이며 비효율적임을 의미했다. 오늘날 농민들은 유럽의 보조금으로 혜택을 입고 있으며, 이는 그들이 농산물을 더 낮은 가격으로 시장에 내놓으면서 규모가 더 크고 효율적인 오스트레일리아의 농부들과 경쟁할 수 있음을 의미한다. 이제 프랑스 농민들이 우리를 쥐어짜고 있다!

잉글랜드에서는 농노제가 끝난 후 완전히 다른 방식의 토지 정리가 이루어졌다. 모든 형태의 봉건적 부과조와 의무가 사라졌다. 농노는 근대적 방식의 차지농이 되어, 그저 지주에게 지대를 지불할 따름이었다. 차지인은 때로 장기로, 형편에 따라서는 평생 동안 임차했지만 차지 기간이 만료되었을 때 지주는 차지인을 바꿀 수 있었다. 프랑스의 농민은 임차지에서 쫓겨날 위험이 없다는 점에서 더 안전했지만 봉건적 부과조와 의무를 지불해야 했다. 잉글랜드의 지주와 차지인 사이에 근대적인 상업적 관계가 있었기에 훗날 농업혁명이라고 불리는 농업 생산성의 엄청난 도약이 가능했다.

농업혁명은 두 가지 요소를 지니고 있었다. 농업 관행의 개선과 토지 소유의 재배치가 그것이다. 농기계의 개선과는 아무런 관련이 없으며 트랙터와 수확 기구는 훨씬 나중에 나왔다.

우선 농업 관행에 대해서 살펴보자. 모든 경작자들이 직면한 기본 문제는 정기적인 경작이 토지의 질을 고갈시킨다는 것이다. 이 문제를 어떻게 풀 것인가? 로마제국 외부의 게르만 농부들은 옛 토지의 질이 고갈되면 새로운 땅으로 옮겨 갔다. 이것은 반영구적인 경작 방식에 지나지 않는다. 로마제국 내부에서는 농장의 토지가 둘로 나눠져 있었다. 어떤 부분은 수확이 이루어지고 또 어떤 부분은 묵혀 두었는데, 이것은 토지가 휴식을 취하며 활력을 되찾는다는 것을 뜻한다. 말, 소, 양 같은 가축들이 그곳에 방목되어 지난해 작물의 그루터기를 먹으면서 거름을 배설했다. 그해 말에는 휴경지를 갈아엎어 새로운 작물을 파종하고, 농장의 다른 부분을 휴경지로 돌렸다. 이러한 방식은 19세기까지 남부 유럽에 남아 있었다. 중세 시대에 북부 유럽에서는 삼포제가 도입되었는데, 두 부분은 농산물을 생산하고 세 번째 부분은 휴경지로 두는 것이었다. 한 곡물은 여름에 심고, 또 한 곡물은 봄에 심었다. 효율성이 얼마나 증가했는지 보라. 토지의 절반 대신에

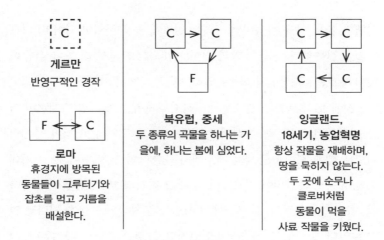

게르만
반영구적인 경작

로마
휴경지에 방목된
동물들이 그루터기와
잡초를 먹고 거름을
배설한다.

북유럽, 중세
두 종류의 곡물을 하나는 가
을에, 하나는 봄에 심었다.

잉글랜드,
18세기, 농업혁명
항상 작물을 재배하며,
땅을 묵히지 않는다.
두 곳에 순무나
클로버처럼
동물이 먹을
사료 작물을 키웠다.

농지 제도의 변화(C = 작물 재배, F = 휴경)

3분의 2가 곡물을 생산하고 있는 것이다.

18세기 잉글랜드에서 농장은 네 부분으로 나뉘었고 그 각각에 작물을 심었다. 이것이 농업혁명이었다. 어떻게 작동한 것일까? 토지가 항상 경작된다면 토지의 질은 고갈되고 만다. 이 기술 배후에 있는 새로운 방식의 똑똑한 생각은 다음과 같은 것이었다. 작물 가운데 두 가지는 예전과 마찬가지로 곡물이지만, 다른 두 가지는 순무나 클로버 같은 동물 사료였다. 이 작물들은 토지로부터 상이한 요소들을 취하기 때문에 계속해서 작물을 재배해도 토지의 질은 고갈되지 않았다. 클로버는 대기 중의 질소를 토양에 고정시킴으로써 토지를 재생시킨다. 예전에는 동물들을 휴경지에서 생존하도록 내버려 두었지만 이제는 동물을 먹일 작물이 재배되었기 때문에 소와 양이 더 많이 사육될 수 있었다. 그들은 더 잘 먹고, 더 커졌으며, 더 많은 거름을 배설했다. 소나 양을 사육하던 구역은 연말에 곡물 구역이 되어 더 나은 작물을 산출했다. 동물의 양과 질이 증대되고 작물도 더 좋아졌다. 이것이 새로운 4윤작법의 산물이었다.

동시에 토지 보유가 재조정되어 각각의 농부는 명확한 경계선이 있는 병합된 보유지, 즉 자신의 농장을 지니게 되었다. 이것이 중세의 제도를 대체했는데, 중세의 제도에서는 촌락의 토지가 세 개의 거대한 공유지로 분할되어 있고 농부들이 그 각각의 토지 중 일부나 하나의 지조를 갖게 된다. 이 제도에서 사람들은 자신의 농장을 지니고 있지 않았다. 소유권이 영주에게 있었지만, 농장은 촌락의 것이었다. 언제, 어디에, 무엇을 심을지에 대한 결정은 촌락이 했으며, 휴경지에서는 모든 사람의 가축이 방목되었다. 세 개의 공유지 바깥쪽에는 황무지, 습지, 또는 삼림지대가 있어서, 이 또한 모든 사람이 가축을 방목하거나 지붕을 이을 재료와 땔감을 얻기 위해 이용할 수 있었다.

토지를 병합된 보유지로 재조정하는 일은 의회의 법률, 각 촌락에 대한 특별법을 통해서 수행되었다. 잉글랜드의 의회는 대지주들의 집합체였는데, 그들은 새로운 농업 방식이 효과적으로 수행되기 위해서는 병합(또는 인클로저라고 불린다)이 필요하다고 결정했다. 새로운 작물을 경작하고 동물들을 더 잘 돌보기 위해서는 촌락에 의한 공동 통제가 아니라 개별적인 관심이 필요했다. 자신의 토지에서 생산되는 산출량을 증대시키고, 지대로 청구할 수 있는 돈까지 증가시키기를 원한 지주는 병합된 농장에 대한 임차권의 조건으로 새로운 관행을 수용할 것을 내세웠다. 순무를 재배하기를 거부한 농부는 쫓겨날 것이었다. 다시 말해, 그의 임대차 계약은 갱신되지 않을 것이다.

병합은 주의 깊게 진행되었다. 위원회 사람들은 마을 사람들이 지닌 기존의 권리를 규명하기 위하여 모든 사람을 조사했다. 공동 경작지에 있는 지조들을 경작할 권리와 공유지에 방목할 권리는 특정한 크기의 병합된 보유지에 대한 권리로 대체되었다. 재조정으로 고통을 겪은 사람들은 공유지에 방목할 권리만 가지고 있던 농업 노동자들이었다. 그들은 아무런 소용도 없는 아주 작은 땅뙈기를 받았고, 도시로 떠날 가능성이 높았다. 하지만 전체적으로 볼 때, 병합된 보유지에서 이루어지는 새로운 농업 관행은 노동이 더 적게 필요한 것이 아니라 더 많은 노동이 필요했다. 도시로 전반적인 대이동이 일어난 것은 인구가 급속하게 증가하고 있었기 때문이다.

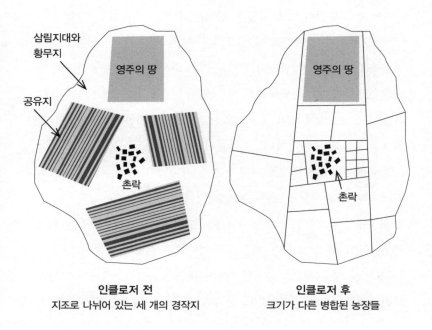

인클로저 전
지조로 나뉘어 있는 세 개의 경작지

인클로저 후
크기가 다른 병합된 농장들

농업 생산성 증대는 도시의 성장을 가능하게 만들었다. 전체적으로 볼 때 더 적은 비율의 사람들이 인구 전체에 식량을 공급할 수 있었다. 잉글랜드는 이 도약을 이루어 낸 첫 번째 대규모 근대국가였다. 그와 유사하게 보유지를 병합하고 싶어 한 프랑스의 농업 개혁가들이 있었지만, 그곳에서는 농민들이 토지를 소유하고 있었고 공동체의 삶에 애착을 가지고 밀접하게 결합되어 있었다. 절대군주제조차도 그들을 마구 대할 수 없었다.

18세기 중엽 이래로, 잉글랜드의 산업혁명이 농업혁명과 보조를 맞추어 나아가기 시작했다. 노동자들이 그들의 오두막에서 면화와 양모의 실을 자아 천을 짜는 대신 그 업무가 처음에는 물레방아로, 그다음에는 증기 엔진으로 작동하는 새로운 발명품들이 작업을 하는 공장으로 이전되었다. 노동자들은 장비를 지키고 관리하는 사람이 되어, 시간에 맞추어 일하고 자기 자신의 주인이 되는 대신에 사장을 위해 일했다. 방직공장과 모직 공장이 있는 타운의 인구는 급격히 증가했다. 모든 새로운 경제활동은 처음에는 운하들의 연결망에 의해, 그다음에는 철도망에 의해 조직되었다. 마침내 막대한 재화가 전국 곳곳으로 값싸게 운송될 수 있는 국가가 출현한 것이다.

잉글랜드가 산업혁명을 계획한 것은 아니었다. 잉글랜드에서는 의회가 정부를 통제했기 때문에 산업혁명이 촉진되었다. 유럽의 절대주의 정부들은 국가의 경제·군사력을 증대시키기 위하여 산업을 계획하고, 증진하고, 보호했다. 의회를 구성한 잉글랜드의 귀족과 토지 소유 젠틀맨들은 새로운 경제활동에 연루되어 있었고 그래서 산업을 촉진시키려는 경향이 더 컸다. 산업과 고용을 규제하는 옛 규칙들은 일소되거나 사문화되었다.

　두 개의 혁명에 의해 만들어진 사회적 변화는 여러 가지 상처를 남겼다. 하지만 첫 번째 도시풍의 산업국가는 거의 최저 생계에 가깝게 살아왔으며 많은 고통을 겪어 왔던 서민들이 그전에는 상상도 못했던 번영을 누리게 될 것이라는 전망을 제시했다.

유럽은 어떻게 근대성을 획득했는가

중국 문명은 오랜 기간 동안 유럽 문명보다 앞서 있었다. 유럽은 중국으로부터 직접 또는 간접적으로 인쇄술, 제지술, 나침반, 화약, 운하의 수문을 획득했다. 그렇지만 경제 성장이 먼저 일어나고 다음으로 산업혁명이 일어난 곳은 유럽이었다. 그리고 대의 정부와 개인의 권리, 다른 근대성의 징표들이 처음 발전한 것도 유럽이었다. 유럽은 뭘 어쨌기에 이 모든 것이 가능했을까?

1480년에 중국의 명 황제는 해외 탐험과 무역을 금지한다는 결정을 내렸다. 무역을 계속한 상인들은 밀수업자로 언명되었고 군대를 파견하여 그들의 거주지를 파괴하고 배를 불태웠다. 그 어떤 유럽의 왕도 그런 권력을 확보하거나 사용한 적이 없으며 자기 파괴적인 명령을 내릴 수 없었다. 유럽에서 국왕들은 경쟁하는 국가들의 네트워

크 안에서 움직였다. 중국의 황제는 자신과 동등한 권력을 지닌 그 어떤 경쟁자도 없다는 이점 또는 덫을 지니고 있었다. 유럽에서 국가들 사이의 경쟁은 그들로 하여금 해외로 나서서 세력을 팽창시키는 데 이바지했다.

서유럽에서 로마제국이 멸망한 이후, 단일한 권력이 영토 전체를 통제하는 일은 다시는 일어나지 않았다. 중국에서 만주인들이, 인도에서 무굴인들이, 중동에서 오스만 터키인들이 그러했듯이, 단일한 권력이 로마를 정복했다면 어찌 되었을지 상상해 보라. 정복 행위로 그들은 새로운 영역의 주인이 된다. 로마의 정복자들은 서로 경쟁 관계에 있는 다양한 게르만 부족들이었다. 그들은 아주 작은 영역의 주인이었으며 제국을 정복했다기보다는 제국이 그들의 발밑에서 점점 사라지고 있다는 사실을 발견했다. 게르만 부족들은 안정된 국가를 통치해 본 경험이 전혀 없었고 로마의 징세 기구를 유지할 수 없었다. 그들은 과세가 불가능한 국가들을 운영해 정부의 보편적 특징 가운데 하나를 무시했다.

유럽 역사의 많은 부분이 이 순간으로부터 비롯된다. 국민에 대한 정부의 지배력은 아주 약했다. 유럽의 정부는 국민의 충성을 확보하기 위해 분투해야 했다. 그들은 권력 확장에 대한 답례로 좋은 정부, 즉 국왕이 보호와 안전을 제공하는 정부가 되어야 했다. 그들은 아시아와 중동의 수많은 제국과 왕국들이 그러했던 것처럼 단순히 세금과 공물을 징수하기 위한 기구를 운영할 수는 없었다.

여러 세기 동안 국왕의 통제에 대한 위협은 그의 신민들 가운데 가장 강력한 세력, 즉 토지 소유 귀족들로부터 왔다. 그들은 결국에는 제압되지만 자신들의 고유 영역에서 자신과 다른 모든 사람을 위해 사유재산의 안전을 지킬 만큼 강력했다. 모든 것이 왕의 것은 아니다. 이 말이 유럽의 자유와 번영의 기초다.

귀족을 제압하기 위하여 국왕은 도시의 상인, 무역업자, 은행가들에 의존했는데, 그들은 관료제를 위한 인원과 대부금을 제공했으며 그들의 재산은 과세 대상이 될 수 있었다. 유럽의 군주들은 황금 알을 낳는 거위를 죽이지 않을 정도로 정기적이고 온건한 방식으로 세금을 부과했다. 아시아 국가의 통치자들은 더욱 독단적이어서, 징벌적 과세를 부과하거나 상인과 무역업자들이 돈에 쪼들릴지라도 그들의 재화를 무턱대고 징발했다. 유럽의 군주는 국가들의 균형 잡힌 경쟁 관계 속에서 경기에 참가한 사람 중 한 명이었다. 군주가 상인들을 너무 심하게 압박하면 그들은 경쟁하는 국가로 떠나 버릴 수 있었다. 유럽의 군주들은 경제 성장과 비록 주로 전쟁에 관련한 것이었지만 새로운 기술에 관심을 가져야 했는데, 방위에 대한 지출은 엄청나게 큰 파급 효과를 지니고 있었다. 그들은 로마제국에 대한 기억과 기독교도 군주에게 주어진 의무 때문에 신중한 정도를 넘어 완전히 제멋대로 행동하거나 전제정치를 행하지 못했다. 일반적으로 전제정치와 군주의 방종은 유럽에서보다 아시아의 왕국들에서 훨씬 더 많이 나타났다.

군주들은 낡은 귀족들을 제압함과 동시에 새로운 동적인 계급, 즉 도시 부르주아지의 후원자가 되었다. 군주가 아직 힘이 없었을 때 타운에게 스스로 통치할 권리를 인정해 주었는데, 타운들의 부가 증대하자 그것은 더욱 중요한 양보가 되었다. 무장한 사람들을 지휘하고 성에서 자신을 방어할 수 있는 귀족들과 비교했을 때 부르주아지는 평화적이고 위협적이지 않은 것처럼 보였다. 그러나 귀족들이 아무리 까다롭다고 해도 그들은 국왕이 자연적 수장으로 있는 사회체제의 일부를 형성했다. 부르주아지와 그들의 생활 방식은 왕을 필요로 하지 않았고 결국에는 귀족보다 훨씬 더 왕정에 방해가 되었다.

잉글랜드를 예외로 하면, 군주들은 미약한 존재로 시작해서 점차 권력을 증대시켰다. 잉글랜드에서는 군주가 의회에 의해 길들여졌는데, 의회는 중세 시대부터 존재했던 제도로 왕은 어쩔 수 없이 신민들에게 의견을 구해야 했다. 이른바 절대군주국들 가운데 가장 이름 높은 프랑스에서조차 국왕이 모든 곳에서 명령하지는 않았다. 자신의 왕국을 한데 묶기 위하여 그는 수많은 양보와 특별한 협상을 해야 할 필요가 있었다. 프랑스의 삼부회는 개최되지 않았지만 축소판 삼부회는 외곽 지역에 남아 있었고 1780년대에 조세제도를 개혁하려는 국왕의 조치를 거부하는 데 일정한 역할을 했다. 그리고 그의 시도들이 실패했을 때 국왕은 프랑스의 삼부회를 소생시킬 것을 강요받았는데, 이는 개혁가들이 잉글랜드의 의회정치 사례에 고무되었기 때문이었다. 오늘날의 독일과 이탈리아가 위치한 중부 유럽에서는 황제와 교황이 권력을 다툰 결과 어떠한 군주도 강력한 국가를 수립하지 못했다. 이곳에는 사실상 독립적인 국가들이 다수 존재했다. 도시, 도시국가 그리고 제후국들이 그것으로 유럽의 권력 분산의 극단적 사례. 이러한 소규모 국가들이 르네상스와 종교개혁의 토대를 제공했고 이것을 통해 유럽 전체를 변형시켰다.

중세 시대와 그 이후, 유럽이 분할되어 있었다고 해도 여전히 기독교 세계로 알려진 하나의 문명이었다. 종교개혁 시기까지 교회는 모든 국경선을 가로지르는 보편적인 제도로 때때로 국가를 통제하려는 야심을 품었다. 하지만 국왕이 어쩔 수 없이 신앙의 수호자 역할을 했을지라도, 항상 교회의 명령에 복종해야 한다고 생각하지는 않았다. 황제와 교황 사이의 충돌은 교회와 국가 사이의 부단한 긴장 상태에 대한 가장 인상적이고 오래 지속된 사례이자 권력 분산의 또 하나의 사례였다.

기독교 세계 공통의 고급문화는 교회에 의해 통제되었다. 교회는 신성한 책, 즉 성서와 그리스와 로마 지식의 수호자였다. 중세 시대에 학자들은 일관성 있는 신학을 생산하기 위하여 둘을 한데 엮었다. 교회의 취약점은 로마의 통치를 본떠서 만든 정교한 구조였던 교회에 대해서는 사실상 아무 언급이 없는 신성한 책과 교회가 로마로부터 지켜 낸 이교도 저자들의 지식에 있었다. 종교개혁과 르네상스에서 그 모순이 터져 나왔다.

중국에서는 권력이 황제에게 절대적으로 집중되어 있었으며 유교의 고급문화는 제국적 지배를 뒷받침해 주었다. 유교는 개인과 공공 행동의 지침이었으며 사회와 국가에 깊숙이 내재되어 있었다. 공식·비공식적으로 통치하는 모든 사람들은 유교에 아주 통달해 있었으며 관료가 되려는 사람들은 그에 관한 시험을 통과해야 했다.

유럽에서는 권력이 분산되어 있었으며, 고급문화는 여러 요소의 혼합물이었고 세속적 지배에 견고하게 묶여 있지 않았다. 중국인들은 매우 총명했지만 그들의 총명함은 결코 통제를 벗어날 수 없었다. 따라서 혁신은 결코 근본을 뒤흔들지 못했다. 유럽 사회의 개방성은 아주 오래전부터 있었다. 근대 유럽 경제의 활력과 그 지적 생활의 소란은 어떤 단일한 권력이 책임을 떠맡고 좋든 나쁘든 그것을 형성하지 않았다는 사실에서 비롯한다. 경제적·지적 활력의 다양한 유산은 완전히 탐구되고 확장될 수 있었다. 수학에 대한 그리스인들의 믿음은 과학혁명 기간 동안에 실현되었고 그다음에는 기술혁신의 새로운 토대를 창출했다.

경제사가들은 마치 다른 사회들도 동일 선상에 있었는데 유럽이 제일 먼저 목표 지점에 도달한 것처럼 유럽이 맨 먼저 산업화한 이유에 대해서 질문을 제기한다. 패트리샤 크론Patricia Crone은 이 책의 많은 부분에 아이디어를 제공해 준 학자인데, 그는 다음과 같이 질문한다. "유럽은 첫 번째인가 아니면 괴짜인가?" 그녀는 유럽이 괴짜였다는 것을 의심하지 않았다.

들어가기 전에:
유럽을 파괴한 두 개의 힘

유럽은 국가들의 집단이었으며 그들 사이에는 항상 충돌이 있었다. 20세기에 유럽 국가들은 병사와 민간인이 전례 없이 대규모로 학살당한 두 차례의 끔찍한 전쟁을 치렀다. 두 번째 전쟁 기간 동안에 아돌프 히틀러 치하의 나치 독일은 유럽의 유대인들을 체계적으로 몰살하려는 시도를 했는데, 이는 유럽의 역사에서 유례없는 공포였다. 어떻게 이런 일이 일어났는가?

당신에게 이미 소개한 두 세력이 중대한 역할을 했다. 하나는 독일에 지적 기원을 두고 있는 민족주의고, 다른 하나는 영국에서 시작된 산업화다.

민족주의는 그들이 속한 국가에 대한 사람들의 애착을 강화시키고 국가를 위해 기꺼이 싸우다 죽을 수 있다는 생각을 낳았다. 민족주의는 사람들로 하여금 국가를 가지고 있지 않다면 그들 자신의 국가를 건설하기 위해 투쟁하도록 만들었다. 이것이 중동부 유럽의 나라들에서 일어난 충돌의 일대 원천이었는데, 이제 그 나라들은 우리 역사의 일원이 되었다.

산업화는 시골에서 사람들을 끌어내어 타운의 익명 사회로 집어넣었다. 인구는 빠르게 증가했으며 사람들이 전례가 없을 정도로 대규모로 집중되었다. 그들은 읽기를 배웠고, 학교 그리고 신문을 통해서 자신이 살고 있는 사회에 대해 배웠다. 신문은 증기로 작동되는 기계 장치로 저렴하게 대량생산되었으며 20세기에 들어서면서 사람들은 라디오를 청취하고 영화를 관람했다. 히틀러는 라디오 명사이면서 새로운 종류의 영화 스타였다. 낡은 사회적 유대가 약화되고 교회의 중요성이 줄어들면서, 학교에서 심어 주고 새로운 미디어에 의해 확산된 국민적 정서가 사람들을 결합시키는 데 이바지했다. 민족주의가 종교의 대용물 역할을 하여 개인들을 영원한 공동체 안에 자리 잡게 했다. 기독교 세계 속의 기독교도가 아니라 프랑스에 사는 프랑스인 또는 독일에 사는 독일인이 된 것이다. 이 새로운 신앙에 대한 애착을 보증해 줄 노래와 깃발, 남녀 영웅들, 신성한 순간과 장소가 있었다.

민족주의가 전쟁 발발에 기여했다면, 산업화는 전쟁을 더욱 무서운 것으로 만들었다. 새로운 제철 공장과 제강 공장들은 더 크고 더 파괴적인 무기를 더욱더 많이 생산할 수 있었다. 총은 일찍이 장인들이 모든 가동 부품을 잘 들어맞게 만들게 되면서 손으로 제작된 바 있다. 하지만 정확한 공작기계가 개발되면서 모든 부품이 정확하게 똑같이 만들어질 수 있었고 그로 인해 신속한 대량생산이 가능해졌다. 총은 이런 방식으로 만들어진 첫 번째 생산물이었다. 그로부터 60년 후에 자동차가 만들어졌다.

유럽에서는 인간사에 있어 새로운 규모가 등장했다. 대량생산, 대중사회, 대량 학살.

산업화는 유럽 사회에 새로운 내적 위협을 낳았다. 농민들은 정기적으로 반란을 일으켰고 아주 수월하게 진압되었다. 새로운 산업도시의 노동자들은 더욱 밀착해서 일하면서 살았다. 그들이 읽고 쓰기를 배움에 따라 자신을 통제하는 힘을 이해하게 되었고 항구적인 조직들을 건설했다. 이 조직을 통하여 그들은 더 나은 삶을 살 권리를 주장하고 사회 운영에 발언권을 요구했다.

노동자들은 정치적 권리를 요구하는 저항운동을 형성했는데, 그 권리 가운데 가장 중요한 것은 모든 사람이 투표할 권리였다. 그들은 노동조합을 조직하여 더 나은 임금과 조건을 위해 사장들과 싸웠다. 그들은 사장을 내쫓고 이윤을 없애 버리고 산업이 노동하는 사람들을 위해 운영되는 정당을 만들었다. 이것이 사회주의 강령이었다. 그런데 평화적인 방법으로는 아무런 실질적인 변화도 낳을 수 없다는 것에 절망하여, 사장을 제거하고 노동자의 국가를 수립하기 위한 혁명을 계획했다. 이러한 공산주의 혁명은 유럽에서 오래 지속되는 성공을 전혀 거두지 못했다. 혁명은 러시아에서 성공했지만, 러시아에서 그들의 지배가 유발한 공포는 유럽에서 강력한 세력이 되었다. 민족주의자들은 공산주의자들을 싫어했다. 공산주의자들은 노동자들이 자신의 나라를 위해 싸워서는 안 된다고 주장했고, 또한 전 세계 노동자들은 협동해서 그들의 사장과 그 사장을 보호하는 정부하고만 싸워야 한다고 말했기 때문이다.

또한 산업화는 중간계급, 즉 상인, 은행가, 제조업자 그리고 그들에게 봉사하는 전문직들의 지위를 상승시켰다. 그들은 오래된 계급이었는데 무역과 산업이 성장하기 시작하면서 중요해졌다. 절대군주들은 그들의 부에 의존했으며 그들을 자신들의 업무에 받아들였다. 19, 20세기에 그들의 수가 늘어나고 자신감이 증대하면서, 그들은 자유주의 정책들, 즉 대의 정부, 법치, 그리고 개인의 권리와 자유(출판과 결사의 자유, 돈을 벌기 위한 사업의 자유)에 가장 충실한 집단이었다. 이 모든 정책은 국왕과 귀족에 의한 통치에 반하는 것이었다. 한편 자유주의자들은 권력이 인민에게 넘어가기를 원하지 않았다. 그들은 민주주의자가 아니었다. 그들이 대중의 요구를 어디까지 지지하고 또 어디까지 반대할 것인가. 이것은 끊임없는 딜레마였다. 노동자들도 동일한 문제에 봉착했다. 그들은 특권에 반대하는 전투에서 중간계급 자유주의자들의 지도를 받아들일 수 있을까 아니면 노동자들은 이용당하고 배반당하기만 할 것인가?

19세기 유럽의 주요 국가 영국, 프랑스, 독일에서 이 세력들이 어떻게 끝까지 경주했는지가 우리가 첫 번째로 조사할 내용이다. 산업화가 혁명을 초래했는가?

참정권을 가진 노동자의 등장

영국의 산업 혁명은 계획된 것이 아니었으며 새로운 공장 주변에서 성
장한 도시들에는 아무런 계획도 없었다. 노동자들을 수용하기 위해서
낡은 주택들이 다락에서 지하실까지 방 단위로 임대되었다. 방 하나
가 온 가족을 위한 생활공간이었다. 새로운 연립주택들이 건설되었는
데, 서로 등을 맞대고 다닥다닥 들어섰다. 그리하여 정문은 있지만 뒷
문도 뒷창문도 없었다. 도로는 포장되어 있지 않았다. 하수도나 배수
로도 전혀 없었다. 온갖 종류의 오물이 거리와 공터에 여기저기 쌓여
있었다.

　1840년대에 독일 출신의 한 젊은이가 이 모든 것을 면밀히 조사
하고 고발과 예언을 담은 열정적인 책《영국 노동자 계급의 상태_The
Condition of the Working Class in England_》를 썼다. 저자는 재봉틀 실을 생산

노동자들과 그들의 가족이
몰려들어 북적이던 맨체스
터의 옛 가옥들.

하는 아버지의 사업체에 잠시 일하러 영국에 온 프리드리히 엥겔스
Friedrich Engels였다. 그는 이론적으로 공산주의자였으며 잉글랜드에서
자신의 이상을 현실화할 세력을 발견했다고 생각했다. 그는 지금까
지 어떤 사람도 현재 잉글랜드인들이 사는 것처럼 살았던 적이 없다
고 썼다. 기계가 생산한 재화가 사회의 양극화를 초래했다. 새로운 타
운에는 중간계급 공장 소유주와 노동자, 오직 두 계급만 존재했다. 노
동 자체는 단조롭고 품위를 손상시키는 것이었다. 서툰 노동자만큼
이나 유능한 노동자들도 그들을 곤궁에 빠뜨린 무역 쇠퇴 시기에 살
아남기 위해 노동력 말고 가진 게 아무것도 없었다. 거주 형태를 보면
그들은 "인간이 얼마나 좁은 공간에서 움직일 수 있으며, 얼마나 적은
공기로 숨을 쉴 수 있고, 얼마나 적은 문명의 혜택을 누리면서도 살
수 있는지를" 시험해 보려는 듯하다. 엥겔스는 이러한 상황은 지속될

수 없다고 결론 내렸다. 폭발, 즉 프랑스혁명을 아이들의 장난처럼 보이게 만들 노동자들의 봉기가 있을 것이라는 점은 과학적으로 확실했다.

엥겔스는 자신의 책을 독일어로 출간했다. 그 책의 가장 중요한 독자는 카를 마르크스Karl Marx였는데, 그는 혁명적 저널리스트로 전환한 독일 철학자였다. 마르크스와 엥겔스는 한 팀이 되어 1848년에 《공산당선언The Communist Manifesto》을 출간했는데, 그 책은 모든 역사가 엥겔스가 잉글랜드에서 묘사했던 상황으로 향하는 경향이 있다고 선언했다. 중간계급이 귀족계급에 맞서 싸웠던 것과 마찬가지로, 노동자들은 중간계급을 타도하고 공산주의 노동자 국가를 수립할 것이었다. 《공산당선언》은 서두에서 "지금까지의 모든 사회의 역사는 계급투쟁의 역사"라고 밝혔다. 노동자들에게 주는 그 책의 마지막 조언은 사회를 전복시킴에 있어 그들이 잃을 것이라곤 쇠사슬뿐이라는 것이었다. 기존 사회에서 법과 종교는 오직 그들을 억압하기 위해서 운영되었다. 우리가 오늘날 인권이라고 부르는 개인의 권리도 사기였다. 그것은 사장에게는 이롭지만 노동자들에게는 아무런 이득도 초래하지 않았다.

이 얇은 책은 19, 20세기에 출간된 가장 영향력 있는 정치 팸플릿이었는데, 그 예언이 정확했기 때문이 아니다. 그 이론에 따르면 노동자들의 혁명은 자본주의가 가장 발전한 곳, 즉 잉글랜드에서 제일 먼저 일어날 것이었다. 그러나 잉글랜드에서는 정치적 변화가 있었지만 노동자들의 혁명은 일어나지 않았다.

▌잉글랜드와 차티스트운동

17세기 잉글랜드의 혁명은 군주가 의회에 의해 통제되는 헌정을 낳았다. 의회 선거를 위한 일관성 있는 제도는 없었다. 누가 투표에 참여할 수 있는지에 대해 장소에 따라 상이한 규칙이 적용되었다. 전반적으로 볼 때, 6명 중에 1명만이 투표권을 가지고 있었고 노동자들은 배제되었다. 인구가 축소되거나 거의 소실되다시피 한 타운들이 계속해서 한두 명의 의원을 선출했다. 그렇다면 타운이 소멸되었는데 과연 누가 선출을 했을까? 그 타운의 존립 기반을 소유하고 있던 사람이 했다. 한편 산업 혁명으로 생겨난 새로운 타운 대다수는 전혀 의원을 배출하지 못했다.

의회를 개혁하기 위한 조치는 18세기 말에 시작되었다. 이 조치들은 프랑스혁명으로 중단되었는데, 그것은 어떻게 개혁이 감당할 수 없는 수준으로 변할 수 있는지를 보여 주었다. 개혁가들 자신은 분쟁을 야기하기를 원하지 않았고 프랑스식 인간의 권리 개념을 받아들인 잉글랜드의 노동계급 운동은 억압당했다. 1820년대에 개혁에 대한 요구가 다시 시작되었다. 중간계급에게 개혁은 주로 의회에 미치고 있는 귀족과 토지 소유 젠트리의 지배력을 끝장내는 것을 의미했다. 타운, 즉 진짜 타운에 의원 선출권을 더 많이 부여하고 비밀투표를 보장한다면 달성될 수 있는 것이었는데, 그렇게 되면 대지주들은 그들의 차지인의 투표에 개입할 수 없을 것이었다. 노동자들에게 개혁은 무엇보다도 모든 남성의 투표권을 의미했다.

의회에서 야당은 개혁의 대의를 받아들였다. 야당은 휘그당이었는데, 그들 자신은 중간계급 사람들이 아니었다. 중간계급이기는커녕 그들은 집권 중인 토리당보다 더 귀족적이었다. 휘그당은 가톨릭 국왕 제임스 2세에 맞서 17세기 혁명을 수행한 당이었다. 그들은 자신들을 모든 잉글랜드 사람들이 향유하는 권리와 잉글랜드식의 입헌군주제를 지키는 수호자로 간주했다. 오랜 기간 야당 생활을 한 후 그들은 1830년에 정권을 장악했고 엄청난 투쟁을 거쳐서 1832년에 첫 번째 의회 개혁 법안을 통과시켰다. 그것은 토리당원이 다수를 차지하고 있는 귀족원과 토리당의 격렬한 저항을 받았다. 그럼에도 노동자들이 대규모 시위와 행진을 통해 지지 집회를 해 주었기 때문에 통과되었는데, 이런 행위는 개혁이 거부된다면 폭력이나 혁명이 뒤따를 것처럼 보이게 만들었다.

1832년 개혁법은 중간계급에게 투표권을 부여하고, 축소되었거나 존재하지 않는 타운의 선출권을 없애 버렸다. 노동자들은 그 개혁법이 자신들에게 투표권을 부여하지 않았음에도 이 법안을 지지해 주었다. 그들은 구질서에 대한 공격으로 활기를 얻었고 곧 더 많은 변화가 뒤따를 것이라고 느꼈다.

더 이상의 변화가 일어나지 않자, 노동계급 지도자들은 완전한 민주적 국가를 위한 자체의 프로그램을 발전시켰다. 그것은 여섯 개 조항으로 이루어진 헌장으로 그 지지자들을 차티스트라고 부른다. 조항은 다음과 같다. 모든 남성의 투표권 보장, 평등한 선거구 설정, 비밀투표 실시, 의회 의원의 재산 자격 폐지, 의원에게 보수 지급, 매년 의회 선거 실시.

차티스트들의 방법은 대표를 선출하여 전국 대회에 파견하고, 의회에 헌장의 채택을 요청하는 청원서를 작성하여 100만이 넘는 사람들의 서명을 받는 것이었다. 하지만 의회가 그들의 청원서를 거부한다면 어떻게 될까? 차티스트들은 분열되었다. 대다수는 '도덕적 힘'을 견지하기를 원했고, 일부는 물리적 힘으로 전환하기를 원했다. 10년에 걸쳐 세 차례의 청원을 의회가 거부했기 때문에 토론은 계속되었다. 다음과 같은 점에서 엥겔스가 옳았다. 가장 단호한 차티스트들은 북쪽의 새로운 공장 지대 타운 소속이었다. 그들은 두 번째 청원서가 거부당했을 때 총파업을 진행하려고 시도했으나 실패했다. 계획은 헌장이 승인될 때까지 계속해서 파업을 유지하는 것이었다.

폭력에 대한 수많은 이야기는 허세에 불과했다. 차티스트들은 정부를 위협해서 그들이 동의하게 만들고 싶었지만 정부는 겁먹지 않았다. 이제 정치적 국민의 일원이 된 중간계급은 차티스트들에게 조금이라도 양보하는 것에 반대하며 귀족과 젠트리의 편에 섰다. 혁명가들이 기회를 잡을 수 있는 것은 지배계급이 분열될 때다. 차티스트들은 힘의 우위를 점할 희망이 거의 없다는 것을 깨달았고 그래서 그들 사이에서 도덕적 접근 방법이 계속해서 우위를 점했다. 그들은 매번 좌절당한 후에 청원 운동으로 되돌아갔다.

정부는 차티스트운동을 금지하지 않았다. 정부는 운동을 억압하기보다는 통제하려고 했다. 정부와 법원은 대중 집회가 지극히 합법적이라고 선언했다. 모든 남성이 투표권을 지니게 해달라는 요구는 합법적이었다. 청원 운동은 합법 그 이상이자 아주 오래된 권리였다. 불법인 것은 폭동으로 끝나는 집회, 집회와 신문에서 정부를 경멸하거나 폭력을 행사하겠다고 선동하는 말이었다. 차티스트들이 체포되어 통상적인 수준의 증거로 공개 법정에서 재판받은 것은 바로 이러한 위법행위 때문이었다. 그들은 대부분 유죄로 판결되었지만 처벌은 6개월이나 1년 동안 교도소에 수감되는 정도로 가벼웠다.

정부는 차티스트들을 죽여서는 안 된다고 결정했는데, 그렇게 하면 여론이 악화되고 그 추종 세력이 격분하게 되기 때문이다. 이것은 잉글랜드가 얼마나 관대한 사회인지를 보여 준다. 다른 곳에서는 노동계급이라는 그들의 적들을 학살하는 것보다 더 귀족과 중간계급을 만족시키는 것은 없었다. 정부는 차티스트들을 통제하기 위해 군대를 파견했지만, 책임을 맡은 장군은 그들에 공감하며 군대를 움직이는 데 아주 신중을 기했다.

차티스트들이 청원 운동을 하고 있을 때조차, 그 지도자들은 정치적 권리가 그들에게 필요한 전부라고 생각하지 않았다. 어떤 이들은 노동자들을 교육하는 일에 종사했고, 어떤 이들은 노동자들이 음주를 삼가도록 하는 일을 했고, 어떤 이들은 그들을 소규모 보유지에 정착시키는 일을 했고, 어떤 이들은 노동조합 활동을 했으며, 또 어떤 이들은 사회주의적 협동조합을 건설하는 일에 종사했다. 이런 수단을 통해서 노동 인민들은 시민사회의 훌륭한 구성원이 되어 가고 있었고 이 활동은 1850년대 이후에 차티스트운동이 서서히 소멸되어 가고 있을 때에도 계속되었다.

1830년대와 1840년대에 차티스트가 일으킨 세 번의 거대한 소요는 경제 불황과 동시에 발생한 일들이었다. 1850년 이후에는 좋은 시절이 이어졌고 노동자들의 생계 수준도 향상되었다. 게다가 1866년에는 약간의 외부 압력으로 휘그당의 계승자인 자유당 정부가 참정권 확대를 제안했다. 토리당은 대담하게도 자유당원들보다 더 파격적인 안을 내놓았고 1867년에 도시 노동자들 대부분에게 투표권을 주는 정책을 시행했다. 1884년에 자유당 정부는 시골 노동자들에게도 투표권을 부여했다. 제2차와 제3차 개혁법[18]은 여전히 성년 남자의 보통선거권을 인정하지 않았다. 유권자는 세대주이거나 일정 금액 이상의 셋방에 사는 사람이어야 했다. 제1차 세계대전에서 영국을 위해 싸운 수많은 병사들은 투표할 자격이 없었다. 전쟁이 끝날 무렵, 1918년 제4차 개혁법이 사실상 성인 남자의 보통선거권을 확립하고 일부 여성, 즉 30세 이상의 여성에게 선거권을 부여했다.

그리하여 영국의 통치자들은 정치적 분열 없이 산업 혁명의 사회적 혼란에 잘 대처했다. 단계적으로 고래의 헌정이 확대되면서 노동자를 포함시켰으며 영국은 가장 안정적인 나라라는 명성을 얻었다.

■ 프랑스의 체제 변화

프랑스에서는 산업 혁명이 일어나지 않았다. 직물 생산은 기계화되었지만 석탄 산업과 제철업은 빠르게 확대되지 않았다. 19세기 내내 프랑스는 대부분의 토지가 소농민의 수중에 있는 농업 사회였는데, 그들은 1789년 혁명으로 인해 토지 소유주가 되었다.

1789년 이후 10년 동안 프랑스는 다양한 형태의 정부를 설립했다. 절대군주정 이후에 입헌군주정, 민주공화국, 재산 소유자들의 공화국, 그리고 군사독재 정권이 뒤따랐다. 그런데 프랑스는 19세기 내내 이 모든 변화를 더욱 느린 동작으로 다시 시도했다. 첫 번째 혁명

---

18) 1867년과 1884년 선거법.

과정에서 형성된 분열을 치유하는 데 오랜 시간이 걸렸기 때문에 항상 불안정했다. 어떤 형태의 정부도 전반적인 동의를 얻지 못했다. 모든 사람이 그들의 적이 무엇을 할 수 있는지를 경험한 바 있었다. 1789~91년의 온건한 혁명가들조차 가톨릭교회를 공격했고, 그래서 교회와 그 신도들은 군주제가 복구되거나 차선책으로 나폴레옹 같은 독재자가 나타나야만 자신들이 안전할 수 있다고 생각했다. 자유주의자들은 가톨릭교회가 반동과 자유의 상실을 의미했기 때문에 교회에 그 어떤 자비도 베풀 수 없었다. 노동자들은 자유주의자들에게 유용한 동맹 세력일 수 있었지만 그들은 노동자들이 할 수도 있는 일들을 두려워했다. 1789년 혁명이 민주적일수록, 모든 이들은 더욱 전제적으로 변했다.

체제 변화는 한결같은 선택지였으며 실패한 혁명과 쿠데타들은 정례 행사였다. 자유주의 체제조차 위협받고 있었기 때문에 자유주의 정권도 신문을 폐간하고 조직을 금지했다. 그런데 그것이 또 다른 혁명을 고무시켰다. 실패한 혁명들 중에는 산업 발전을 제한하여 소규모의 노동계급만 존재하는 노동자 국가를 설립하려는 시도도 있었다.

1815년에 나폴레옹 1세가 패배한 이후에 그와 전쟁을 벌였던 유럽 동맹국들은 부르봉 가문을 왕위에 복귀시켰다. 그래서 새로운 왕 루이 18세Louis XVIII가 등장했다. 그는 절대적인 통치자가 될 수는 없었지만, 인민은 정부에 의견을 표명할 권리를 지니지 못했다. 루이는 의회가 존재할 수 있음을 인정했으나 그 권력은 매우 작을 것이며, 의회를 위한 투표권을 지닌 사람도 아주 소수일 것이었다. 그의 동생 샤를 10세Charles X는 진정한 반동주의자로, 루이의 왕위를 계승했으나 1830

1815	1830	1848	1870
왕정복고	**혁명**	**혁명**	**전쟁에서 패배**
부르봉 왕가 군주들	오를레앙 왕가 군주	민주공화국	민주공화국
: 루이 18세	: 루이 필리프	1848~51	1870~1940
: 샤를 10세			
		사회주의	파리 코뮌이 제거됨
		혁명 실패	1871
		나폴레옹 3세 황제	군주제 시도 실패
		1851~70	
			공화국 안정화 1879

프랑스 체제 변화 과정

년 혁명에서 일소되었다.

다음 군주는 입헌군주이어야 했다. 시민 왕, 루이 필리프Louis Philippe 가 왕위에 올랐다. 그는 오를레앙 가문 출신이었는데, 오를레앙가는 부르봉가와 관련이 있었지만 진보적이었다. 루이 필리프의 아버지는 1789년 혁명을 옹호했으며 '평등한 필리프'로 통했던 인물이었다. 루이 필리프의 의회에는 더 많은 사람들이 투표할 수는 있었지만 그는 평등에 헌신적이지 않아서 노동자들은 여전히 투표권을 지니지 못했다. 1848년에 그를 제거한 혁명은 민주공화국을 수립했고 헌법에는 대통령 선출이 포함되어 있었다. 첫 번째 대통령 선거에서 나폴레옹 1세의 조카 루이 나폴레옹Louis Napoléon이 승리했다. 그의 임기는 중임 없는 4년이었다. 임기가 끝나기 전에 그는 쿠데타로 권력을 장악하고 황제, 나폴레옹 3세Napoléon III가 되었다. 그는 백부의 영광을 목표로 했으나 실패로 끝나고 말았다. 그는 어리석게도 1870년에 프로이센

혁명 전통
들라크루아Eugène Delacroix
가 〈민중을 이끄는 자유의
여신〉에서 1830년 혁명을
묘사하고 있다.

과 전쟁을 벌이다 포로로 잡혔다. 그를 대신해서 민주공화국이 들어
섰다.

공화국의 출발은 험난했다. 첫 번째 선거를 통해 공화주의에 반대
하는 세력이 다수가 되었다. 그래서 당분간 의회는 군주정을 재건하
려는 시도를 했는데, 군주정을 지지하는 부르봉 가문과 오를레앙 가
문 출신의 경쟁적인 후보들이 있었다. 반공화주의적 제도에 의해 통
치받기를 원하지 않은 파리의 인민들은 자신들의 정부, 즉 코뮌을 잠
시나마 건설했지만 공화국에 의해 진압당했다. 전국적으로 공화주의
를 지지하는 표가 증대하여 1879년에 이르러 공화국은 상당히 안정
되었다.

파리 코뮌은 혁명을 자신의 것으로 만들기 위한 파리 인민의 마
지막이자 가장 결연한 노력이었다. 1789년부터 인민들은 모든 혁명
에 거리의 투사들을 제공했다. 물리력이 합법적인지 어떤지에 대한
토론은 그들에게는 의미가 없었다. 조금만 틈이 있으면 무기를 구하

기 위하여 총기 매장을 습격하고, 공화국을 선포하고, '마르세예즈 Marseillaise'를 부르고, 거리를 가로질러 바리게이트를 쌓아 전투를 준비하고는 했다. 하지만 새로운 제도는 항상 실망거리였다. 1832년에 인민은 루이 필리프에 반대하며 들고 있어났는데, 루이 필리프는 2년 전에 권력을 장악할 수 있도록 그들이 도와주었던 인물이다. 봉기는 수백 명이 목숨을 잃음으로써 진압되었다. 1848년에 노동자들과 그 대표자들은 첫 혁명정부의 일부였다. 그들을 만족시키기 위하여 일일 노동시간이 파리에서는 10시간, 다른 지역에서 11시간으로 단축되었고, 이윤이 목적이 아니라 실업자들에게 일자리를 제공하기 위한 국민 작업장이 설립되었다. 그러나 첫 번째 선거 이후에 공화국은 더욱 보수적으로 변했고 국민 작업장은 폐쇄되었다. 인민들은 저항에 돌입했지만, 대략 3,000명 정도가 목숨을 잃으면서 반란은 진압되었다.

파리 코뮌에서는 10주 동안 인민이 책임을 맡고 있었다. 그들은 공화주의적이었고 성직자의 권위에 반대했으며 사회주의적이었다. 그들은 교회와 성직자를 맹렬하게 공격했다. 교회는 무기를 보관하고 정치 회합을 하는 장소로 이용했으며, 그들의 인질 중에 하나인 파리 대주교를 처형했다. 그들은 협동조합 작업장을 설립할 것을 장려했고 미불된 청구서와 임대료는 지불할 필요가 없다고 선언했다. 제빵공은 밤샘 작업에서 자유로워졌는데, 그래서 파리에서 사회주의는 아침 식사를 위한 갓 구운 롤빵이 없다는 것을 의미했다.

코뮌을 이끌고 지원한 사람들은 공장 노동자가 아니었다. 파리는 산업도시가 아니었다. 그들은 실외에서 일하는 육체노동자, 건설 노동자, 소규모 작업장의 숙련노동자, 학생, 저널리스트 그리고 전업 혁명가들이 포함되어 있었다. 사회주의는 노동자들의 의제 중 일부가 되었는데, 이는 노동조건이 변화했기 때문이 아니라 혁명의 심장부인 파리가 노동계급 해방이라는 새로운 사상의 자연적 고향이었기 때문이다.

하지만 프랑스는 결코 파리 노동자들의 목표를 지원할 것 같지 않았다. 그들이 혁명을 만들었지만 선거가 실시되었을 때, 인구의 대다수인 소농민들은 사유재산이나 교회를 지키는 투표를 하도록 아주 쉽게 설득되었다. 1871년에 코뮤나르[19]들은 이것을 깨닫고 자신들이 파리를 통치하고 있는 것과 마찬가지로 프랑스 각 지역은 스스로 통치해야 한다고 선언했다. 하지만 그들은 나라 전체의 일에 주제넘게 나서지는 않았다. 군주제 지지자가 다수파를 이룬 채 당시 베르사유에 자리 잡고 있던 새로운 공화국 정부는 결코 코뮤나르들의 주장을 수용하지 않을 것이었다. 정부는 프랑스를 위해 군대를 파견하여 파리를 탈환했다. 2만 명의 코뮌 지지자들이 거리에서 싸우다가, 그리고 뒤이은 즉결심판에서 살해되었다. 이것은 단순히 군사작전이 아니었다. 그것은 계급적 증오 행위이며 정치적 정화 행위였다. 사회주의자들과 공산주의자들은 짧게나마 노동자 정부가 있었다는 사실에서 큰 희망을 얻었다. 마르크스와 엥겔스가 예견한 것과는 다른 원인에서 비롯되었지만 마르크스는 프랑스에서 계급 전쟁이 발발한 것을 환영했다. 그는 코뮤나르들이 좀더 가차 없이 행동했어야 했다고 생각했다. 그들은 새로운 공화국 정부가 안정되어 프랑스에 대한 통치를 시

---

19) 파리 코뮌 참여자나 지지자를 일컫는 말.

작하기 전에 베르사유로 진군하여 그 정부를 무너뜨렸어야 했다. 지원을 구하는 것이 아니라 가차 없이 행동해서 권력을 장악해야 한다는 것은 러시아에서 공산주의 혁명을 지도하게 될 레닌Vladimir Il'ich Lenin이 이끌어 낸 교훈이기도 했다.

코뮌에 대한 야만적인 진압으로 프랑스 사회에 대한 노동계급의 위협은 멈추었다. 공화국이 안정되자마자, 노동조합과 사회주의 정당에서 노동자들의 조직이 허용되었다. 일부 노동자들은 여전히 혁명에 무게를 두고 있었지만 공화국이 안정됨에 따라 과거에 노동자들에게 기회를 제공했던 권위의 붕괴 같은 일은 일어나지 않을 것이었다. 그럼에도 프랑스는 노동자들에게 투표권이 있는 민주공화국이었다. 공화국은 프랑스가 제2차 세계대전에서 패배할 때까지 지속되었다.

▌독일제국의 등장

독일에서 산업 혁명은 뒤늦게, 19세기 후반에 일어났다. 그것은 1단계 섬유산업과 2단계 석탄과 제철 산업뿐 아니라 화학과 전기 산업이 두드러지게 부상한 3단계 산업 혁명이었다. 독일의 산업 노동자들은 유럽에서 가장 큰 사회주의 정당을 지지했는데, 그 당은 오랫동안 마르크스의 가르침을 따르고 있었다. 그래서 이들은 유럽에서 가장 효율적인 전쟁 기계를 가지고 있는 사회에서 살고 있었지만 전쟁에 반대했다.

독일은 1871년까지 통일을 이루지 못했는데, 이때는 독일의 산업 혁명이 막 시작되고 있던 시점이다. 전에는 여러 독일 국가들이 아주 느슨한 연방으로 연결되어 있었다. 이 연방은 1815년에 나폴레옹을 패배시킨 동맹국이 건설한 것으로 신성로마제국을 대체했다. 독일은 민족주의와 민족주의의 뿌리, 필요성에 대해 연구한 심오한 사상가들을 배출했는데, 그들이 저술을 할 때 독일 민족은 없었던 것이 연구를 한 이유 중에 하나였다.

독일이 하나의 국가가 되는 것을 방해하는 많은 요소들이 있었다. 개별 국가들은 자신의 독립을 소중하게 여겼으며, 민족주의가 점차 힘을 얻고 있었음에도 국민들의 사랑을 받고 있었다. 가장 큰 독일 국가였던 프로이센과 오스트리아는 경쟁 관계에 있었고, 어느 쪽도 상대방이 독일 민족을 조직하여 그 안에서 주도적인 행위자가 되는 것을 원하지 않았다. 통일된 독일은 유럽에서 새로운 강국이 될 것이기 때문에 다른 열강들은 독일 연방을 창조하려는 모든 조치를 매우 주의 깊게 지켜보고 있었다.

1848년에 갑자기 연방으로 나아갈 새로운 길이 열렸다. 그해에 파리에서 일어난 혁명이 독일을 포함한 유럽 전역에서 혁명을 촉발시켰다. 하지만 잉글랜드에서는 혁명이 일어나지 않았다. 차티스트들이 또 다른 청원서를 모았으나, 경찰이 대중 집회는 청원서를 제출하러 의회에 갈 수 없다고 발표하자 군중은 흩어져 버렸다. 유럽 대륙에서는 군중이 통치자들을 다그치고 놀라게 해서 자유주의적이고 민주적인 양보를 이끌어 냈다. 하지만 혁명의 순간이 지나가고 자유주의자들이 민주주의자들을 무서워하게 된 이후에, 통치자들은 양보 조치의 대부분을 철회할 수 있었다. 이렇게 모든 것이 유동적인 상황에서, 독일 여러 국가에서 선출된 대표들이 하나의 독일 국가를 창설하기 위해 프랑크푸르트에 모였다.

그것은 재능 있고 중요한 사람들의 의회[20]였다. 교수, 판사, 행정가, 전문직 종사자, 몇몇 사업가들이 모였는데 정치적으로는 대부분 자유주의자였고 민주주의자가 소수 있었다. 그들은 우선 새로운 국가의 경계선을 어디로 정해야 할지를 결정해야 했다. 오스트리아 전체가 포함된다면, 수많은 비독일인까지 포함하게 되기 때문에 오스트리아를 배제하기로 결정했다. 그들은 기본권 선언을 발표하고, 하원 선거에 모든 남성에게 투표권[21]을 부여하는 헌법을 작성했다. 대통령이나 군주를 따로 뽑아야 하는가, 아니면 기존의 군주가 그 역할을 수행해야 하는가? 그들은 프로이센의 왕에게 수장의 지위를 주기로 결정했지만 그는 사양했다. 그는 자유주의적 헌정하에서는 통치자가 될 마음이 없었으며 이 의회가 사실은 아무런 권한도 가지고 있지 않다는 점을 알고 있었다. 그가 독일의 통치자로 나섰다면, 오스트리아는 어떻게 생각했을까? 다른 열강들은 어떻게 생각했을까?

그 의회는 권력 공백기에 업무를 시작했다. 의회가 결론에 도달했을 때, 군주와 제후들은 통제력을 회복하여 의회를 무시할 수 있게 되었다. 의회 내의 민주주의자들 중 일부는 계속해서 혁명을 수행하여 구통치자들을 제거하고 새로운 국가를 수립하고 싶어 했다. 하지만 자유주의자들은 혁명이 이끌고 갈 지점에 대한 두려움 때문에 그것을 받아들이지 않았다. 프랑크푸르트에서 벌어진 자유주의자들의 실

---

20) 1848~49년 프랑크푸르트 의회.
21) 재산 자격을 없애고 25세 이상의 모든 남성에게 투표권을 인정했지만, 범죄 기록이 있거나 빈민 구제의 대상이었던 사람은 제외되었다.

패는 국가 설립자로서 그들의 명성에 손상을 입혔다.

국가는 연설이나 다수결로 형성되는 것이 아니었다. 철과 피, 즉 무력에 의해 형성될 것이었다. 철과 피는 오토 폰 비스마르크Otto von Bismarck의 정서였는데, 그는 1862년부터 프로이센 왕 밑에서 수상을 지냈으며 외교와 전쟁의 달인이었다. 1866년에 그는 오스트리아에 대한 전쟁을 도모해 신속하게 승리를 거두었다. 강화 과정에서 프로이센을 지지했던 북부 독일 국가들과 오스트리아를 지원하는 실수를 범한 국가들이 프로이센의 통제하에서 북독일연방에 들어갔다. 그다음에 그는 프랑스가 프로이센에 대한 전쟁을 선포하도록 유도했다. 이것은 유럽의 외교와 전쟁에서 획기적인 사건이었다. 비스마르크는 대언론 보도 자료, 더 자세히 말하면 국왕이 발송한 전보를 조작하여 프랑스가 자신이 원하는 것을 하도록 유도했다. 그 전보에 따르면, 에스파냐의 왕위를 누가 차지해야 하는지를 둘러싸고 프랑스와 벌인 논쟁은 이미 해결되었다. 비스마르크는 마치 국왕이 그 문제에 대하여 프랑스의 입장을 묵살한 것처럼 읽히도록 전보를 편집한 뒤에 언론에 공개했다. 이 모욕적인 행위에 프랑스인들은 격노했다. 국가의 명예가 위기에 처했고, 이에 나폴레옹 3세는 전쟁을 선포했다.

비스마르크는 다른 열강들이 개입하지 않을 것이며 전쟁을 틈타 남부 독일 국가들을 자신의 연방에 결합시킬 수 있을 것이라고 정확하게 판단했기 때문에 바로 이 시점에 전쟁을 원했다. 프랑스는 너무 강력한 독일이 출현하는 것을 막기 위하여 남부 독일 국가들의 독립을 지키는 명목상의 수호자였다. 하지만 이제 프랑스는 침략자가 되었고 곧바로 프로이센 군대는 프랑스 군대와 그들의 불운한 황제를

철혈재상 오토 폰 비스마르크

포위해 버림으로써 당분간 프랑스는 아무것도 할 수 없는 상태가 되었다. 남부 국가들이 합류했다. 남부 독일의 바이에른 왕이 모든 독일 국가들의 통치자를 대변하여, 프로이센의 왕이 독일 황제가 될 것을 제안했다(비스마르크가 써 준 원고로!). 빌헬름 1세Wilhelm I가 베르사유 궁전에서 황제로 선포되었다.

　독일제국은 본질적으로 프로이센 제국이었다. 프로이센의 왕 빌헬름과 그의 수상 비스마르크가 독일 황제고 독일 재상이기도 했다. 독일 군대와 공무원은 대부분 프로이센 사람들로 구성되었으며 프로이센의 방침에 따라 움직였다. 프로이센의 수도 베를린이 독일의 수도가 되었다. 비스마르크는 새로운 국가를 위해 의회, 즉 제국 의회 Reichstag를 마련했다. 의회는 재상과 그의 정책에 대한 통제권을 가지고 있지 않았으며, 법률을 통과시키고 1년 예산안을 통과시키는 단체였다. 군사 예산은 7년마다 승인되어야 했다. 제국 의회가 군비 사용에 대해서 질의를 한다면 비스마르크는 그것을 맞추기 위해 국가적 위기 상황을 만들어 냈다.

프로이센은 지금은 폴란드인 독일 동쪽 국경 지대에서 조그마한 국가로 출발했다. 그곳의 토지 소유 귀족들, 즉 융커Junker들이 국가에 특성을 부여했다. 그들은 자신의 신분을 보호하는 데 있어 단호했고 자유주의와 민주주의를 맹렬히 반대했다. 융커들은 군대를 통솔했으며, 규율, 봉사 그리고 고결한 명예심을 지닌 군 생활을 이상으로 삼았다. 프로이센 군대의 효율성은 변경의 작은 국가를 거대하게 만들었다. 이제 프로이센은 자신의 특성을 새로운 독일 국가에 부여했다. 자유주의자들은 시민에 의해 건설되고 통제되는 국가를 원했던 사람들이었는데, 그들 대부분이 비스마르크가 내놓은 연합을 받아들였다. 융커들은 그들의 신분이 비스마르크처럼 유연하고 기회주의적인 사람에 의해 보호되고 있다는 것을 이해할 수도 인정할 수도 없었지만, 비스마르크 자신도 융커였다.

비스마르크는 민주주의에 반대했지만 모든 남성이 제국 의회에 대한 투표권을 지니도록 규정했다. 비스마르크가 보통선거권에 대한 지지를 처음 표명했을 때 황제는 간담이 서늘했다. "이것은 혁명이다" 하고 황제가 말했다. 비스마르크는 이렇게 대답했다. "보통선거권이 폐하를 물이 전혀 닿지 않는 바위 위에 올려놓을진대, 그것이 폐하께 무슨 상관이 있겠습니까?" 그렇게 해서 민주적인 제국 의회는 자유주의자들과 민주주의자들을 조용하게 만들 것이었다. 그다음에 황제와 재상이 자신들이 원하는 대로 계속 통치할 수 있도록 제국 의회를 조정하는 것이 책략이었다. 제국 의회는 비스마르크를 제거할 수 없었지만, 그가 자신의 법안을 통과시키기 위해서는 의회 안에서 지지를 구해야만 했다. 그는 가능한 모든 곳을 이용했다. 제국 내에서 무역 제한을 제거하고 싶을 때, 가톨릭교회의 권한을 제한하고 싶을 때(프로이센은 대부분이 프로테스탄트였으며, 새로 획득한 남부 국가들은 가톨릭이었다) 자유주의자들을 이용했다. 또한 그는 농업을 보호하거나 사회주의자들을 통제하고자 마음먹었을 때는 보수주의자들을 이용했다. 비스마르크는 제국 의회에 의해 좌절당할 수도 있다는 사실을 인정하지 않을 것이었다. 제국 의회가 영국 의회처럼 정부를 통제하는 단체가 되는 것을 점차 허용해야 한다는 사실은 더더구나 인정하지 않았을 것이다. 제국 의회의 자유주의자들은 이론상 그렇게 되기를 원했지만, 그들은 너무나 권위를 존중하고 너무나 민주주의를 두려워해서 그것을 얻기 위한 투쟁을 일으킬 수 없었다.

사회주의자들의 정당인 사회민주당은 제국 의회에서 세력이 증대되었다. 이 정당은 비스마르크를 절대로 지지하지 않을 것이다. 마찬가지로 비스마르크는 사회주의자들을 싫어했다. 그는 파리 코뮌에 몸서리를 쳤는데, 코뮌은 프로이센 군대가 프랑스에 있을 때 그 도시를 장악하고 있었다. 그리고 사회민주당 지도부가 제국 의회에서 코뮌을 공개적으로 칭송한 이후로 더욱 싫어했다. 1878년에 황제 암살 시도가 있은 후, 비스마르크는 사회주의 조직과 출판물을 금지하는 법률을 통과시켰다. 그러나 사회주의자들이 제국 의회에 선출되는 것은 여전히 허용되었다. 그래서 독일은 노동계급의 도전에 대처하는 방식으로는 영국과 정반대로 나아갔다. 영국은 차티스트들이 조직하는 것을 허용했지만 투표하는 것은 허락하지 않았다. 반면 독일은 사회주의자들이 투표하는 것은 허용했지만 조직하는 것은 허락하지 않았다. 그 효과로 사회주의 지지자들은 독일 사회에서 소외당했다. 사회주의 조직은 지속되었으나 이제 지하에 숨어 있었다.

그다음에 비스마르크는 국가에 의한 사회복지 규정을 손보아 노동자들을 매혹시키고 그들을 사회주의로부터 떼어 내려고 했다. 그는 노령연금, 상해보험, 건강보험을 도입했지만 그중 어느 하나도 작동하지 않았다. 사회주의적 투표는 계속해서 증가했다.

1888년에 독일은 빌헬름 1세의 손자인 빌헬름 2세Wilhelm II를 새로운 황제로 맞이했다. 그는 총명하고 활동적이며 자기 나라에 대해서 야심이 컸지만, 충동적이고 욕구나 감정 표현에서 거의 어린 소년 같았고, 전혀 신중하거나 침착하지 못했으며, 노련한 비스마르크의 도움 같은 것은 필요 없고 스스로 통치할 수 있다는 자신감이 넘쳤다. 그와 비스마르크는 사회주의 문제 때문에 사이가 틀어졌다. 비스마르크는 자신의 반사회주의 법률을 영구적인 것으로 만들기를 원했다. 황제도 물론 사회주의에 반대했지만, 그는 더 부드러운 방법으로 사회주의의 호소력을 제한할 수 있다고 생각했다. 그래서 비스마르크는 사임했다. 반사회주의 법률은 폐지되고 노동시간과 노동조건을 규제하기 위한 새로운 법률들이 통과되었다.

사회민주당은 점점 번창하여 20세기 초에는 독일인 3명 중 1명은 그 당에 투표를 하는 가장 큰 정당이 되었다. 그렇다고 해도 정책은 황제와 그의 재상에 의해 결정되었기 때문에 당의 정치적 영향력은 여전히 그리 크지 않았다. 사회민주당원들은 내각에 들어가지 못했고, 그들의 당도 사회주의 정부가 아닌 곳에서 당원들이 결합하기를 원하지 않았다. 사회적으로 사회민주당은 그 지지자들에게 당이 운영하는 문화·스포츠 조직에서 따로 생활하도록 장려했다. 이것은 부분적으로는 중간계급 사회의 타락으로부터 노동자들을 보호하기 위한 것이었고, 다른 한편으로는 중간계급이 어떤 일이 있어도 노동자들과 섞이고 싶어 하지 않았기 때문이었다. 그래서 독일인의 삶에서 이 거대한 새로운 세력은 고립된 채 갇혀 있었다.

사회민주당은 정책을 둘러싸고 분열되었다. 마르크스는 당에 영감을 불어넣는 위대한 인물이었지만 이제 '수정주의자들'이 마르크스의 예언은 실현되지 않고 있다고 주장했다. 다시 말해, 노동자들은 더 가난해지지 않고 생활수준은 상승하고 있었다. 그리고 화이트칼라 노동자 집단이 성장하였으므로 사회는 단지 두 개의 계급, 즉 노동자와 사장으로 환원되고 있지 않았다. 국가가 노동자들의 상태를 개선하고 있었다. 이것은 당이 현존하는 경로를 통해 사회주의로 나아가려 해야지, 위기와 붕괴 그리고 혁명이라는 도식에 의존해서는 안 된다는 것을 뜻했다. 제국 의회 내 대부분의 사회민주당원들이 실제로 이 견해를 받아들였지만, 수정주의는 당에 의해 공식적으로 기각되었다. 당을 만족시키기 위해서 충성스런 당원은 혁명을 이야기해야만 했다. 이것은 사회민주주의가 독일 사회의 나머지 사람들에게는 공포의 대상으로 전락했음을 의미한다.

영국과 프랑스의 정치 상황은 어느 정도 안정 상태에 이르렀다. 그러나 독일에서는 새로운 노동자 계급이 어떻게 국가에 수용될 수 있을지 하는 문제가 아직 해결되지 않았다.

영국	프랑스	독일
• 의회에 의해 통제되는 군주들의 역사 • 산업 혁명 • 중간계급에게 참정권 부여 • 노동자들의 민주적 요구를 거부했으나 나중에 수용	• 혁명의 역사 • 제한된 산업화 • 실패한 노동자들의 혁명 • 민주적이지만 사회주의적이지 않은 공화국	• 독재적인 정부의 역사 • 급속한 산업화 • 혁명을 설파하는 거대 사회주의 정당 • 독재정치가 사회민주당원들을 가두어 버림

유럽 주요 국가의 산업화와 혁명 상황

▌러시아혁명

마르크스는 전 세계 노동자들에게 단결하도록 촉구했다. 마르크스 자신은 1864년에 국제적인 노동자 조직[22]을 결성하는 데 이바지했으나 이것은 사회주의자들과 무정부주의자들 사이의 논쟁으로 붕괴되었다. 제2인터내셔널은 1889년에 결성되었다. 유럽 여러 나라의 대표들과 유럽 외부에서 온 소수의 인원이 정기적으로 대회를 개최했다. 그들은 노동자가 사장의 이익을 위해 살육당하지 않도록 하기 위하여 사회주의자들이 전쟁에 어떻게 대응해야 할지를 토론했다. 선택지는 이러했다. 의회에서 사회주의자는 전쟁을 위한 재원 조달에 투표하기를 거부하는 것, 총파업, 전쟁 수행을 위한 노력을 방해하고 파괴하는 것. 러시아 공산주의 지도자 레닌은 상이한 접근법을 가지고 있었다. 경제적으로 여전히 낙후되어 있는 러시아에서는 산업화가 거의

---

22) 국제노동자협회 또는 제1인터내셔널.

이루어지지 않았기 때문에 전쟁을 저지하는 데 노동자들의 대중적 지지에 의존할 수 없었다. 그 대신에 전쟁에 대한 수요가 정부를 약화시킬 것이며 그로 인해 단호한 노동자 집단에게 혁명을 실행하고 자본주의를 파괴할 기회가 주어질 것이라고 말했다.

러시아는 독재적인 통치자, 차르에 의해 다스려졌다. 1905년에 차르 니콜라스 2세Nicholas II는 어쩔 수 없이 두마duma라고 하는 의회를 운영하는 것을 허가했지만, 두마는 정부를 통제하지 못했다. 니콜라스와 그의 각료들은 필사적으로 서유럽을 따라잡으려고 했고, 그래서 정부에 의한 산업화가 제한적으로 촉진되었다. 새로운 중공업은 상트페테르부르크와 모스크바라는 대도시에 집중되었다. 중공업과 산업 노동자들을 수도에 집중시키는 것은 서유럽 산업화의 통상적인 방식이 아니었다. 이것이 차르를 더욱 공격에 취약하게 만들었다.

1914년 8월에 열강들이 전쟁에 돌입했을 때, 러시아는 프랑스, 영국과 더불어 독일, 오스트리아와 싸웠다. 러시아는 제1차 세계대전의 압박에 거꾸러진 첫 번째 나라였는데, 전쟁은 막대한 인원과 자원을 요구했다. 1917년 초에 상트페테르부르크와 모스크바의 공장에서 파업이 일어나고 병사들의 폭동이 발생했다. 노동자와 병사들은 평의회 즉 소비에트를 결성하여 스스로 권력을 장악했다. 차르는 퇴임하고 임시정부가 구성되었으며, 임시정부는 헌법을 작성하기 위한 제헌의회 선거를 실시할 계획이었다. 이 정부는 전쟁을 계속할 계획이었지만, 개혁을 하기로 약속되어 있었기 때문에 폭동과 탈영이 줄을 이었다. 농민들은 무기를 버리고 고향을 향해 출발했다.

이제 공산주의자들이 기회를 포착했다. 레닌은 권력을 장악하여 러시아를 전쟁으로부터 벗어나게 만들 준비가 되어 있는 작지만 결속력 강한 조직을 운영하고 있었다. 공산주의 운동에서 그가 속한 조직은 볼셰비키(다수파)라고 불렸다. 멘셰비키(소수파)는 다른 개혁 세력들과 함께 일하기를 원했고 성급하게 혁명으로 나아가는 것을 원하지 않았다. 볼셰비키가 노동자와 병사들의 소비에트를 장악했고 1917년 11월에 레닌은 무혈에 가까운 혁명을 조직하여 임시정부를 쓰러뜨렸다. 유혈 사태는 혁명 이후에 나타났다. 볼셰비키는 제헌의회를 폐쇄하고 스스로 독재적인 정권으로 나서서 아무런 보상 없이 사업체와 재산을 몰수하고, 교회를 공격하고 성직자를 살해했으며, 고문과 학살을 일삼는 비밀경찰을 통해 자신들의 통치를 강행했다. 하지만 레닌은 대중적인 슬로건인 평화, 빵, 토지를 가지고 있었다. 그것은 전쟁 종식, 더 풍부한 식량, 경작할 땅을 뜻했다. 공산주의자들은 개인 소유에 반대했지만 일단 농민들에게 토지가 분배될 것이었다. 마르크스는 공산주의 혁명은 선진 자본주의 나라에서 먼저 일어

레닌이 병사와 노동자들에게 연설을 하고 있다.

날 것이며 후진적인 나라들은 결코 공산주의로 나아갈 준비가 되어 있지 않다고 가르쳤지만, 러시아에서 공산주의가 시도되었다. 레닌이 옳았다. 전쟁의 중압은 마르크스 이론의 일부가 아니었지만, 혁명가에게 기회를 제공했다.

노동자의 이름으로 공산주의자들에 의해 통치되는 거대한 국가가 탄생했기 때문에 러시아혁명은 세계사에서 매우 중대한 사건이었다. 마르크스는 자신이 과학이라고 간주한 것을 제시했는데, 그것에 따르면 산업사회는 노동자들의 혁명으로 전복될 것이었다. 그의 '과학적' 예언은 빗나갔다. 그의 '과학'이 수행한 일은 공산주의자들이 혁명은 필연적이고, 역사는 그들의 편이며, 그들은 가차 없이 통치할 권리가 있다고 생각하도록 독려하는 것이었다. 마르크스주의 이론에 따르면 이런 것이 불가능해 보이는 장소에서 성공을 이끌어 냈다. 1917년 러시아는 깜짝 놀랄 일이었다. 1949년 중국은 기이했다.

레닌은 낙후된 농민들의 나라에서는 공산주의를 건설하기가 쉽지 않다는 사실을 알고 있었다. 그는 러시아혁명이 유럽 전역의 혁명을 자극하기를 바랐는데, 그래야만 자본주의를 파괴하고 모든 곳에서 노동자들이 공산주의를 수립할 수 있기 때문이다. 모든 곳의 급진적인 노동자들이 노동자 국가의 수립에서 용기를 얻어 모방하기를 바랐다. 독일에서 그들은 일시적인 성공을 거두었다. 이것 또한 제1차 세계대전 때문이었는데, 더 정확하게 말하면 세계대전에서 독일이 패배했기 때문이었다.

우리는 이제 이 전쟁의 기원을 조사할 것이다. 그것이 공산주의자들에게 기회를 제공했고, 또 소름 끼치는 반발을 초래했다.

2. 제1차, 제2차 세계대전
위기가 만들어 낸 괴물

비스마르크가 독일을 건설하자마자 전쟁을 통한 그의 모험주의는 끝이 났다. 그는 유럽에서 평화를 유지하기를 원했다. 유럽에는 다섯 개의 열강이 있었는데 그의 목적은 항상 그중 세 나라의 동맹 속에 있는 것이었다.

새로운 독일제국은 오늘날의 독일보다 훨씬 더 컸다. 두 번의 세계대전에서 손실을 본 이후 독일의 동쪽 영토는 크게 줄어들었다. 현재의 폴란드는 과거 프로이센의 동쪽 영토였던 곳에 자리 잡고 있다.

독일과 마찬가지로 이탈리아도 최근에 이르러서야 통일되었으며 통일을 위한 조치들은 독일과 동일한 양식을 따랐다. 1848년 혁명에서 권위가 붕괴되면서, 로마에서 이탈리아 전역을 포함한 민주공화국이 선포되었으나 진압당했다. 그다음에 북부 국가 피에몬테의 수

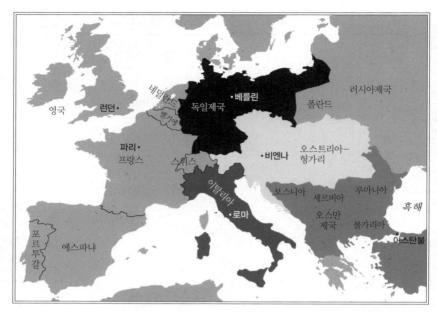

독일 통일 이후의 유럽 국가들

상 카보우르Conte di Cavour가 능숙한 외교와 무력을 이용하여 이탈리아를 통일시켰고 그의 군주인 비토리오 에마누엘레Vittòrío Emanuèle I가 이탈리아의 왕이 되었다. 새로운 국가가 획득해야 할 마지막 국가는 교황의 국가로, 아직도 반도 중앙을 가로지르는 상당한 크기의 지역이었다. 1848년의 격변 이후에 프랑스의 나폴레옹 3세는 교황을 보호하기 위하여 군대를 파견했다. 1870년에 나폴레옹이 프로이센에 패배했을 때, 이탈리아는 로마를 접수할 수 있었다.

독일과 이탈리아, 이 두 새로운 나라의 동쪽에는 넓은 지역에 걸쳐 뻗어 있는 러시아제국과 오스트리아 제국이 있었는데, 이들은 서유럽과 비교하여 경제적으로 낙후되어 있었다. 이 두 제국은 자신들은 예속된 민족이라고 생각하는 사람들을 포함하는 다민족 사회였다. 헝가리의 마자르인들이 오스트리아에 위협을 가했고, 이로 인해 1867년에 오스트리아-헝가리제국이라는 이름하의 결합 군주정[23]으로 그들과 권력을 공유하는 데 합의했다.

유럽에는 제3의 다민족 제국이 있었다. 이스탄불(과거 콘스탄티노플)에서부터 통치하는 오스만 투르크인들의 제국이 그것이다. 이 제국은 쇠퇴하고 있어서 발칸 지역의 여러 민족들에게 자신들 고유의 국가를 건설할 기회를 제공했다. 그것은 아주 위험한 노정이었다. 터키는 각각의 개별적인 존재에게 그들의 권리를 인정해 주고, 그들에 대한 약간의 통제를 계속해서 유지하고자 했다. 오스트리아와 러시아는 터키제국의 해체를 환영했지만, 이 지역에 대한 나름의 이해관계를 가지고 있어서 새로운 국가들이 지나치게 독립적인 것은 원하지 않았다. 러시아는 유럽에서 자신들이 터키를 대체하기를 원했는데, 그렇게 되면 흑해에서부터 이스탄불의 해협들[24]을 통해 지중해로 막힘없이 접근할 수 있었다. 북유럽에서 프로이센에게 밀려났던 오스트리아는 남동쪽에서 러시아에게 밀려나고 싶지 않았다. 그래서 이곳은 유럽의 각축장이었고, 항상 충돌이 일어나곤 했다. 터키는 계속해서 쇠퇴하고 있었는데, 이로 인해 민족주의자들은 희망을 품을 수 있었다. 터키에서 형성된 새로운 민족들은 여전히 오스트리아나 러시아의 통제하에 남아 있던 민족들에게는 자극제였다. 민족 해방 세력들은 열

---

23) 이원 군주정이라고도 한다.
24) 보스포루스해협과 다르다넬스해협.

강들의 전략적 이해관계와 충돌했다. 더욱이 새로운 민족과 미래의 민족이 서로 상충되는 권리를 주장하고 있었는데, 사람들이 뒤섞여 있었고 영토에 대해 권리를 주장하는 측이 여럿이었기 때문이었다.

다섯 열강은 영국, 프랑스, 독일, 오스트리아, 러시아였다. 이탈리아는 여섯 번째 열강이 되고 싶어 했다. 이탈리아는 동맹 체제에서는 일정한 역할을 담당했지만, 별로 영향력을 지니지 못했다. 비스마르크에게 최상의 동맹국은 독일과 마찬가지로 황제가 통치하는 러시아와 오스트리아였다. 1870년에 프로이센에 패배한 이후, 프랑스공화국은 결코 독일과 동맹을 맺으려고 하지 않았다. 프랑스는 전쟁 이후에 독일이 동쪽 알자스와 로렌주를 장악했기 때문에 깊은 복수심을 품고 있었다. 그 지역은 대체로 독일어를 사용했으며, 독일의 장군들은 라인강 건너에 독일 영토를 가지고 있는 이점을 누리기를 원했다. 영국은 유럽에 관해서 고립주의적인 태도를 취하는 경향이 있었다. 영국이 변함없이 확고하게 유지하는 정책은 하나의 열강이 유럽 대륙을 지배하도록 허용하지 않는 것이었지만, 영국의 관심은 바다 건너에 있었다.

러시아와 오스트리아는 비스마르크에게 그가 원한 세 나라의 집단을 제공해 주었지만, 그들은 발칸 지역에서 이해관계를 다투고 있었기 때문에 두 동맹국 중 어느 한쪽에 의존하기가 매우 어려웠다. 싫든 좋든 비스마르크는 발칸 사태에 관여해야 했고 두 제국 모두의 지지를 받아내야 했다. 독일이 발칸 분쟁에서 너무 강력하게 오스트리아를 후원한다면, 러시아는 프랑스를 동맹국으로 고려하게 될지도 몰랐다. 그렇게 되면 비스마르크의 악몽이 실현될 것이다. 다시 말해, 전쟁이 발발했을 때 독일은 두 개의 전선에서 싸우게 될 것이었다. 이러한 곡예에서 비스마르크보다 더 잘할 수 있는 인물은 아무도 없었으며 그가 은퇴할 때까지 세 나라의 동맹이 유지되었다. 딱 그때까지만이었다.

빌헬름 2세와 그의 재상들은 러시아와 오스트리아 양쪽 모두를 동맹국으로 유지하기를 단념했다. 그들은 독일의 운명을 오스트리아에 전적으로 맡겼는데, 이는 피할 수 없는 결과를 초래했다. 1893년에 러시아가 프랑스와 동맹을 맺었다. 그리고 1904년에 영국이 프랑스와 앙탕트(협상)에 이르렀다. 이 조약의 세부 조항은 유럽 외부에서 영국과 프랑스가 권리를 주장하고 있는 영토에 대한 분쟁을 해결하는 것과 관련이 있었다. 따라서 유럽 국가들의 전쟁에서 프랑스를 돕는 것에 대해서는 아무런 언급도 없었지만, 프랑스는 영국의 오래된 적이었기 때문에 이 새로운 동맹은 아주 의미심장했다. 독일과 오스트리아는 이제 다섯 나라의 집단 속에서 두 나라였다. 이탈리아를 자기 진영 안으로 데리고 오는 것은 큰 도움이 되지 않았다(그리고 제1차 세계대전 기간 동안에 반대편으로 돌아섰다).

빌헬름 2세와 그의 각료들은 독일의 힘을 굳게 믿고, 동맹국으로서 러시아를 잃는 것에 괴로워하지 않았다. 독일어를 쓰는 오스트리아 사람들은 그들이 보기에 후진적이고 야만적인 동쪽의 슬라브족보다는 동질적이어서 가까이하기가 더 편했다. 이것은 프로이센의 통제하에서 독일 통일을 확고히 하기 위하여 오스트리아와 전쟁을 벌였던 비스마르크에게는 중요하지 않은 것이었다. 이제 독일은 두 개의 전선에서 전쟁을 준비해야 했다. 계획은 프랑스에 신속하게 결정타를 날리고, 그다음에 독일의 전체 전력을 러시아로 돌리는 것이었다.

프로이센과 그 후의 독일은 군대를 신속하게 동원하여 움직이는 병참술에 통달해 있었다. 그들은 열차를 이용하여 병력을 수송하고 전신을 이용하여 군대를 감시하고 지휘했다. 1870년에 프로이센은 6개월이라는 짧은 기간 안에 프랑스를 패배시킨 적이 있었다. 이번 전쟁의 계획은 6주 안에 승리하는 것이었다. 다른 열강들도 독일의 사례를 따라서 신속하게 군사를 동원하는 계획을 수립했다. 그들 역시 전쟁에 대한 준비가 되어 있었다.

독일은 유럽 내에서 광대한 영토를 지닌 강국이라는 것에 만족하지 않고, 대규모 해군을 건설하기에 이르렀다. 이것은 이 분야에서 영국의 탁월함을 용납할 수 없었던 황제가 특별히 애정을 쏟은 사업이었다. 영국의 제해권은 제국의 생존에 있어 필수적인 것이었으며, 영국에서는 자체적으로 먹고 살 만큼 식량이 충분히 생산되지 않았기 때문에 영국 자체의 생존에도 필수적인 것이었다. 영국은 독일의 조선 사업에 깜짝 놀라서 영국이 독일보다 한 수 위라는 사실을 보여 주기 위해 나섰다. 두 나라 국민들이 응원하다가 공포에 휩싸이기를 번갈아 하는 가운데, 해군의 군비 경쟁이 시작되었다. 신문과 정치인들은 이러한 민족주의적 정서를 들쑤셔서 자극했는데, 그것은 국방 계획에 있어 새로운 요소였다. 영국 정부의 장관이었던 윈스턴 처칠Winston Churchill은 이런 이야기를 남겼다. "해군이 한때 6척의 새로운 전함을 요청한 적이 있는데, 경제학자들은 4척만 제공할 수 있다고 이야기했다. 그래서 우리는 최종적으로 8척으로 절충했다."

곧 전쟁이 발발하리라는 추측이 널리 퍼져 있었다. 거의 전쟁을 환

영하는 것처럼 보였다. 인종적 능력 차이와 적자생존에 대한 새로운
사고가 전쟁을 독립적인 민족일 수 있는지를 시험하는 적절한 방법
처럼 보이게 만들었다. 전쟁이 단기간에 신속하게 끝날 것이었다면
당신은 이렇게 생각할 수밖에 없었을 것이다. 그리고 거의 모든 사람
들이 그렇게 생각했다.

■ 제1차 세계대전

독일은 열강들 중에서 불안감을 조성하는 요소였다. 독일은 경제력이
성장함에 따라 더 큰 영향력을 행사하려고 했는데, 이에 독일의 군사
지도자들은 1914년 7월에 전 유럽을 향한 전쟁에 모든 것을 걸고 승
리를 쟁취하려는 모험을 단행했다. 그들이 포착한 기회는 발칸반도의
위기였다. 오스트리아-헝가리제국의 제위 계승자인 프란츠 페르디난
트Franz Ferdinand 대공이 제국의 남쪽 끝에 위치한 보스니아를 방문했다
가 세르비아 민족주의자에게 암살당했다. 보스니아는 세르비아 내부
요소들로 인해 오스트리아에 저항하던 수많은 세르비아인들의 본거
지였다. 세르비아 자체는 처음에 터키로부터 독립을 할 때 오스트리
아의 도움을 받았다. 그런데 이제 오스트리아는 세르비아를 체제 파
괴적인 세력으로 간주했다. 오스트리아로부터 위협을 당한 세르비아
는 이제 러시아가 보호해 주기를 기대했다.

오스트리아 정부는 암살에 대한 책임을 물어 세르비아를 너무 가
혹하게 대한다면, 그 나라가 러시아와 더불어 전쟁을 도발할지도 모
른다는 사실을 알고 있었다. 독일은 가혹하게 대하라고 오스트리아
를 자극했고 독일 황제 본인은 오스트리아가 무엇을 하든 자신은 그

것을 지지하겠다고 서약했다. 그래서 오스트리아는 세르비아가 자신들에게 저항하지 않을 수 없을 정도로 혹독해서 전쟁을 일으킬 이유를 제공하도록 기획된 요구 사항을 세르비아에 제시했다. 다른 열강들은 세르비아가 오스트리아에 저항하고 러시아가 그것을 후원한다면 닥치게 될 위험을 인식했고, 러시아를 포함한 열강들은 전쟁을 피할 방법을 찾았다. 독일은 다른 열강들에게 오스트리아가 세르비아에 제시한 요구 사항과 자신들은 아무런 관계가 없는 것처럼 굴면서 평화적 해결을 위한 모든 시도를 좌초시켰다. 독일의 군사 지도자들은 러시아가 오스트리아에 자극받아 전쟁에 돌입하기를 바랐다. 그들은 러시아의 군사력 증강 계획이 끝나기 전에 지금 당장 러시아와 싸우기를 원했다. 러시아가 너무 강력해지면, 두 개의 전선에서 벌이는 전쟁에서 승리하는 것이 불가능할 것이기 때문이다. 독일 황제는 이와 같은 광범위한 전쟁을 원하지 않았지만 그는 재상과 군대에 의해 열외로 밀려나 버렸다.

독일 군대의 수장이었던 몰트케Helmuth von Moltke는 전쟁이 시작되게 하고 싶어서 안달이 나 있었다. 그는 러시아가 준비를 갖추기 전에 신속하게 프랑스를 패배시켜야 했다. 하지만 독일이 아니라 러시아가 침략자로 보이도록 하기 위해서는 러시아가 먼저 군대를 동원하게 만드는 것이 중요했다. 사회민주당은 전쟁에 반대했다. 그들은 세르비아에 대한 오스트리아의 혹독한 처리 방식을 비난했지만 러시아가 침략자가 된다면 방어 전쟁을 지원할 것이었다. 러시아는 오스트리아를 제지하기 위해 군대를 동원했는데, 이 조치에 독일 군사 지도자들은 매우 기뻐했다. 이제 독일은 러시아에 대해 전쟁을 선포할 수 있게 되었기 때문이었다. 독일은 베를린에서 기획된 전쟁에서 러시아를 침략자로 선언했다. 프랑스는 독일로부터 자신을 지키기 위해 전시체제로 들어갔다.

6주 안에 프랑스를 정복하려는 계획이 실행에 옮겨졌다. 이를 위해서는 독일 육군이 벨기에를 관통하여 북쪽에서 프랑스로 들어가야 했다. 독일 육군은 파리를 감싸는 거대한 활 모양으로 남쪽으로 선회하고, 그다음에 프랑스 군대가 프랑스와 독일의 국경을 넘어 공격해 들어갈 때 동쪽으로 이동하여 프랑스군의 배후를 습격하려고 했다. 독일군은 그들의 군대가 벨기에를 통과할 수 있도록 벨기에에 요청했으나 거절당했다. 그들은 개의치 않고 군대를 행군했고 이로 인해 자신들이 보증했던 벨기에의 중립국 지위를 침해했다. 독일의 이러한 무자비한 행위에 영국에서는 분노가 일었다. 영국이 전쟁에 참여할지는 확실하지 않은 상태였으나 벨기에에 대한 침해 행위가 영국의 참전을 결심하게 만들었다.

제국 의회의 연설에서 빌헬름 2세는 터무니없는 거짓말을 지지하며 독일은 전쟁을 피하기 위해 모든 노력을 기울여 왔다고 선언했다. 사회민주당 소속 의원들은 그를 믿지 않았을 수도 있지만, 나머지 세력들과 함께 전쟁 자금 마련을 위한 첫 번째 조치를 만장일치로 통과시켰다. 그들은 러시아가 승리한다면 자신들의 상황이 더욱 악화될 것이라고 믿었다. 사회주의자들이 의회에 의석을 가지고 있는 모든 나라에서, 그들은 전쟁을 지지하는 쪽으로 투표를 했다. 민족주의가 승리한 것이다. 노동자들은 결국 서로 싸워야 할 처지가 되었다.

독일의 프랑스 침략 계획은 실패로 끝났다. 군사적 공격은 그다지 강력하지 않았다. 독일 군대는 파리를 포위하기보다는 파리 북쪽으로 지나갔고 프랑스와 영국의 군대는 그들의 측면을 공격할 수 있었다. 전쟁은 곧 교착상태에 빠졌다. 벨기에와 북부 프랑스를 가로질러 중립국인 스위스까지 뻗어 있는 참호선에서 양쪽 군대가 서로 대치하고 있었다. 상대편을 밀어내려는 수많은 시도 속에서 수백만 명이 죽었지만, 3년 동안 전선은 거의 움직임이 없었다. 방어하는 쪽이 유리했다. 참호에서 기어 나온 사람들은 상대편 참호로부터 기관총 사격을 받았고 위에서는 폭탄이 떨어졌으며 통로에는 가시철조망이 가로놓여 있었다. 자살 행위에 해당하는 임무였다. 전쟁 마지막 해에 이르러서야 영국의 발명품인 탱크로 공격자들을 보호하는 것이 어느 정도 가능해졌다.

이 살인 기계에 사람과 금속을 가장 오래 공급할 수 있는 쪽이 전쟁에서 승리할 것이었다. 경제 전체가 전쟁 수요를 충족하기 위해 조직되어야만 했다. 국민 전체가 대의를 믿고 싸우고 일하도록 결집되

총력전
제1차 세계대전 당시
영국의 여성 군수품
노동자들.

어야 했고 말 그대로 총력전이었다.

영국 해군은 해외에서 독일로 물자가 반입되는 것을 차단하기 위해 바다를 봉쇄했다. 독일 해군은 영국에 물자와 가장 중요한 식량을 공급하는 선박들을 침몰시키기 위해 잠수함들U-boat을 파견했다. 이것은 어느 정도 주의가 필요한 행동이었다. 미국은 중립적인 위치를 고수하고 있었는데, 만약 독일이 미국 선박을 침몰시킨다면 미국을 전쟁으로 끌어들일 수도 있는 위험한 행위를 감행하는 것이었다. 1917년 2월, 전투의 교착상태를 깨뜨리기를 간절히 원하던 독일은 무제한 잠수함 작전을 명령했다. 독일은 이 작전이 미국을 전쟁에 끌어들이게 될 것(미국은 1917년 4월에 전쟁 참여를 선언했다)이라는 사실을 알고 있었지만, 미국 군대가 유럽에 도착하기 전에 영국은 굶주릴 것이며 전쟁에서 승리하리라는 것이 그들의 계획이었다. 독일 황제와 그의 수상은 이 결정에 의문을 품었지만 군대가 통제권을 갖고 있었다. 힌덴부르크 장군Paul von Hindenburg과 루덴도르프 장군Erich Ludendorff이 사실상 독일의 정부였다. 이들은 훗날 히틀러와 긴밀한 관계를 유지했다. 루덴도르프는 1923년에 실패한 쿠데타에서 히틀러를 지원했고 힌덴부르크는 1933년에 그를 수상으로 임명했다.

독일이 미국을 격분하게 만들다
미국 시민과 군수품을 싣고 뉴욕에서 리버풀로 향하던 루시타니아호의 침몰.

그때 독일인들은 뜻밖의 행운을 얻었다. 러시아에서 혁명이 일어나 차르 니콜라스 2세가 퇴위했다. 새로운 정부는 전쟁을 계속할 계획이었지만, 독일인들은 러시아 공산주의 지도자 레닌이 전쟁에 반대한다는 것을 알고 있었다. 그때 레닌은 스위스에서 망명 생활을 하고 있었기 때문에 독일 정부는 그가 러시아로 돌아갈 수 있도록 기차 안에 숨겨서 독일을 가로질러 운송할 계획을 세웠다. 레닌은 러시아로 돌아가서 독일인들이 원했던 것, 즉 러시아가 전쟁에서 손을 떼게 했다. 이러한 것들은 전쟁이 강요한 극단적인 조치였다. 아주 합리적인 가정인데, 레닌 없이는 볼셰비키가 권력을 장악하지 못했을 것이라고 가정한다면 독일 장군들의 정부는 공산주의의 첫 번째 성공에 책임이 있다.

러시아를 전쟁으로부터 벗어나게 하기 위하여 레닌은 독일이 제시한 매우 가혹한 조건에 동의해야만 했는데, 독일은 서부 러시아의 방대한 토지를 요구했다. 이제 독일은 자유롭게 모든 군사력을 서부 전선에 집중시킬 수 있게 되었다. 1918년 초에 독일은 한 차례 마지막 맹공을 감행해서 프랑스와 영국 군대를 뒤로 밀어냈지만 그들을 제압하지는 못했다. 그다음에 프랑스와 영국 군대는 미국 병사들의 도움을 받아 반격을 개시했다. 미국 병사들은 독일군이 예상했던 것보다 더 빨리, 더 많은 수가 도착했다. 독일군은 이제 전면적으로 퇴각하기 시작했다. 8월에 장군들은 전쟁에서 패배했다는 사실을 깨달았다.

▌패배 이후 독일

제1차 세계대전 당시 미국 대통령 윌슨Woodrow Wilson은 자신의 나라를 전쟁에 참여시켜야 하는 어려운 과제를 앞에 두고 있었다. 미국은 유럽의 분규나 전쟁으로부터 거리를 유지하는 강력한 전통이 있었다. 윌슨 대통령은 이번 전쟁이 정복이나 복수를 위한 전쟁이 아니라고 선언함으로써, 미국인들이 더욱 기꺼이 지원할 수 있는 전쟁으로 바꾸어 놓았다. 그가 보기에 이 전쟁은 세계를 "민주주의를 위해 안전"하게 만드는 전쟁이었다. 평화는 종속되어 있던 인종 집단들이 독립적인 국가를 건설함으로써 확보될 것이었다. 그리고 국가들 사이의 비밀조약은 폐지되고 분쟁을 해결할 새로운 세계 기구가 생길 것이었다. 평화를 위한 윌슨의 원칙은 14개 조항으로 작성되었다.

패배에 직면한 독일 장군들은 복수를 하려고 벼르고 있을 영국과 프랑스보다는 윌슨에게 화평을 청하는 편이 더 나으리라고 생각했다. 윌슨이 장군들이 운영하는 독일과는 상대하고 싶지 않을 것이라는 사실을 명확히 인식한 후에, 그들은 빌헬름 2세에게 이제는 제국 의회에 수상과 각료들이 책임을 지는 제대로 된 의회 정부를 도입해야 한다고 이야기했다. 그리하여 자유주의자들이 1848년 이래로 성취하려 했으나 실패했던 것이 군 최고 지휘부에 의해 배달되었다. 윌슨은 갑작스런 변화에 완전히 설득되지는 않았다. 그는 "군대의 우두머리들과 군주 국가의 독재자들"이 여전히 책임자로 있다고 생각했다. 윌슨은 황제가 사라지기를 원했고, 그래서 일단 그는 거부했다.

위로부터의 혁명 이후에 아래에서부터 혁명 위협이 나타났다. 이제 전쟁에서 졌다는 사실이 명백해지자 독일 수병과 육군 병사들은 폭동을 일으켰고 노동자들은 파업에 들어갔다. 그들은 여러 요구사항이 혼합된 평의회들을 구성했는데, 그들 모두가 전쟁이 끝나기를 그리고 황제가 사라지기를 원했다. 평의회에 영감을 불어넣은 것은 러시아의 소비에트였으며 노동자들의 혁명을 위해 평의회를 사용하기를 원한 사회주의자들에게 러시아는 본보기였다. 볼셰비즘은 다른 모든 사람들을 겁먹게 만들었다. 러시아에서 수행된 공산주의자의 통치가 지니는 야만성은 잘 알려져 있었다. 공산 통치는 재산 소유자들뿐 아니라 다른 개혁적·사회주의적 정당, 예를 들어 독일 사회민주당 같은 정당들도 공격했다. 러시아의 공산주의가 확산되는 것을 막는 것이 히틀러의 엄청난 인기 요소들 가운데 하나가 될 것이었다. 그러나 그가 혁명운동은 권력 행사에 대한 모든 제한을 떨쳐 버릴 때에야 성취할 수 있다는 것을 배운 것은 러시아 볼셰비키의 통치로부터였다.

빌헬름 2세의 마지막 수상은 혁명을 막기 위해서는 두 가지가 필요하다고 확신했다. 하나는 황제가 퇴위해야 한다는 것이고 또 하나는 사회민주당이 권력의 자리에 들어가야 한다는 것이었다. 그래서 황제는 망명을 했고, 사회민주당 지도자 프리드리히 에베르트Friedrich Ebert가 수상이 되었다. 에베르트는 여전히 사회주의에 헌신적이었으나, 그는 사회주의가 혁명이 아니라 규칙적인 의회 정치적 수단을 통해서 달성되기를 원했다. 혁명은 공포와 내전으로 끝날 수 있는데, 그렇게 되면 그와 그의 동료들은 피해자가 되고 말 것이기 때문이다. 혁명적 사회주의자들은 그에게 거대한 기업 연합체, 군대, 공무원 그리고 판사들이 예전 그대로 남아 있다면 독일은 새로운 민주국가로서 거의 가치가 없을 것이라고 말했다. 하지만 에베르트는 그들에게 결코 무력을 사용하지 않았다.

당분간 에베르트는 노동자 평의회의 비위를 맞추고 그들과 더불어 통치를 해야만 했다. 그러나 혁명적 사회주의자들이 사회주의 공화국을 선포했을 때(전쟁 이후 혼란이 지속되는 몇 년 동안 몇몇 장소에서 이 일이 발생했다), 에베르트는 단호하게 그들을 억압하는 쪽으로 나아갔다. 군대는 그에게 전적으로 협력했으며 수많은 노동자들을 살해했다. 병사들이 노동자에게 발포하기를 내키지 않아 했을 때, 군대와 사회민주당 방위성 장관은 '자유 군단'이라고 불린 비공식적 군대를 조직했는데, 이는 혁명을 진압하고 싶어 하는 장교와 재향군인들로 구성되어 있었다. 그들은 그 임무를 아주 맹렬하게 수행했다.

혁명적 사회주의자들과 그 추종 세력은 사회주의의 대의에 대한 에베르트와 사회민주당의 배반 행위를 결코 용서하지 않았다. 그들은 공산당을 결성했는데, 이는 러시아 외부에서 가장 거대한 공산주의 정당이었다. 그리고 전 세계의 다른 공산주의 정당들과 마찬가지로

자유 군단의 병력들이 혁명적 사회주의자를 처형하려 하고 있다.

모스크바에서 정책 방향을 취했다. 공산당은 국민의회[25]에서 상당수의 의석을 얻었는데, 러시아 공산주의의 위협을 실질적이고 임박한 것으로 만드는 것을 제외하고는 아무런 성과도 거두지 못했다.

한편 승리한 열강들은 평화 조약에 합의하기 위해 파리에서 회합을 갖고 있었다. 그들은 최선을 다해서 동부 유럽의 새로운 국가들을 위한 경계선을 그렸다. 하지만 인종 집단들이 뒤섞여 있었고 어떤 나라를 독자적으로 생존할 수 있게 만드는 것과 그 나라 국민을 하나의 인종 집단으로 구성하는 것은 서로 상충되었기 때문에, 이 작업이 평화를 보증해 줄 것 같지는 않았다. 국제연맹이 설립되었으나 미국 상원에서 미국의 참여 여부에 대한 비준을 거부했기 때문에 출발부터 온전한 상태가 아니었다. 독일 문제에 관해서 윌슨 대통령은 타협을 해야만 했다. 그것은 매우 가혹한 평화일 것이었다. 독일은 폴란드를 만들기 위해 동쪽의 영토를 잃었고, 서쪽에서는 알자스와 로렌을 잃었다. 독일은 라인강가에서 50킬로미터 안에는 군대나 군사 설비를 설치할 수 없었다. 독일의 방위군은 인원이나 장비에 있어 엄격하게 제한받을 것이며 공군은 운영할 수 없다. 전쟁으로 발생한 피해 보상금으로 막대한 액수가 책정될 것이었다. 베르사유조약은 전쟁을 시작한 것에 대해 독일에게 명백하게 유죄 선고를 내렸다.

독일은 평화 회담에 참석하지 않았다. 독일 정부에 이 조건이 제시되었고, 거기에 조인해야 한다는 통보를 받았다. 그 조건은 전국적인 분노를 야기했다. 패배에 대한 실망과 혼란과 분노에, 이제 유죄라는

---

25) 바이마르공화국 의회.

268

영구적인 낙인이 덧붙여졌다. 독일이 승리했다면 독일은 그만큼 혹은 그 이상으로 가혹했을 것이며 독일이 전쟁 발발에 주요한 책임이 있는 것은 사실이었다. 그러나 독일을 이런 식으로 처리함으로써 평화 회담은 다음 전쟁의 씨를 뿌렸다. 독일은 이러한 제한과 굴욕을 당하고는 살 수 없었다. 어떻게든지 만회할 것이었다.

전쟁 전에 독일 노동계급 운동은 숫자는 막대했지만 영향력은 미미했고 국가 안에서 어떻게 수용되어야 할지 아직 불명확했다. 전쟁에서 패배하고 12개월이 흐르면서 해답이 제시되었다. 혁명을 선택한 사회주의자들을 죽이고 국가적 굴욕에 대한 책임을 떠맡도록 만들기 위해, 사회민주당이 권력의 자리에 떠밀려 들어갔다. 이러한 더러운 일을 하는 것에 대해서 그들은 중간계급과 상류계급 또는 군대로부터 아무런 감사 인사도 받지 못했다. 오히려 사회민주당이 독일의 패배에 대한 책임을 추궁받게 되었다. 힌덴부르크는 정치인들이 군대의 등 뒤에서 칼을 꽂았다는 이야기를 하기 시작했다. 전투가 중지되었을 때 프랑스와 벨기에의 영토에 있던 군대의 상태가 괜찮았다는 사실 때문에 이 이야기는 어느 정도 그럴듯해 보였다. 힌덴부르크와 루덴도르프는 독일이 패배했다는 사실을 확실히 알고 있었다. 그 시점에서 전쟁이 멈추기를 원했던 이들은 바로 그들이었는데, 프랑스와 영국 군대가 계속해서 독일로 밀고 들어온다면 혁명이 일어날 것을 두려워했기 때문이다. 하지만 '등 뒤에서 칼을 꽂았다'는 말은 고착화되었고 히틀러의 중요한 무기 중에 하나로 쓰였다. 그는 사회민주당원들을 '11월의 범죄자들'이라고 불렀다.

독일 헌법은 윌슨 대통령을 만족시키기 위해 1918년 10월에 서둘러 개정되었다. 1919년 1월에는 새로운 공화국을 위한 헌법을 작성할 제헌의회에 대한 국민투표가 있었다. 파업과 사회주의 혁명 시도에 포위될 가능성이 있었기 때문에 의회는 베를린에서 개최될 수 없었다. 그 대신에 바이마르라고 하는 작은 도시에서 개최되었는데, 이로 인해 새로운 헌법과 그 헌법으로 수립된 공화국에 이 도시의 이름이 붙었다. 새로운 민주공화국이 시작되기 전에도 혁명의 위협은 있었지만, 이 공화국은 이색적인 특징을 지니고 있었다. 시민들(남성과 여성)이 7년마다 선출한 대통령은 사회 혼란이 발생할 경우에 기본적인 인권을 유보하고 공화국을 보존하기 위해 무력을 사용할 수 있었다. 제헌의회는 사회민주당 지도자 에베르트를 첫 대통령으로 취임시켰다. 그는 몇 차례나 이 비상 통치권을 사용했다. 일반적으로 정부는 대통령이 선택한 수상의 수중에 있었는데, 그는 국민의회에서 다수의 지지를 얻어야 했다.

어떤 새로운 체제도 합법성을 획득하기 위해 투쟁할 것이다. 바이마르공화국은 국가의 패배와 굴욕에 관련되어 있다는 엄청난 약점을 지니고 있었다. 더욱이 공화국의 적들은 처음부터 국민의회 내부에 확고하게 자리를 잡고 있었다. 헌법이 작동되도록 만들어야 하는지 아니면 그들 모두를 구속하는 헌법일 뿐인지에 대해서 전체 정당들을 가로지르는 합의가 전혀 존재하지 않았다. 좌익에는 소비에트 독일을 수립할 혁명을 공개적으로 옹호하며, 당시 러시아를 부르는 명칭이었던 소비에트연방으로부터 지휘를 받는 공산당이 있었다. 우익에는 황제를 복위시키고 민주주의를 제한하고 베르사유조약이 부과한 제한을 뒤집어엎기를 원한 보수적·민족주의적 정당들이 있었다.

중간 입장에는 사회민주당과 중앙당(가톨릭교도들의 지지를 받았다)과 자유주의 중간계급 정당인 민주당이 있었다.

바이마르공화국이 출범한 지 2년 후, 독일 사회는 극심한 인플레이션, 즉 화폐를 거의 가치 없게 만들어 버린 급속한 가격 상승에 의해 무질서 상태에 빠졌다. 당신이 빚을 지고 있었다면 쉽게 부채를 청산할 수 있었다. 중간계급 사람들이 그러했듯이, 당신이 저금을 가지고 있었다면 그 돈은 파괴되었다. 정부는 점점 더 많은 돈을 찍어 내야만 했으며 상점에 대금을 지불하러 가기 위해서는 여행 가방이나 손수레가 필요했다. 12개월이 지난 후에 정부는 새로운 통화를 출범시켜서 상황을 안정시켰지만 통제 불능의 세계, 존경할 만한 사람들이 파멸당하던 세계에 대한 기억은 살아 있었다. 중간계급 사람들은 다음번 위기가 오면 극단적인 조치들을 지지할 준비가 되어 있었다.

폭등한 독일 통화
화폐로 사용하는 것보다는
연료로 더 가치가 있었다.

국민의회에서는 어떤 정당도 과반 이상의 의석을 얻은 적이 없었다. 모든 정부가 연립정부를 구성해야만 했다. 수상들은 어떻게 해서든 과반을 확보해야 했지만, 불안정한 연립정부가 분열됨에 따라 수상들은 정기적으로 나가떨어지고 말았다. 정당들 간의 경쟁은 결코 우아하지 않으며, 다수 의석을 지닌 정당이 있는 강력한 정부가 더 매력적이다. 바이마르공화국의 독일인들은 결코 그런 정부를 경험하지 못했다. 히틀러가 항구적인 분열과 말다툼뿐이라고 공화국을 비난하는 것은 쉬운 일이었다.

전쟁 전에 가장 큰 정당이었던 사회민주당은 과반을 얻을 가능성이 가장 높아 보였지만, 러시아의 공산주의 통치와 독일 내 공산주의자의 위협에 의해 불이 지펴진 사회주의에 대한 공포가 다시 확산되면서 다수당이 될 가능성이 사라졌다. 그들은 공화국에 대해 헌신적이면서도 마르크스를 포기하지 않았고, 이는 그들이 노동계급 외부에서 표를 얻으려 하지 않는다는 것을 의미했다. 그들을 지지하던 노동계급의 대다수가 이제 공산당으로 넘어갔는데, 공산당은 사회민주당을 자본가의 종복들이라고 비난하고 그들과 협력하기를 거부했다. 사회민주당과 공산당 모두 나치즘에 반대했지만, 분열되어 있었기 때문에 그들이 히틀러를 제지할 가망은 별로 없었다.

공산당은 너무나 편협해서, 1925년 에베르트가 죽은 후에 실시된 대통령 선거에 중앙당과 사회민주당이 합의한 후보에게 투표하기보다는 승리할 가능성이 전혀 없는 자체적인 후보를 입후보시켰다. 이로 인해 우파 후보, 힌덴부르크가 선출되었다. 그는 전쟁에서 독일이 패배한 것에 대해서 정치가들을 비난한 바 있으며 1933년에는 히틀러를 수상으로 만들게 될 권위주의적이고 보수적인 장군이었다.

▌ 히틀러와 나치

1920년대 대부분의 기간 동안에 히틀러의 당은 주변적인 위치에 있었다. 이 당은 국가사회주의당[26]이라고 불렸다. 사회주의라는 말은 그가 노동자들에게 호소하기를 원했기 때문에 들어갔지만, 국가라는 말은 마르크스적 사회주의의 국제주의로부터 구별하기 위한 것이었다. 히틀러는 노동자에게 조국이 없으며, 노동자가 일차적으로 충성해야 할 대상은 그들의 계급이고, 노동자들은 계급 전쟁을 통해 자신들의 나라를 분열시켜야 한다는 마르크스의 주장에 격분했다. 국가사회주의당의 강령에서 사회주의적 내용은 계속해서 묽어졌고 그런 내용을 진지하게 받아들이기를 원했던 사람들은 내쫓기거나 히틀러가 수상이 된 후에 살해되었다. 히틀러는 대기업을 공격하기를 원하지 않았는데, 이는 독일을 재무장하는 과업을 수행하기 위한 것이었다. 노동자들이 조합을 가지는 것은 금지되었지만, 그는 노동자들이 직업을 갖고 더 나은 집에서 더 많은 휴일을 누리며 안락하게 살기를 원했다. 그는 폭스바겐, 즉 대중의 차를 생산할 계획을 세웠는데 히틀러의 시대에는 그 차가 서민들에게까지 이르지는 못했다. 생산된 차들은 군대로 들어갔다.

강령은 사회주의적이기보다는 훨씬 더 국가적이었다. 히틀러는 정당 분열을 끝내고 자신의 지도 아래서 통일된 국가를 건설하고 싶어

---

26) 원래의 명칭은 국가사회주의 독일노동자당으로 흔히 나치Nazi, 나치당이라고 부른다.

했다. 겁 많은 정치가들이 합의한 베르사유의 제한들을 뒤집어엎을 만큼 강력한 국가를 만들어 지금은 열등한 슬라브족들 즉, 폴란드인, 우크라이나인, 러시아인이 차지하고 있는 동쪽 지역에 독일 민족을 위한 '생활공간'을 확보하고자 했다. 독일제국 내부의 적들은 제거되어야 했다. 여기에는 마르크스주의자, 즉 사회주의자와 공산주의자들 양쪽 모두가 포함되었고, 가장 중요한 것은 유대인들이었다. 히틀러는 문명의 운반자였던 "고등" 인종의 질을 떨어뜨리려는 유대인의 세계적인 음모가 있다고 믿었다. 마르크스는 유대인이었고 러시아의 몇몇 주도적인 볼셰비키들도 유대인들이어서 볼셰비즘은 "유대인 볼셰비즘"이 되었다. 히틀러는 유대인들이 제1차 세계대전에 대한 책임이 있다고 여겼고 그들 모두를 독가스로 공격했다면 얼마나 많은 고통을 피할 수 있었을까를 골똘히 생각했다.

유럽에는 그리스도를 살해한 자들이라는 유대인들에 대한 아주 오래된 편견이 있었다. 하지만 19세기에 인종주의적 사고가 더 강해지면서, 반유대주의자들은 유대인을 인종의 건강에 대해 직접적이고도 은밀하게 퍼지는 위협으로 간주하기 시작했다. 고등 인종과 유대인의 이종교배는 생존경쟁에서 승리할 전망을 손상시킬 것이었다. 이러한 사상이 독일뿐 아니라 유럽에서 널리 공유되었으며 '과학적'인 것으로 옹호되었다. 히틀러는 이렇게 함부로 단정된 위험에 관해서 매우 피해망상적이라는 점에서 특이했고 그것에 대한 해답을 찾는 데 있어 극도로 비인간적이었다.

히틀러는 나치당의 창립자가 아니었다. 처음에는 독일노동자당이라는 이름으로 1919년 1월 남부 독일의 뮌헨에서 시작되었다. 히틀러는 몇 개월 뒤에 처음으로 모임에 참석했는데, 당이 의회 민주주의에 반대하면서도 투표를 통해 결정을 하는 것을 보고 놀랐다. 그는 곧 그들은 다르다는 것을 보여 주었다. 그는 이의를 제기할 수 없는 지도자가 되었으며, 위원회들을 금지했고, 당의 강령은 결코 다시 논의되어서는 안 된다고 규정했다. 이러한 권력이 그에게 주어진 것은 그의 비상한 연설 능력 때문이었다. 그는 청중을 도취시키고, 설득하고, 자극하고, 열기를 북돋을 수 있었다. 전쟁 전에는 낙오자이며 부랑자였던 이 제대군인은 자신의 전문 분야를 찾아냈다. 그의 능력으로 인해 하잘것없던 당이 뮌헨의 정계에서 중요한 행위자로 부상했으며 히틀러는 몇몇 영향력 있는 사람들의 지원을 얻게 되었다.

1923년에 히틀러는 지역 군부대의 도움과 루덴도르프 장군의 후원을 받아 추종자들과 함께 베를린으로 행진하여 정부를 몰아낼 계획을 세웠다. 이것은 무솔리니Benito Mussolini의 로마 행진을 흉내 낸 것이었는데, 무솔리니는 이를 통해 1922년 이탈리아의 독재자가 되었다. 무솔리니의 운동은 고대 로마에서 권위의 상징이었던 막대기 묶음fasces에서 이름을 땄고 자신을 파시스트라고 불렀다. 파시스트는 분열, 특히 노동자들에 의해 조성된 계급 분열을 저지하고 유력자나 독재자의 통제하에 국력을 기르는 것을 목표로 했다.

히틀러는 무솔리니의 파시즘에 감탄했지만 무솔리니의 권력 장악을 흉내 내려는 그의 시도는 끔찍한 실패작이었다. 경찰만으로도 그것을 제지하기에 충분했다. 짧게 사격을 주고받았고 경찰 네 명과 히틀러 쪽 사람 열네 명이 사망했다. 히틀러는 반역죄로 재판에 회부되었는데, 바이마르공화국에서 소요를 일으킨 다른 우익 민족주의 반역

아돌프 히틀러
그는 웅변의 달인이
었다.

자들과 마찬가지로 가벼운 5년 형을 받았다. 이는 그가 애국적인 동
기를 가지고 행동한 것으로 간주되었기 때문이다. 사회주의나 공산
주의 반역자들은 보통 재판을 받지 않고 사살되었으며 혐오스럽게도
루덴도르프는 무죄가 선고되었다.

　히틀러는 교도소가 아니라 정치범들을 위해 사용되고 있었던 오
래된 성에 편안하게 수용되었다. 그는 읽고, 생각하고, 저술할 여가
를 누렸다. 이때《나의 투쟁*Mein Kampf*》이라고 불리는 장황하고 두서없
는 두꺼운 책을 썼는데, 훗날 그의 운동의 성전이 되었다. 이 책은 그
의 인생 이야기, 정치적 견해 그리고 인종 투쟁의 역사와 미래를 잡탕
으로 섞어 놓은 것이었다. 독창적인 사상은 전혀 없었다. 독창적인 구
절들은 군중을 설득하여 그들의 마음을 바꾸게 하는 방법, 그가 '집단
암시'와 '집단효과'라고 부른 것에 대한 발견을 기록한 것이었다. 연설
은 결정적으로 중요했다. 인쇄물은 너무나 차분한 매체였다. 논리적
인 추론은 작동하지 않는다. 당신은 단호한 견해와 습성을 지닌 사람

들과 대면해서 그들을 제압해야만 한다. 당신의 의지가 개별 의지를 지닌 군중을 압도해야만 한다. 모임을 위한 시간과 주변 상황은 중요했다. 낮보다는 밤이 좋고, 어떤 장소는 효과가 있고 어떤 장소는 그렇지 않을 것이었다. 나중에 히틀러는 뮌헨 맥주홀에서 연설하는 것을 그만두고 매우 면밀하게 기획되고 연출된 거대한 장외 집회들을 주재하기 시작했다. 그는 이런 집회들이 작동되는 이유를 알고 있었다. 고독하고 불확실한 개인이 더 큰 공동체의 일부가 되고 그리하여 공동체의 사기가 치솟는다.

히틀러는 그의 책에서 자신의 모임을 파괴하기 위해 왔던 공산주의자들을 쳐부수는 데 성공한 것을 자랑했다. 경찰의 보호를 받는 행위는 잘못이었다. 운동이 스스로를 돌볼 수 있다는 것을 보여 주는 것은 중요했다. 이것이 히틀러 돌격대원들의 기원이었다. 그들은 갈색 셔츠를 입고 있었으며 집회나 거리에서 히틀러의 경호원 역할을 했고 점차 거대한 사병 조직으로 성장했다. 그는 공산주의자들을 싫어했지만 그들을 어떻게 처리해야 할지를 몰랐던 중간계급을 경멸했다. "공포는 공포에 의해서만 깨질 수 있다."

히틀러는 1년도 안 되어 풀려났다. 그는 불법적인 방법은 이제 과거의 일로 묻어 버리려 한다고 발표했다. 그의 운동은 합헌적인 방법으로 권력을 장악할 것이었다. 그러나 그는 일단 자신이 정권을 잡으면 헌법은 아주 달라질 것이어서, 권력투쟁을 하는 정당들이 아니라 그 자신, 즉 총통과 더불어 하나의 당이 책임을 떠맡게 될 것이라는 사실을 전혀 숨기지 않았다. 그리고 권력에 이르는 과정에서 그는 무력, 그러니까 언제나 행동하기를 열망하고 있던 그의 돌격대를 통해 위협을 행사했다. 무력이 그의 방식이라는 표시로, 히틀러는 항상 개 채찍을 휴대하고 있었다.

나치당은 모든 계층 출신의 사람들, 즉 노동자, 사무원, 상점 주인, 학생, 농장주, 중간계급, 상류층 사람들을 매혹시켰다. 다른 정당들은 하나의 계급이나 하나의 종교 또는 한 지역을 대표했다. 나치당만이 진정으로 국민적이었으며 다른 어떤 정당도 지금까지 그렇게 될 수 없었기 때문에 세력이 증대되었다. 히틀러는 나치당을 단순한 정당으로 운영하지 않았다. 그것은 국민에 대한 책임을 떠맡을 권리를 주장하는 역동적인 국민 운동이었다. 당 내부에는 매우 다양한 구성원들이 동등한 지위에 있었는데, 여전히 신분을 의식하는 사회에서는 신선한 관행이었다. 구성원들은 국가에 대한 사랑에 있어서, 우수한 아리안 인종의 일원이라는 점에서, 그리고 보통 사람인 총통(당의 선전이 그렇게 떠들어 댔다)에 복종하고 있다는 점에서 동등했다.

대공황이 발생하지 않고 그것이 독일에 그렇게 심한 영향을 미치지 않았다면, 나치당은 별로 중요하지 않은 집단으로 남아 있었을 것이 거의 확실하다. 1930년 대공황이 두 번째로 발생한 해에, 정부(언제나 그러했듯이 연립정부였다)는 붕괴되었다. 정부 내의 사회민주당원들은 실업 급여를 낮추는 정책에 합의하기를 거부했는데, 당시 수백만 명이 실업 급여에 의존하고 있었다. 그것은 원칙상 재앙적인 입장이었다. 뒤이은 선거에서 나치당은 엄청난 성공을 거뒀다. 이전 선거에서는 2.6퍼센트의 득표를 얻은 것에 반해 18.3퍼센트의 득표를 얻은 것이다. 그리고 대공황이 깊어진 1932년에 실시된 다음 선거에서는 37.3퍼센트의 득표를 얻어 국민의회에서 최대 정당이 되었다. 나치의 득표는 우선 우익의 민족주의자들을 희생시키면서 증가했고, 그다음에는 중도파의 중간계급 정당들로부터 증가했다. 노동계급 정당인 사회민주당과 공산당의 득표율 합산치는 튼튼하게 유지되고 있었다. 두 당의 지지자들은 히틀러에게 유혹되지 않았다. 하지만 1932년에는 대략 노동자 4명 중에 1명이 그에게 투표했다. 이러한 투표는 대체로 소규모 도시와 시골에서 나왔다. 히틀러는 여러 계급에 걸친 지지를 얻었다.

어떤 정부도 국민의회에서 과반을 확보할 수 없었기 때문에 1930년부터 힌덴부르크 대통령은 정부를 유지하기 위해 비상 통치권을 이용했다. 사회민주당은 사회복지 수당 삭감을 지지하지 않을 것이며 공산당과 나치당은 자기들 주장만 내세울 것이었다. 대통령과 주변 인물들은 국민의회에 의존하지 않을 권위주의적인 정부, 경제 위기에 대처하고 공산당이 분주히 당원으로 받아들이고 있는 실업자들의 반란을 막기 위해 필요한 조치를 가혹하게 취할 권위주의적인 정부를 수립하는 방법을 생각하기 시작했다. 대토지 소유주들, 군대 그리고 일부 대기업체가 민주주의를 제한하거나 정지시키라고 대통령을 부추기고 있었다.

나치당이 우익에 있는 다른 민족주의 정당들과 연립하여 통치한다면 국민의회에서 다수파가 탄생할 수 있었지만, 히틀러는 자신이 수상이 아니라면 어떤 정부에도 참여하지 않겠다고 고집했다. 그는 자기 자신을 국민의 지도자라고 홍보해 왔다. 그는 단순한 각료나 대표자이고자 하지 않았으며, 그럴 수도 없었다. 힌덴부르크는 그처럼 편협한 사람을 결코 수상으로 만들지는 않겠다고 맹세했다. 하지만 결국에는 히틀러가 권위주의적 정부에 줄 수 있는 대중적 지지는 무시할 수 없었다. 히틀러가 수상이 됨으로써 생길 위험은 나치당원은 단 세 명만 내각에 기용할 수 있게 하는 원칙으로 대처할 수 있을 것이었다. 나머지는 히틀러를 억제할 다른 민족주의 정당 출신이었다. 그러나 참으로 잘못된 판단이었다! 나치당은 그들이 획득한 권력을 사용하는 데 가차 없었으며 히틀러는 너무나 인기가 많아서 이내 구정치인들은 하찮은 존재로 밀려나 버렸다. 힌덴부르크 대통령만이 억제하는 힘이었는데 1934년에 그가 사망하자, 히틀러는 자기 자신을 수상일 뿐 아니라 대통령으로 만들었다.

나치 독재는 합법성의 외관을 띠고 설립되었다. 국민의회로 하여금 정부 자체가 법을 제정하는 것을 가능하게 하는 법, 그리하여 국민의회를 무의미하게 만드는 법을 통과시키는 것이 나치의 계획이었다. 그러한 헌법상의 변화를 위해서는 3분의 2의 득표가 필요했다. 수상으로 취임하자마자 히틀러는 국민의회에 나치당 소속 의원 수를 늘릴 수 있도록 대통령에게 조기 선거를 얻어 냈다. 투표일 직전에 한 네덜란드 공산주의자가 국민의회 건물에 불을 질렀다. 히틀러는 이것이 공산주의자가 권력을 장악하려는 시도의 시작이라고 선언하고 비상 통치권을 이용하여 시민과 정치의 자유를 일시 정지시키라고 대통령을 설득했다. 공산당은 금지되었고 공산주의자들은 강제수용소로 보내졌다. 그렇게까지 했지만 나치당은 과반을 얻지 못하고 43.9퍼센트의 득표를 얻었다. 그들의 전권 위임 법안을 통과시키기 위해서는 민족주의 정당과 가톨릭 중앙당의 지원이 필요했다. 중앙당은 지금껏 선거에서 당의 지지도가 나치에 반하면서 지탱되어 왔는데도,

교회의 독립에 대해 구두 보장을 받은 후에 마지못해 동의했다. 사회민주당만이 대담하게 반대 투표를 했다. 공산당 대표들은 이미 감금당하거나 도망치고 없었다. 돌격대원들은 투표가 실시될 때 의원들을 위협하기 위해 홀 주변에 둘러서 있었다. 정부는 새로운 권한을 이용하여 우선 사회민주당을 금지시키고 그다음에는 다른 모든 정당을 금지시켰다. 나치당만이 합법적이었다.

마르크스주의 정당들의 제거는 지체 없이 이루어졌다. 무엇보다도 이것은 권위주의적 정부를 획책했던 사람들이 원했던 것이었다.

히틀러가 병적으로 집착했던 유대인에 대해 나치 정부는 더욱 조심스럽게 움직였다. 돌격대원들은 자체적으로 직접 행동을 취했지만 제지를 당해야만 했다. 유대인 사업체에 대한 불매운동은 많은 사람들을 섬뜩하게 만들고 경제 붕괴를 야기하여 철회되었다. 그다음 1935년 법으로 유대인들은 시민권을 박탈당하고 독일인과 결혼하거나 성적인 관계를 가지는 것이 금지되었다. 1938년에 나치당은 추종자들에게 유대인 상점, 사업체, 교회당에 대한 공격을 개시하라는 신호를 보냈다. 이것이 '수정의 밤', 깨진 유리의 밤이었다. 처음으로 유대인들이 어떤 정치 조직의 구성원이어서가 아니라 유대인이라는 이유 때문에 강제수용소로 보내졌다. 그다음에 합법성으로 복귀했다. 유대인들로부터 재산을 빼앗고, 그들을 공공장소에 입장하지 못하게 하고, 유대인을 학교에서 퇴학시키는 법률들이 공포되었다. 유대인들의 이주가 장려되었다. 그들을 완전히 제거하는 행위가 어떠한 형태를 취할지는 아직 결정되지 않은 상태였다.

■ 제2차 세계대전

취임 후 몇 년 지나지 않아 히틀러는 베르사유조약의 제한들을 뒤집어엎겠다는 약속을 수행했다. 그는 군대를 위한 징병제도를 다시 도입했으며 베르사유조약이 규정한 것보다 다섯 배가 더 큰 규모의 육군을 계획했다. 그는 공군을 출범시켰고 군사시설을 금지한 라인 지방에 독일 군대를 진군시켰다. 영국과 프랑스는 감히 전쟁의 위험을 무릅쓰고 그를 저지하려고 하지 않았다. 그들은 제1차 세계대전의 참사를 다시 겪고 싶지 않았으며, 특히 영국에는 평화조약이 너무 가혹했고 독일이 서서히 경쟁력을 회복하는 것이 허용되어야 한다는 정서가 있었다. 이것이 유화정책이었는데, 이에 따르면 독일에게 합리적인 것을 허용하면 히틀러의 공격성은 멈출 것이었다. 그게 아니라면 영국에서 가장 맹렬히 유화정책에 반대한 윈스턴 처칠이 이야기했듯이 될 일이었다. "양보하는 사람은 악어가 마지막에 자신을 잡아먹기를 바라면서, 악어에게 먹이를 주는 사람이다."

독일어를 사용하는 오스트리아에는 오스트리아가 독일과 합병하기를 바라는 나치당에 대한 강력한 지지가 있었다. 베르사유조약은 낡은 오스트리아-헝가리제국을 쪼개어 거기서 새로운 국가들을 만들었다. 독일어 사용자들을 위해서는 대폭 축소된 오스트리아를 남겨 두었으나 그들이 독일과 합치는 것은 조약에 의해 금지되었다. 히틀러는 그들을 포함시키기로 결심했다. 오스트리아 수상은 지역 나치당원의 압력을 받고 그 문제에 관해서 국민투표를 실시하기로 결정했다. 투표가 실시되기 전에, 히틀러는 군사들을 데리고 빈에 입성했는데 그때는 물론이고 독일로 돌아왔을 때도 열렬한 환영을 받았다.

베르사유의 제한을 뒤집어엎자마자 히틀러를 향해 생겨난 인기는 그 조약이 야기한 굴욕감이 얼마나 깊었는지를 보여 주었다. 어떤 사람들은 더 좋은 때가 올 때까지 그 제한을 견뎌 낼 준비가 되어 있었지만, 또 어떤 사람들은 그 제한에 즉각 도전하기를 원했다. 그런데 이제 갑자기 제한이 제거되었고, 그러자 온갖 부류의 독일인들, 즉 히틀러에게 투표한 사람들과 그에 반대 투표한 사람들이 국가가 다시 열강으로 부활한 것에 대한 자부심으로 통합되었다. 나중에 히틀러가 승리보다는 패배를 기록할 때, 그의 인기는 떨어졌지만 그는 이미 어떤 저항 세력도 처리할 수 있는 기구를 갖고 있었다. 저항 세력들은 게슈타포라고 하는 비밀경찰에 의해 제거되거나 강제수용소로 사라졌다.

베르사유조약에 의해 건설된 새로운 국가인 체코슬로바키아와 폴란드에는 히틀러가 독일에 다시 돌아올 것을 요구한 독일인 공동체들이 있었다. 프랑스와 영국은 체코슬로바키아를 보호하기로 서약했지만 히틀러가 독일계 체코인들을 제국에 편입시키기 위해 전쟁을 일으키겠다고 위협했을 때, 그만 풀이 죽어 체코슬로바키아에 양보하라고 말했다. 영국 수상 네빌 체임벌린Neville Chamberlain은 평화를 지켜 냈기 때문에 고국으로 돌아와서 열광적인 환영을 받았다. 히틀러는 자신이 유럽 내 영토에 대한 권리를 그 이상은 가지고 있지 않다고 선언했지만, 체임벌린은 방어 준비에 속도를 높였다.

1939년 9월에 히틀러가 폴란드를 침략했을 때, 마침내 영국과 프랑스는 독일에 대한 전쟁을 선포했다. 두 개의 전선에서 전쟁을 치르지 않기 위하여, 히틀러는 자신이 유대인 볼셰비키 독극물의 본거지라고 혐오했던 나라인 공산주의 소비에트연방과 불가침조약을 맺었다. 이번에는 프랑스를 정복하려는 독일의 계획이 제대로 작동했다. 프랑스는 전격전에 의해 5주 만에 패배했는데 전격전에서는 땅 위의 탱크들과 공중의 비행기들이 보호하는 병력이 신속하게 적을 물리쳤다.

영국은 홀로 히틀러에 저항했다. 침략 계획이 작성되었으나 우선 독일은 제공권을 확보해야 했다. 이것이 '브리튼 전투'[27]였는데, 이 전투는 영국 조종사들 덕분에 겨우 승리를 얻었다. 이제 영국 수상이 된 처칠은 그들에 대해 이렇게 말했다. "인간의 충돌이 일어났던 곳에서 그렇게 많은 사람이 그렇게 적은 사람들에게 그렇게 많은 신세를 진 적은 결코 없었다." 히틀러는 영국이 자신이 제안한 거래를 받아들이지 않을 것이라는 사실에 당혹해했다. 그의 제안은, 독일이 유럽을 지배할 수 있게 영국이 간섭하지 않는다면 영국은 세계적인 제국을 계속해서 지배할 수 있다는 것이었다. 그는 영국의 거부를 '유대인 금권정치'의 영향력 탓이라고 생각했다. 영국이 패배하지 않자 히틀러는 소비에트연방을 공격하기 위해 동쪽으로 방향을 전환했는데, 이는 결국 그가 두 개의 전선에서 전쟁을 치르게 될 것임을 뜻했다. 군사적으로 충분히 계산하지 않은 실수이긴 하지만 히틀러는 '유대인 볼셰비즘'이 번창해서 독일의 '생활공간'에 필요한 땅을 점유하지 않도록 할 예정이었다. 히틀러가 러시아 공산주의를 파괴할 것이라는 점은 히틀러가 제안한 거래에 흔들렸던 영국 지배층 내부의 어떤 사람들에게 그를 매력적으로 보이게 만들었다. 물론 처칠에게는 그렇지 않았다.

---

27) 영국 본토 항공전이라고도 한다.

히틀러는 5개월 안에 러시아를 패배시킬 것을 확신했기 때문에 두 개의 전선에서 전쟁이 있으리라고는 생각하지 않았다. 그것은 그의 중대한 계산 착오였다. 전격전은 러시아의 광대한 공간에서는 그리고 거대한 예비 인력을 지니고 있는 적에 대해서는 그렇게 잘 작동하지 않았다. 러시아의 독재자 스탈린Iosif Vissarionovich Stalin은 공산주의자들이 장악한 후진적인 나라를 가차 없는 통제와 공포를 통해 산업화했는데, 이는 그의 군대가 탱크, 비행기, 대포를 공급받아 독일군과 겨룰 수 있음을 의미했다. 독일군은 러시아를 크게 잠식해 들어갔지만, 러시아 육군은 퇴각하다가 1943년 2월 스탈린그라드에서 독일군 전체를 포위하여 포로로 잡았다. 히틀러는 독일군에게 명백히 패배했는데도 후퇴하거나 항복하는 것을 허가하지 않았다. 그때부터 러시아 군대는 계속해서 공세를 취했다. 그들이 베를린에 도착하는 데는 2년이 넘게 걸렸다.

　　히틀러에게 동쪽에서 일어난 충돌은 전쟁 그 이상이었다. 그는 그것을 대량 살상과 노예화의 성전으로 만들었는데, 그리하여 슬라브인들과 유대인들의 땅에 지배자 민족이 정착하게 하려는 것이었다. 유대인은 처음에는 검거되어 사살되었지만 이것은 더디고 불쾌한 작업이었기 때문에 나치는 유대인들을 독가스로 죽이고 시체는 소각실에서 불태워 버리는 공장 같은 살인 기계를 만들었다. 이 장치가 운영되자마자 유대인들은 나치가 점령한 모든 땅에서 운반되어 와서 파괴되었다. 유대인들을 모으고 운송하는 일은 전투가 히틀러에게 불리해지고 있을 때조차 계속되었으며, 그래서 그의 자원이 너무 무리하게 사용되었다. 히틀러에게 유대인 제거는 최우선 과제가 되었는데, 이는

다하우 강제수용소
의 시체 소각실

독일의 장래를 보장하고 그가 보기에 이 전쟁을 야기한 인종에 대한
적절한 처벌을 확보하는 데 필요한 것이었다. 전체적으로 약 600만 명
의 유대인이 홀로코스트라고 불리는 대학살로 죽었다. 나치는 이 파
괴가 결국은 잘한 일이라고 생각했음에도, 자신들이 하고 있던 일을
광고하지 않았다. 하지만 나치당 안팎의 수많은 독일인들은 그 일에
직접적으로 연루되어 있었기 때문에 그것에 대해 알고 있었다.

　세계적인 유대인의 음모에 대한 히틀러의 믿음은 그의 군사적 '실
수들' 가운데 또 하나를 설명하는 데 도움이 된다. 미국은 독일의 동
맹국인 일본이 1941년 12월에 하와이 진주만에 있는 미 해군을 공격
하기 전까지 전쟁에 참여하지 않았다. 루스벨트 대통령Franklin Roosevelt
은 당연히 일본에 대해 전쟁을 선포했지만, 미국이 유럽의 충돌에 연
루되는 것에 대해서는 여전히 반대 정서가 강력하다는 것을 알고 있
었다. 그래서 그는 독일에 대해서는 전쟁을 선포하지 않았다. 하지만
히틀러는 즉각적으로 미국에 대해 전쟁을 선포해 세계 최고의 열강

을 적으로 만들었다. 그렇게 하면서 그는 루스벨트 대통령을 유대인들의 "완전히 악마 같은 교활함"에 후원받고 있다고 비난했다. 유대인을 쳐부수기 위하여 히틀러는 미국과 싸워야 했다.

미국인 대다수는 그럴 수 없었지만, 루스벨트 대통령은 오랫동안 히틀러의 독일을 미국에 대한 위협으로 간주해 왔다. 이제 미국은 참전 중이었으므로, 루스벨트와 처칠은 히틀러를 먼저 쳐부수고 일본군에 대해서는 방어 전쟁을 진행하는 것에 동의했다. 그래서 1944년에 독일군이 점령하고 있었던 프랑스에 상륙한 군대의 대부분은 미국 소속이었고 미국인 드와이트 아이젠하워Dwight Eisenhower가 지휘하고 있었다.

히틀러는 이제 두 개의 전선에서 전쟁을 치르고 있었다. 패전했다는 것이 명백했지만 히틀러의 군대는 결연하게 끝까지 싸웠다. 서쪽에서 온 미국 부대와 동쪽에서 온 러시아 부대가 1945년 4월에 독일에서 마주쳤다. 곤란을 무릅쓴 전투를 통해, 히틀러와 그 일당이 벙커에 대피하고 있던 베를린 중심부로 들어간 것은 러시아 부대였다. 히틀러는 그의 전쟁이 독일에 초래한 참화에도 흔들리지 않았다. 과오는 그를 져 버렸으며 살아남을 자격이 없는 독일 국민들에게 있었다. 그는 포로로 잡히기보다는 자살을 택했다.

독일의 나치는 유럽의 방식에 적합했다. 그리고 그들은 독특하기도 했다. 양차 대전 사이에 거의 모든 나라에서 민주주의는 실패했으며 파시스트와 권위주의적 체제로 대체되었다. 민주주의는 말할 것도 없고, 대의 정부는 뿌리가 얕았다. 그리고 민주주의는 베르사유조약의 창조물인 새로운 몇몇 국가들에서 그 길을 개척해야만 했다. 하지만 나치는 그들이 복수심에 불탈 이유가 있는 가장 강력한 유럽 열강을 통제하고 있었기 때문에, 그리고 그들이 히틀러라는 유례없이 사악한 천재의 지배를 받고 있었기 때문에, 더욱 폭발적이고 파괴적인 세력이었다. 그런 자가 정권을 장악할 수 있었다는 사실은 이해할 만하다. 하지만 그가 유대인을 제거하려 한 자신의 결정을 이행할 수 있었다는 사실은 이해할 수 있는 수준을 넘어서는 것처럼 보이며, 그래서 홀로코스트는 계속해서 우리에게 이의를 제기하고 우리를 소름 끼치게 한다.

▌전쟁 이후 새로운 유럽연합

히틀러는 러시아 공산주의를 파괴하는 데 실패한 것만이 아니었다. 그는 적군을 중부 유럽으로 데리고 들어왔다. 러시아 군대는 그들이 나치로부터 해방시킨 지역들에 공산주의 정부를 설치했다. 폴란드, 체코슬로바키아, 헝가리 그리고 그리스를 제외한 발칸반도의 국가들이 그것이다. 독일은 공산주의의 동구와 민주적 자본주의의 서구로 분리되었다. 1946년에 처칠은 유럽을 나누고 있는 '철의 장막'이라는 말을 사용했다.

1951년에는 다른 장벽이 무너지기 시작했다. 과거의 적이었던 독일과 프랑스는 석탄과 철 자원을 공유하여 강철 생산에서 경쟁자가 되는 것을 방지하기로 합의했다. 이것을 시작으로 1958년에 유럽공동시장이 나왔는데, 이는 프랑스와 독일을 중심으로 한 유럽 여섯 개 나라의 집단이었다. 이러한 경제적 협의들은 독일이 국제사회로 다시 받아들여지고 다른 나라들과 평화로운 관계로 결속되는 방식이었다.

경제적 협력은 1993년에 유럽연합으로 성장했는데 이것은 유럽 연방으로 발전해 가고 있던 정치기구였다.

1980년대 말 소비에트연방이 자체 개혁을 시작하여 동유럽 공산주의 체제들을 지원하지 않게 되자 그 체제들은 신속하게 붕괴되었다. 과거에 공산주의였던 나라들이 유럽연합에 가입을 신청하여 받아들여졌다. 공산주의 체제의 붕괴는 수백만 명의 사람들을 전제정치로부터 해방시켰으며, 유럽 문명은 억압 체제에 지나지 않으며 가차 없는 독재가 완벽하게 평등한 노동자 국가를 창조할 것이라는 유해한 학설로부터 마침내 유럽을 해방시켰다.

유럽연합에 얼마나 많은 권위가 부여될 것인지는 여전히 논쟁거리다. 연합 그 자체는 전쟁을 조성한 민족주의를 통제하는 하나의 방식이지만, 그것을 지탱할 공통의 정서가 없다면 국가가 작동할 수 있을까? 완전한 유럽연방을 지탱할 수 있을 정도로 유럽의 정신이 발전할 수 있을까?

2004년에 회원 국가들은 공식 헌법을 작성했다. 그것은 그때까지 연합이 운영되어 오는 데 기반이 되었던 여러 조약들을 대체하는 단일한 문서이며, 연합을 더욱 응집력 있는 것으로 만들 문서였다. 헌법이 실행되기 전에 모든 회원국들이 그것을 받아들여야 했지만 프랑스와 네덜란드 국민들이 국민투표를 통해 그 헌법을 거부하면서 실패하고 말았다. 헌법이 의도했던 것 중에 일부를 수행하기 위해서는 또 하나의 조약이 만들어져야 했다. 연합은 그에 대한 책임을 질 중앙정부도 없는 상황에서 공동 통화인 유로를 발행함으로써 지나치게 멀리 나아가 버렸는지도 모르겠다.

유럽연합의 헌법은 아직까지 채택되지 않았지만 헌법이 일반적으로 그렇듯이 전문을 지니고 있다. 혼성의 기원을 지니는 문명에서는 헌법이 무엇을 포함해야 하는지에 대한 논쟁이 당연히 있었다. 교황은 기독교가 인정되기를 원했다. 독일인들은 수용했을 테지만, 계몽주의의 본거지이자 양육자였던 프랑스는 맹렬하게 반대했다. 그래서 기독교는 인정되지 않고 더욱 모호한 유럽의 종교적 유산이 인정되었는데, 그것은 르네상스로부터 나온 휴머니즘과 문화에 전반적으로 연결되어 있다. 계몽주의는 가장 주요한 영향력이다. "침해할 수 없고 양도할 수 없는 인간의 권리가 지니는 보편적 가치"에 헌신하는 유럽은 "진보와 번영"의 길을 따를 것이기 때문이다. 그리고 민족주의는 초월될 것이다. "유럽의 국민들은 그들 고유의 민족적 정체성과 역사를 여전히 자랑으로 여기면서도 예전의 분열을 초월하고, 훨씬 더 굳게 단결하여, 공동 운명체를 구축하기로 결심했기" 때문이다.

옮긴이의 말

보통의 역사책은 연대순으로, 수많은 사건과 이름으로 채워진다. 그런 점에서 이 책은 기존의 역사책과 다르다. 이 책은 독특한 서술 방식을 채택하여 유럽 문명의 특징을 명료하게 보여 준다. 첫 번째 독특성은 처음 두 개의 장을 통해서 고대부터 근대까지 유럽 문명의 특징을 개괄한다는 점이다. 그야말로 '가장 짧은 역사'다. 이 두 장을 통해 우리는 유럽 문명의 본질적인 요소들을 포착할 수 있다. 그다음에 좀더 '긴 역사'를 배치한다. 앞서 다룬 유럽 역사의 특징들이 다른 각도에서 조명된다. 유럽 문명의 기본 특징을 놓치지 않으면서 시간이 흐름에 따라 어떻게 변화하는지를 주제별로 파악할 수 있게 한다.

또한 이 책에서 '고대ancient'는 그저 먼 옛날이 아니다. 저자는 '고대' 또는 '고전고대ancient and classical'라는 말보다 '고대'라는 말을 뺀 '고전classical'이라는 말을 선호한다. 그것은 유럽 사람들이 본받으려 했던 문명의 핵심이다. 이 낱말은 책의 주요한 특징과 연결된다. 이 책은 '고대 그리스와 로마 문화', '기독교', 그리고 '로마를 침입한 게르만 전사의 문화'가 유럽 문명에 어떻게 녹아들어 근대 유럽의 특징을 형성했는지를 잘 보여 준다. 정말로 탁월한 서술 방법이다.

이 책에는 재미있는 이야기들이 담겨 있다. 유럽 문명의 핵심을 이런 흥미로운 이야기로 풀어 나갈 수 있다는 것은 저자의 놀라운 능력이다. 옮긴이는 젊은 시절 대학에서 꽤 여러 학기 동안 서양사 개론을 가르쳤다. 선생으로서 할 말은 많고 학생들은 지겹고 지치기 쉬운 과목이었다. 이 책을 좀더 일찍 알았다면 좋았을 것을!

유럽 역사의 주요한 특징과 흐름을 한눈에 보면서 영감을 얻기에 이만큼 좋은 책은 없다. 약점이 있다면 현대의 역사다. 근대 초까지 역사 서술에는 감탄할 점이 너무도 많다. 하지만 유럽 문명의 어두운 부분이 드러나기 시작한 19세기 이후에 대한 서술은 아쉬움을 남긴다. 저자의 시각이 더 많이 투영되는 현대사 서술이 지닌 어려움 때문일 것이다. 이런 단점에도 불구하고 이렇게 얇은 책으로 유럽 문명의 흐름을 이해할 수 있다는 즐거움이 너무나 크다. 독자 여러분들도 그 즐거움을 충분히 만끽하길 바란다.

김종원

찾아보기

2,000년 유럽의 모든 역사를
이해하기 위한 최소한의 지식
세상에서 가장 짧은 세계사

초판 1쇄 발행 2017년 11월 7일 초판 28쇄 발행 2024년 2월 7일

지은이 존 허스트
옮긴이 김종원
펴낸이 이승현

출판2 본부장 박태근
지적인 독자 팀장 송두나
디자인 김준영

펴낸곳 (주)위즈덤하우스
출판등록 2000년 5월 23일 제13-1071호
주소 서울특별시 마포구 양화로 19 합정오피스빌딩 17층
전화 02) 2179-5600 홈페이지 www.wisdomhouse.co.kr

ISBN 979-11-6220-104-6 03900